陕西省高速公路施工招标文件

杨　健　刘海鹏　李满囤　主　编

人民交通出版社股份有限公司

图书在版编目(CIP)数据

陕西省高速公路施工招标文件 / 杨健，刘海鹏，李满囤主编. —北京 ：人民交通出版社股份有限公司，2015.11

ISBN 978-7-114-12486-0

Ⅰ. ①陕… Ⅱ. ①杨… ②刘… ③李… Ⅲ. ①高速公路—工程施工—招标—文件—陕西省 Ⅳ. ①U415.1

中国版本图书馆 CIP 数据核字(2015)第 216273 号

Shanxi Sheng Gaosu Gonglu Shigong Zhaobiao Wenjian

书　　名：陕西省高速公路施工招标文件

著 作 者：杨　健　刘海鹏　李满囤

责任编辑：李　农　闫吉维　潘艳霞

出版发行：人民交通出版社股份有限公司

地　　址：(100011)北京市朝阳区安定门外外馆斜街 3 号

网　　址：http://www.ccpress.com.cn

销售电话：(010)59757973

总 经 销：人民交通出版社股份有限公司发行部

经　　销：各地新华书店

印　　刷：北京市密东印刷有限公司

开　　本：880 × 1230　1/16

印　　张：19.75

字　　数：435 千

版　　次：2015 年 11 月　第 1 版

印　　次：2015 年 11 月　第 1 次印刷

书　　号：ISBN 978-7-114-12486-0

定　　价：180.00 元

《陕西省高速公路施工招标文件》
编写委员会

主 任 委 员：杨　健

副主任委员：刘海鹏　李满囤

委　　　员：赵宝俊　蔡颖颖　王　超　解　刚　张长江
马朝鲜　贾建虎　阎明杨　思园园　朱郭瑞
刘　鹏　刘　健　杜岳涛　刘海红

审定委员会

主 任 委 员：张东省

副主任委员：朱绪飞　蒋应军　李海珠

委　　　员：薛振年　张英治　李爱国　贾晓军　曹支才
巩大力　潘军利　王邦年　薛保勇　张兵强
李　锋　李安定　黎碧波　李勇涛　薛金顺

前　言

近年来,我国公路建设蓬勃发展,尤其是在一系列宏观经济政策调控下,公路建设项目急剧增多。公路项目管理是一项系统而复杂的工作,项目管理的每一环节,施工过程中的每一道工序工艺,都离不开制度、规范的保障;与此同时,随着国家法律法规体系日臻完善,要求公路项目规范化建设管理。

陕西省交通技术咨询有限公司是陕西省交通运输厅的直属单位,主要负责省内公路建设项目前期技术经济评审,编制专项调研报告和规划,承担公路工程设计、施工、管理、招(投)标等技术咨询工作。为了提高高速公路项目建设管理水平,保证高速公路建设项目严格按照规范要求进行施工,高质量地完成项目建设任务,陕西省交通技术咨询有限公司组织有关人员编写了《陕西省高速公路施工招标文件》“技术规范”。

本书是根据交通运输部“五化”管理要求及近年来陕西省高速公路建设特点,在《公路工程标准施工招标文件》(2009 年版)“技术规范”的基础上,对其进行的补充、细化。本书的条款编号与《公路工程标准施工招标文件》(2009 年版)“技术规范”的条款编号一致。本书所采用和执行的国家标准及有关部门规范均以最新版本为准。本书实用性强,可供公路工程项目建设管理和施工承包单位使用,也可供勘察设计单位、公路工程专业高等院校及其他相关单位查阅参考。

在本书编写过程中,交通系统及相关单位同仁给予了大力支持,并提出了很好的意见和建议,在此表示衷心的感谢。本书涉及面广,由于编者水平有限,书中难免有疏漏和不足之处,敬请批评指正。

编　者

2015 年 10 月 1 日

目　　录

第100章　总　　则

第200章　路　　基

第300章　路　　面

第400章　桥梁、涵洞

第500章　隧　　道

第 600 章　交通安全设施及预埋管线

第 700 章　绿化及环境保护设施

前　附　表

说明:本表是技术规范中适用于项目信息和数据的归纳与提示,是技术规范的组成部分。

序号	条 目 号	信息或数据
1	101.02.3(2)	计划工期: a.路基桥隧工程 (a)进场后__天内完成承包人驻地建设、临时设施及临时便道; (b)路基施工节点工期为__个月; (c)桥梁半幅完工的施工节点工期为__个月; (d)隧道半幅贯通施工节点工期为__个月; (e)控制性工程施工节点工期为__个月。 b.路面工程 计划工期:__日历天。计划开工日期:__ ,计划交工日期:__。其中:备料期__个月,计划开始、完成日期为__ ;施工期__个月,计划开工、交工日期为__。 c.交安工程 计划工期:__日历天。计划开工日期:__,计划交工日期:__。 d.绿化工程 计划工期:__日历天。计划开工日期:__,计划交工日期:__
2	102.02.3	试用期:承包人进场人员试用期为3个月
3	103.03.1(3)	施工便道:施工便道参照四级公路标准执行,路基宽度为4.5m,最小平曲线半径50m,最大纵坡5%,并每隔200m设置错车带1处(宽度不小于5.5m,长度不小于20m)。施工便道、便桥应设置必要的标识标牌,转弯道口、视线不良处设警示牌和反视镜;便道途经学校、村庄、工厂、限高限宽的建筑物附近时应设置警示、慢行、限速、限高、限宽等标志。自建施工便道铺设厚度不小于20cm的砂砾路面;连续刚构桥等重要结构物施工现场200m范围内的便道,以及拌和站、预制厂进出场外200m范围内的便道应采用20cm厚半刚性基层或砂砾垫层+20cm厚C30水泥混凝土面层进行硬化;路面施工拌和站出入便道,应采用20cm厚半刚性基层或砂砾垫层+不小于5cm厚沥青混合料进行硬化处理;纵坡坡度在7%~8%段落及路基成型后台背两侧施工便道应用C30水泥混凝土面层硬化处理,其厚度均不小于20cm;施工便道应设路拱,路侧应设置排水沟,尺寸满足排水要求;经过河流、水沟时,应埋置钢筋混凝土圆管涵或设置过水路面。施工便桥结构均按照汽车通行便桥,结合现场实际需要专门设计,同时应满足排洪要求,桥面宽度不小于4.5m,桥面高度不低于近3年最高洪水位,桥面设不低于1.2m的符合规范要求的防坠落栏杆扶手,栏杆颜色标准统一。桥头应设置标牌,并根据计算承载力和宽度设置限高、限宽、限重、限速标志,便桥修建的标准同103.03小节第1、2条。同时应加强养护管理,以确保本工程施工现场临时道路的畅通。各标段纵向便道应相互贯通,施工便道应在接到中标通知书60d内完成

续上表

序号	条目号	信息或数据
4	104.02.5	用房标准： (2)办公用房人均面积不小于6m^2； (3)会议室面积不小于100m^2，职工培训场地面积不小于100m^2； (4)职工(含劳务人员)生活用房每舍居住不超过4人，人均面积不小于4m^2； (8)档案室面积不小于20m^2
5	104.02.6	驻地规模：根据合同段工程类别和建设规模，施工单位驻地占地一般不应小于5 000～6 000m^2，监理单位占地1 500～2 000m^2；山岭区施工，监理驻地规模可视实际情况并在获得监理及项目执行机构同意后适当降低
6	104.03.9	工地试验室总面积应不小于240m^2，各功能室面积要求：样品室≥20m^2，土工室≥35m^2，集料室≥30m^2，化学分析室≥15m^2，水泥室≥30m^2，水泥混凝土室≥30m^2，力学室≥30m^2，检测室≥20m^2，标准养护室≥30m^2(具体面积根据工程量确定，各配备一台温度、湿度自动控制器)，沥青室≥25m^2，沥青混合料室≥35m^2，办公室总面积≥40m^2，资料档案室面积≥15m^2
7	104.05.3(2)b	路面拌和站：沥青混合料拌和站面积应不小于150亩，半刚性材料拌和场面积应不小于60亩。山区公路地形受限时，获得监理及项目执行机构同意后可适当减小占地面积
8	104.05.3(4)h	桶装沥青存储场地：桶装沥青应设置面积不少于6 000m^2、存储量不少于7 000t的专用存储场地
9	104.05.7(2)a	小型构件预制场：小型构件预制场面积不小于2 000m^2

第 100 章　总　　则

第101节　通　　则

101.02　定义

删除本小节第1条内容,以下文代之:

1. 本规范中使用的工程名词术语均采用国家及有关部委最新颁发的标准、规范文件中所列明的词语及其定义。

增加本小节第4条,内容如下:

4. "五化"定义

按照现代工程管理理念,为贯彻落实交通运输部"发展理念人本化、项目管理专业化、工程施工标准化、管理手段信息化、日常管理精细化"(以下简称"五化")的管理要求,项目建设"五化"管理目标是:管理制度更加完善,现场管理更加规范,参建人员技能更加精湛,材料加工、施工工艺更加精细,试验检测更加可靠。

从业单位和从业人员标准化意识明显增强,质量通病基本消除,工程质量明显提高,安全生产态势更加平稳,工程品位和文化内涵明显提升,高速公路的综合服务水平和广大驾乘人员满意率明显提高。具体包括以下几个方面:

(1)工程施工标准化的理念得到广泛落实。

(2)管理标准、技术标准和检验标准更加统一,管理制度更加完善,科学系统的施工标准化管理体系得到建立。

(3)试验检测项目和频率符合规范要求,操作规范,数据真实可靠。

(4)路基局部沉陷、桥头跳车及路面早期破坏、隧道二衬开裂渗水等质量通病得到有效治理。

101.04　标准与规范

增加本小节第5条,内容如下:

5. 本规范采用和执行的国家标准和有关部门标准最新版本以及国家要求执行的新规范、新标准。

101.05　承包人的施工机械

1. 一般要求

增加本小节第1条第(4)~(6)款,内容如下:

(4)对投入的机械设备的使用应符合相关的法律、法规及标准、规范和规程的要求,严把进场验收关、用前检查关和用后保养关。特种设备应经有关部门检验合格后方可投入使用,设备的安装、拆卸应制订专项方案,确保其安全。在项目建设中,承包人投入施工的沥青混合料、稳定土拌和设施、机制砂及矿粉加工设备、摊铺机及压路机等大型设备应符合发包人信息化管理要求。

(5)大型机械施工现场严格遵守"五个一"制度,即:一机、一人(专职防护)、一本(机械施工日志)、一牌(设备标识牌)、一证(机械操作证)。机械操作人员应熟悉本机的构造、性能及保养规程,熟练掌握机械设备的操作规程。

(6)施工现场安装、拆卸大型施工机械时,应由具有相应资质的单位承担,主管人员到场把关,夜间不得安排转场、移机。转场时,应有"专项方案、专项检测、专项见证、专项放行、专项检查"。龙门吊、架桥机、塔吊、施工电梯、挂篮等设备应经有关技术监督部门检验合格后方可投入使用。

增加本小节第2条第(6)款,内容如下:

(6)起重机械的使用应符合现行《起重机械安全规程》(GB 6067)的规定,起重作业应做到"十不准",即:无特种作业操作证不准操作;身体不适不准操作;操作时不准闲聊和打瞌睡;无关人员不准随便进入驾驶室;吊钩不准过人头;作业时不准上车下车;吊物时不准长时间悬空;安全装置不准当开关使用;三个动作不准同时开动;工作时间不准调整机器。

101.06 工程量的计量

1. 一般要求

增加本小节第1条第(11)款,内容如下:

(11)计量条件

a. 施工组织设计已经评审;

b. 工程完成并经验收合格;

c. 当期计量工程相应的工程质量责任卡已提交,且质量责任可追溯至具体责任人;

d. 计量工程相应的档案资料及影像资料已提交。

5. 土方

增加本小节第5条第(5)款,内容如下:

(5)路基土石方数量应扣除跨径大于或等于3m的结构物的空间体积,并应分别对挖方路段和填方路段路面所占数量予以增减。

第102节 工 程 管 理

102.01 一般要求

3. 制订施工进度计划和施工方案说明

删除本小节第3条第(2)款,以下文代之:

(2)承包人在接到中标通知书后7d内,应组织相关人员进场,开展施工前的各项准备工作。承包人的施工进度和施工方案应按照路基桥梁半幅优先贯通的原则并符合以下的节点工期要求进行编制。计划工期、备料期及施工期的节点工期要求见前附表。

合同进度计划应按照主要工作横道图编绘，并应包括每月预计完成的工作量和形象进度。所提交的主要工作横道图中的一切主要活动应能全面反映主要施工工序，准确反映各工序需完成的工作量。应标注清楚年度、月度的任务、资源需求及累计进度。提交计划时，应将制订依据、逻辑说明、资金流量、资源提供柱状图表以及使用的输入数据的副本等一并提交。

增加本小节第3条第(9)款，内容如下：

(9)承包人在制订施工方案、施工组织计划的过程中应遵守《陕西省公路建设工程质量工作指导意见》的相关规定。

4. 工程管理软件

增加本小节第4条第(4)、(5)款，内容如下：

(4)工程质量信息化管理

发包人在项目实施期间全面推行工程质量信息化管理，建立工程质量信息化管理系统，采用远程监控和数据实时传输等措施，实现机械设备的工作状态、桥梁工程现场施工质量情况的有效控制及试验数据的同步传输收集。工程质量信息化管理系统中，承包人现场主要机械设备工作状况监控设施、混凝土拌和站远程监控系统、工地试验室视频监控及数据传输系统和合同段信息化监控室由承包人负责建设，同时每个合同段应配备两台质量巡查PDA手簿，其费用包含在102-4子目中，不单独计价。

(5)工程管理软件

项目将在建设期间采用《公路工程质量评定系统》、《试验检测数据辅助处理系统》和《高速公路建设项目计量支付及竣工决算管理系统》等计算机软件系统，承包人应按要求配备，其费用包含在102-4子目中，不单独计价。

增加本小节第5~9条，内容如下：

5. “五化”管理

在施工准备阶段，承包人应以建立“实施有规范、操作有程序、过程有控制、结果有考核”的施工标准化管理体系为目标，编制本合同段“五化”管理实施细则，并经监理人评审通过后实施。

在工程实施期间，发包人将印发项目“五化”实施方案考核管理办法，定期或不定期对承包人进行考核并奖罚。

6. 质量管理目标

(1)路基局部沉陷、桥头跳车及路面早期破坏、隧道二衬开裂渗水等质量通病得到有效治理，实现实体工程“三年无病害、设计使用年限内不大修”。

(2)质量抽检单点合格率达到94%以上，关键指标合格率达到98%以上，弱项指标合格率达到90%以上。

7. 质量责任追究

项目建设实行工程质量责任制度和质量责任追究制度。项目实施期间严格落实工程质量终身负责制，建立质量追究责任制；承包人对施工质量负主要责任，监理人对工程施工质量负监理责任，中心试验室对试验检测结果的真实性和准确性负责。

承包人、监理人、中心试验室按照单位、分部及分项工程的划分，建立相应的工程质量责任卡，落实工程建设各岗位、各环节质量责任，明确质量领导责任人和直接负责人。承包人项目经理和总工对工程现场的质量工作负直接领导责任，现场管理人员为直接负责人。

8. 课题研究

发包人在工程实施期间，将组织有关单位对工程难点、重点开展课题研究，承包人应积极配合、协助。

9. 新旧路拼接段改扩建工程的施工保畅管理

改扩建工程监理人、承包人在施工组织时应遵循“确保道路畅通、保持正常通行”的原则。承包人应严格遵守经路政、交警部门批准的改扩建施工交通保畅方案，遵守施工安全作业规定，并应符合下列要求：

(1)除不可抗拒的自然灾害外，在任何情况下均应保持高速公路及被交道路的畅通。

(2)对可能影响到现有公路行车安全、畅通的工程施工，承包人应事先取得监理人、发包人、路政及交警等部门批准，并严格按照有关安全规定设置安全标志，建立相应的交通管理组织，配合交警做好交通管理工作。

(3)承包人拆除结构物(包括天桥、上跨桥、通道)时应编制详细的施工组织方案，报监理人及发包人审查，待批准后实施。

(4)主线桥、分离式立交等若干跨桥梁的整体拆除，应在维持道路通行或者另半幅新桥建成通车后进行。

(5)通道拼宽施工期间中断通道交通的，应事先与有关部门协商，取得当地政府的配合。

(6)涵洞在拼宽之前，应埋设临时管涵，确保排、灌系统的畅通。

(7)现有的标志、标牌、可变情报板、紧急电话、检查井、预埋管线、隔离栅、苗木等场外设施不得损坏，如需拆除应得到监理人或发包人的批准。

(8)工程实施期间，承包人应做到文明施工，树立良好的企业形象，相关标牌、标语的设立应在方案报监理人批准后实施。

(9)承包人应严格按批准的交通组织方案设置相关安全防护设施，不能对现场附近道路运行区的车辆运行产生干扰，不能在行车区内放置障碍物或废弃物，确保交通安全。

(10)承包人在施工时(土石方开挖)若需要临时封闭道路，应提前2d向监理人提出书面报告，制订安全保畅措施，经监理人和发包人批准，并与交警部门、路政联系，办理必要的手续后，方可进行施工。

(11)承包人在施工时若需要封闭部分道路，除做好道路保畅工作外，还应制订交通保畅紧急处理预案。由于施工原因造成交通堵塞，则应立即启动交通保畅紧急处理预案，必要时放弃施工，确保交通畅通。

102.02　专业分包、劳务分包、人员培训

删除本小节第 2 条，以下文代之：

2. 承包人应加强现场施工人员（包括劳务人员）的岗位和技能教育，加强质量、安全知识的岗位培训，做到人人懂质量、人人抓安全、科学管理、文明施工。承包人应建立职工培训中心，对工程管理人员、现场施工人员（包括劳务人员）进行岗位、工序、技能和安全教育，定期进行消防、防汛及隧道塌方救援演练。承包人应制订员工培训计划，并报监理人批准，对员工培训情况建立记录台账。监理人应对承包人员工培训情况进行抽查。

102.03　施工测量、设计及放样

增加本小节第 9 条，内容如下：

9. 设计核查

（1）承包人进场施工放线后，路基、桥梁、隧道、交安等工程施工前，应配合设计单位主要人员及相关单位对施工图设计进行全面现场核查，重点核查施工图设计与现场实际地质、水文、地形及地物等的符合程度；核查沿线群众穿越公路及灌溉、防洪等方案是否合理。根据放线以后桥涵、防护等构造物的具体位置及路线横断面的情况，核查桥梁长度，通道、小桥涵及防护工程的位置、数量、结构形式，核查局部路段的线位、高程、填挖方的高度、坡度等，核查路面结构设计是否合理，路面排水设计是否完善、合理，路面结构设计的各项技术指标是否符合厅指导意见相关要求，路基、桥梁已完工程是否与路面工程有效衔接；承包人应结合现场实际情况提交相关设计优化建议，配合设计单位优化完善施工图设计。

（2）在路基、桥梁工程基本完成时，承包人应配合设计单位对全线排水系统、边坡防护工程及桥梁岸坡防护进行全面核查，并提交相关设计优化意见，配合设计单位优化完善施工图设计。

102.05　施工方法与质量控制

删除本小节第 2 条，以下文代之：

2. 承包人应通过组织试验路、试验工程，总结施工工艺，指导规模生产。分项工程施工实行现场标示牌管理，标示牌上注明分项工程作业内容、简要工艺和质量要求、施工及质量负责人姓名等。

重要的单项工程、重要工序、关键施工环节均采用“首件工程认可制”，根据项目特点，确定的“首件工程”的具体范围（不局限于此）见表 102-1。首件工程的工艺、质量等得到认可后，承包人应编制首件工程总结报告，其内容包括：施工技术方案、施工工艺、质量保证措施、缺陷分析及采取的整改措施、检测数据、主要施工管理人员和质量责任人等。首

件工程总结报告经批准后，方可批量进行施工。

“首件工程”一览表　　表 102-1

项次	工程类别	“首件工程”名称	“首件工程”数量
1	路基工程	路基填筑	按填料类别路基全幅 200m
2		结构物台背回填	1 层/1 处台背
3		强夯	500m^2
4		灰土挤密桩	7 根/100m^2
5		水泥搅拌桩	7 根/100m^2
6		构件预制	不同尺寸构件各 10 块
7		地表截排水工程	50m 或每道
8		防护与支挡	1 个设计伸缩缝或沉降缝单元
9		盲沟	50m
10		渗沟	50m
11	路面工程	二灰土底基层	半幅 200m(分不同设计厚度)
12		水泥稳定碎石底基层	半幅 200m(分不同设计厚度)
13		二灰碎石基层	半幅 200m(分不同设计厚度)
14		水泥稳定碎石基层	半幅 200m(分不同设计厚度)
15		桥面混凝土凿毛	1 联,半幅桥面
16		基层表面清理	200 ~ 500m 半幅基层顶面
17		沥青同步碎石封层	半幅 200 ~ 500m 基层顶面或桥面
18		沥青碎石下面层	半幅 200 ~ 500m
19		黏层撒布	半幅 200 ~ 500m
20		改性沥青同步碎石封层	半幅 200 ~ 500m
21		沥青中面层	半幅 200 ~ 500m
22		沥青上面层	半幅 200 ~ 500m
23		构件预制	不同尺寸构件各 50 块
24		路缘石及路肩集水槽安装	200m 构件安装
25		路肩免烧砖铺砌	200m 路肩铺砌
26		桥面排水盲沟	200m
27		水泥混凝土路面	200m^2

续上表

项次	工程类别	“首件工程”名称	“首件工程”数量
28	桥涵工程	桩基钢筋加工	1 根桩
29		承台	1 个
30		系梁	1 根
31		墩台身	1 个
32		薄壁空心墩	1 节
33		墩台帽、盖梁	1 个
34		箱梁钢筋骨架制作	1 片梁
35		张拉压浆工艺	1 片梁
36		变截面箱梁悬浇	1 个块段
37		梁板预制与安装	1 片
38		上部结构现浇	半幅桥梁 1 联
39		桥面铺装及凿毛	半幅桥梁 1 联
40		防水层	半幅桥梁 1 联
41		锥坡	1 处
42		防撞护栏	路线外浇筑 10m
43		橡胶支座安装	1 跨
44		涵洞	1 道
45		通道	1 道
46		伸缩缝	各 1 道(分不同设计型号)
47	隧道工程	洞门	1 座
48		掘进	1 个循环
49		防水板铺设	一板衬砌长度
50		中心排水沟	50m
51		仰拱	10m
52		初期支护	一循环掘进进尺
53		电缆沟槽	50m
54		二衬钢筋绑扎	一板二衬
55		二衬	一板二衬
56		土工布铺设	1 段
57		洞内边水沟	1 段
58		隧道装修	洞口、洞内各 1 段

增加本小节第 6 ~ 9 条,内容如下:

6. 重要的单项工程、重要工序、关键施工环节均采用“工序交验制”(表 102-2),承包人施工完毕后,由监理人组织进行交验。交验合格后方可进入下一道工序。

"工序交验制"一览表　　表102-2

项　次	工 程 类 别	"工序交验制"名称
1	路面工程	结构层层间处理交验
2	桥梁工程	桥梁桩顶凿毛清洁
3		预制梁板出厂交验
4		桥梁体系转换交验
5		桥梁支座安装交验
6		伸缩缝槽口交验
7	隧道工程	隧道钢拱架落地交验
8		隧道初支排水孔
9		隧道通水试验
10	消防系统	火灾报警系统交验

7. 按照交通运输部《高速公路施工标准化技术指南》的要求，项目混凝土外观质量将实行"分级评定"制度，明确混凝土外观质量评定的量化标准，对混凝土结构物外观进行指标化检验。

8.《公路工程质量检验评定标准》中规定的关键项目，其检测合格率应达到98%及以上，弱项指标合格率达到90%以上，且检测值不得超过《公路工程质量检验评定标准　第一册　土建工程》(JTG F80/1—2004)中规定的极值。否则，承包人应自行返工处理并承担一切费用。

注：弱项指标包含路基工程的防护工程断面尺寸、排水工程断面尺寸、排水工程铺砌厚度，桥梁工程的钢筋保护层厚度、钢筋间距、梁板结构尺寸、支座垫石高程、支座垫石平面位置、梁板安装的高程、梁板安装的平面位置、预应力管道坐标，隧道工程的钢筋间距、初喷混凝土厚度、初喷混凝土平整度等14项，详见陕西省交通运输厅《关于全面提高高速公路建设项目工程质量弱项指标合格率有关工作的通知》(陕交函〔2009〕675号)。

9. 填方路基成型后自然沉降期应满足最低要求，确保成型路基有足够的工后沉降。承包人在编制施工组织设计时应充分考虑工后沉降，合理安排路基施工时间。

102.06　材料

1. 质量要求

增加本条第(7)~(8)款，内容如下：

(7)承包人和监理人应加强建设材料管理，采用进场材料抽检、材料进货台账复核等措施，保证工程建设材料足额使用。

(8)检测。工程建设期间，发包人将对承包人拟用于实体工程的全部材料随机抽检，对不合格材料，承包人应无条件清除出施工现场。发包人检测出的不合格材料的检测费用由承包人承担。

102.07　进度照片与录像

删除本小节第1条，以下文代之：

1. 承包人进场后首先应对永久征地、临时征地的原始地貌用数码摄像机拍制录像。

承包人应(间隔不多于 1 个月)向监理人提供表明时间和工程进度记录的彩色照片副本两份或数码图片电子文件,并附有详细的文字说明和足够的数据记录,以标明工程的确切位置和进度。承包人应用数码摄像机拍摄录像关键工序施工情况,并留存电子数据文档。

增加本小节第 4 ~ 6 条,内容如下:

4. "五化"管理影像资料

承包人应在工程建设开始,单独建立"五化"管理影像档案资料,资料应包括承包人按监理人批复的"五化"实施方案所做的一切临时工程、隐蔽工程、实体工程及其他措施。影像资料在拍摄时应设定拍摄日期。

5. 索赔影像资料

依据项目专用条款,承包人有索赔意向的项目应对工地现场实际情况拍摄影像资料。影像资料在拍摄时应设定拍摄日期。

6. 变更工程影像资料

依据项目专用条款、设计资料以及项目变更管理实施细则,承包人有变更意向的工程或监理人下发变更指令的工程,承包人应建立变更工程影像资料。拍摄内容包括施工过程、方法,以及监理人现场核查、量测影像。影像资料在拍摄时应设定拍摄日期。

102.08　工程记录与竣工文件

增加本小节第 4、5 条,内容如下:

4. 承包人应按发包人下发的《档案管理实施细则》规定及时整理、归档相关资料,并设置两名专职档案员,负责所辖标段的档案管理工作,保证项目建设档案资料在工程施工结束 28d 内归档。

5. 承包人应在监理人要求的时限内及时完成竣工文件及工程决算文件的编制工作。如承包人未能按期提交上述文件,监理人可以委托第三方单位进行编制,相关费用从承包人的任何应得款项中扣除。

102.11　环境保护

1. 一般要求

删除本小节第 1 条第(6)款,以下文代之:

(6)工程施工应做到兼顾水土保持和环境保护的原则,做到工程施工、水土保持、环境保护同步协调,避免出现施工后再治理、再补救、破坏生态环境现象,确保建设项目顺利通过环保验收和水土保持验收。由于承包人原因导致建设项目不能通过环保验收和水土保持验收的,承包人应自费予以补救直至验收通过。

增加本小节第 8 条,内容如下:

8. 实施和完成本合同工程及缺陷修复工程中的一切施工作业,不得影响邻近建筑、构造物的安全与正常使用,不得干扰群众的生产、生活和通行方便。若发生上述情况,并由此导致索赔、赔偿、诉讼费用及其他开支时,由承包人承担一切责任并承担由此产生的一切费用。

102.12 交通流计划和控制

删除本小节第8条,以下文代之:

8.项目为改扩建工程时,承包人应按规定制订交通组织实施方案,设置好施工和疏导交通安全标志,所有作业和安全标志设置应符合规定及交通组织设计要求。该费用在清单"交通保畅安全管理费"中列支。

"交通保畅安全管理费"包括承包人在施工中所需的交通保畅安全管理费用(如清障机械使用及日常养护、人员、车辆及其他组成交通维护和保畅工作所需的必要设备、安全设施或材料的消耗等一切与此有关的工作)及在施工期间处理应急事故、应急措施所需路政及交警等部门协调等一切与此有关的费用。承包人应负责承包范围内原公路路段的交通安全维护,确保该路段通行车辆的行车安全;交通维护设施和管理人员的配备应满足相关法规和路政、交警等部门的要求,并承担费用。上述一切安全措施工作由于承包人未达到规定要求,发包人将代其完成,所需费用将从承包人任何应得款项中扣回,并按承包人违约追究其责任并进行处罚。

102.13 安全保护与事故报告

1.一般要求

增加本小节第1条第(8)~(20)款,内容如下:

(8)坚持"安全第一、预防为主、综合治理"的方针,承包人应认真贯彻执行国家有关安全生产的法律、法规、制度和标准,树立安全事故"零容忍"理念,加强安全教育,提高安全意识,落实安全费用,完善安全措施,杜绝重大安全事故发生。

(9)承包人应建立安全生产责任制度,层层签订安全生产责任书,构筑"横向到边、纵向到底、责任到人、不留死角"的安全生产保障体系。

(10)建立消防安全责任制度,配备消防设施和灭火器材,明确消防安全责任人,制定用火、用电、易燃易爆材料使用等各项消防安全管理制度和操作规程。

(11)承包人驻地应避免选择在距离山体较近的地方,以免山体潜在的滑坡、崩塌形成安全隐患;应避免选择在地势低洼或洪水位附近的河边,以免洪水形成安全隐患;应妥善管理驻地用电,清除驻地周围易燃易爆物品。

(12)隧道作业时应按要求进行空气成分分析,特别是路线经过区域存在煤炭、油气资源,隧道开挖时容易引发安全问题。未进行空气质量检测或检测结果达不到隧道作业环境标准的应立即停工整改。应执行进出隧道登记制度,隧道内照明应符合要求。

(13)现浇箱梁支架应依据规范进行设计,经批准后实施。

(14)承包人要完善高空作业安全防护措施,完善安全网布设,作业人员应佩带安全带,杜绝违章冒险作业。

(15)桩基施工、基坑开挖、泥浆池、蒸发池、蓄水池应设置安全防护网,桥梁未施工护栏前应采用粗钢筋或钢管焊制临时护栏,并挂安全网。

(16)边施工边通车路段应提前制订安全保畅方案,安排专职安全管理人员现场指挥交通,完善安全防护措施及警示标志,确保施工及通行安全。

(17)承包人应安排专职安全员进行巡查,杜绝无关车辆、人员进入施工现场,杜绝在施工路段从事商业活动。

(18)承包人应制订安全警示标志总体布设方案并报监理人审批,施工现场出入口、施工起重机械、临时用电设施、脚手架、出入通道口、电梯口、桥梁口、隧道口、基坑边缘、爆破器材及有害气体和液体存放处等危险部位,应设置明显的警示标志。

(19)根据交通运输部《关于开展公路桥梁和隧道工程施工安全风险评估试行工作的通知》,在工程实施过程中,承包人应委托公路行业具备安全评估资质的第三方机构对长大桥梁和特殊结构桥梁、长大隧道及特殊地质和大跨径隧道、高边坡和特殊地质边坡开展施工安全风险评估工作,以增强安全风险意识,改进施工措施,规范预案、预警、预控管理,有效降低施工风险,严防重特大事故发生。

(20)根据交通运输部《关于开展公路水运工程"平安工地"考核评价工作的通知》,在工程建设期间,承包人应以创建"平安工地"为安全管理目标,建立健全安全生产保证体系,保证安全生产条件,落实安全生产责任,编制专项施工方案,开展风险预控,落实"平安工地"创建各项要求。

施工期内"平安工地"考核结果为"示范"的项目,承包人要按照《交通运输部安全监管总局关于组织公路水运建设项目平安工程冠名工作的通知》要求进行冠名,并严格按照两部委(交通运输部、安全监管总局)相关要求开展各项工作。

删除本小节第 6 条,以下文代之:

6. 承包人应严格贯彻执行交通运输部《安全"两项达标、四项严禁、五项制度"》文件。

(1)两项达标:施工人员管理达标,施工现场防护达标。

(2)四项严禁:严禁在泥石流区、滑坡体、洪水位下等危险区域设置施工驻地;严禁违规进行挖孔桩作业,钻孔确有困难的不良地质区,设计单位要进行专项安全设计并按规定变更设计,经批准后实施;严禁长大隧道无超前预报和监控量测措施施工;严禁违规立体交叉作业。

(3)五项制度:施工现场危险告知制度,施工安全监理制度,专项施工方案审查制度,设备进场验收登记制度,安全生产费用保障制度。

增加本小节第 7、8 条,内容如下:

7. 改扩建工程的安全管理

改扩建工程的安全管理,不仅包括对施工过程中人员、机械设备的安全管理,还包括对施工过程、工程实体及原有道路、过往车辆和行人的安全管理。

(1)在原有公路上和改扩建公路用地范围内,作业人员应着标志服,夜间为反光标志服。作业机械应按标准涂以橘黄色,且按标准安装黄色警示灯。施工作业区域应与道路通行区域严格分离。

(2)施工现场增设醒目的临时标志、标线、警告或提示标志时,采用移动式电子标志标牌。夜间施工悬挂红灯。

(3)桥梁拼接加宽时,对需拆除的防撞护栏,拆除期间,要求每隔3~5m放锥形桶、水马警示或混凝土诱导块警示设施。

(4)对于通行路段上跨桥梁的施工,要求在施工桥梁梁板下设置防抛网,防止物品掉落。

(5)特殊构造的桥梁上部构造在拆除前,施工方案应结合机械设备能力、结构受力特点等进行验算和分析。拆除过程应采取必要的防护措施,确保人员、设备及道路安全。

(6)拼接加宽桥梁的桥台钻孔桩施工,钻孔平台设置尺寸应尽可能少侵占路基边坡和桥下通道。钻孔结束后,应尽早进行台身施工、台后和台前填筑以及桥下道路施工,确保原有桥台安全稳定。

(7)在通道、涵洞接长时,对浆砌片石锥坡及基础、混凝土翼墙、混凝土一字墙墙身进行拆除过程中,为保证公路路堤的稳定,确保人员、设备安全,应采取防护措施,在监理人批准之后实施。

8.除合同另有规定外,承包人因采取安全保护措施和处理事故等发生的费用已包含在合同价之内,不再另行计量支付。

删除第102.14小节,以下文代之:

102.14 桩志的保护

1.承包人在施工期间应对测量桩志(包括导线点、水准点等主要控制点)进行保护,工程完工后应设永久性测点标志,将导线点、水准点移至公路用地范围以内,经重新复测,成果数据满足规范要求后,将测量数据与测点桩志一并移交发包人。

2.承包人应对征地界桩进行复测并加以保护,丢失、损坏的应补齐全,工程完工时移交发包人。

3.该项工作费用包含在相应工程报价中,不单独计量支付。

增加第102.15、102.16小节,内容如下:

102.15 奖励基金

1.为了推进项目建设,提高项目建设质量,发包人设立奖励基金,用于奖励各参建单位。奖励基金为计提资金,总额为承包人报价第200章至第700章清单之和(不含暂估价)的0.5%。

2.奖励基金在全线统一统筹使用,奖罚办法由项目执行机构根据工程实施情况具体制定,以文件形式明确,并纳入计量支付。

3.各参建单位的违约罚金纳入奖励基金,在全线统一支配使用。

102.16　计量与支付

1. 计量

(1)第 102.08 小节的工作内容及与此有关的一切作业经监理人审查批准后,以总额计量。

(2)第 102.11 小节的工作内容包括施工场地砂石化、控制扬尘、降低噪声、合理排污等一切与此有关的作业,经监理人检查验收后以总额计量。

(3)第 102.13 小节安全生产费为投标控制价上限的 1.5 %,以固定金额形式计入工程量清单支付子目 102-3 中。第 102.13 小节所发生的费用,用于:

a. 完善、改造和维护安全防护设施;

b. 配备、维护、保养应急救援器材、设备支出和应急演练支出;

c. 开展重大危险源和事故隐患评估、监控和整改支出;

d. 进行专项安全评估支出;

e. 安全生产检查、评价、咨询和标准化建设支出;

f. 配备和更新现场作业人员安全防护用品支出;

g. 安全生产宣传、教育、培训支出;

h. 安全生产适用的新技术、新标准、新工艺、新装备的推广应用支出;

i. 安全设施及特种检测检验支出;

j. 其他与安全生产直接相关的支出及施工噪声、振动、扬尘等因素引起的建设环境安全保障费;

k. 承包人由于施工振动对沿线居民造成的房屋振动损坏及可能产生的其他安全隐患;

l. 承包人认为在此基础上需增加安全生产费用以满足施工需要,则承包人应在项目工程量清单其他相关子目的单价或总额价中予以考虑,发包人不再另行支付。

(4)第 102.15 小节奖励基金计量时以每期支付报表中第 200 章至第 700 章清单之和(不含暂估价)的 0.5% 计提。发包人将从承包人每期支付报表中计提当期计量中第 200 章至第 700 章清单之和(不含暂估价)的 0.5% 的金额,作为奖励基金在全线统一支配使用。

(5)“五化措施费”按发包人公布的投标控制价上限的 1% 以固定形式计入工程量清单支付子目 102-4 中。“五化措施费”指承包人按照通过评审的“五化”实施方案(不限于此)在工程施工期间推行施工标准化、精细化等“五化”管理所发生的费用,该费用中应包含职工教育培训费、信息化费、路面咨询单位的咨询费用、施工作业标准化管理、精细化施工组织设计评审等费用。但不包括施工期间为保证交通安全而设置的临时设施和标志、标牌的费用,以及承包人按照“三集中、四统一”标准进行驻地建设增加的临时设施费用及施工便道标准化建设费用等。

(6)安全生产方案、“五化”实施方案采用评审制度,即承包人将安全生产方案、“五化”实施方案上报监理人,由监理人组织评审。承包人在施工期间按评审通过的方案实施,并按照发包人下发的《安全生产管理办法》、《五化管理实施细则》有关规定,由监理人组织对承包人进行考核合格后,分期分别在102-3“安全生产费”与102-5“五化措施费”子目中支付。

(7)工程质量信息化管理系统中,承包人现场主要机械设备工作状况监控设施、工地试验室视频监控及数据传输系统、合同段信息化监控室、质量巡查PDA手簿以及其他信息化管理设施设备费用包含在102-5子目中,不单独计量。

(8)工程管理软件按第102.01小节第4条[除第(4)款内容]要求安装运行,其费用包括系统操作人员的培训、劳务和计算机配置、维护、备份管理及网络构筑等一切与此有关的费用包含在102-5子目中,不单独计量。

2. 支付

(1)102-1子目费用在工程开工并签署合同后,预付30%,工程交工验收后支付50%,档案验收合格后支付剩余20%。

(2)102-2子目费用在承包人按规范要求及监理人指令落实环境保护及水土保持措施,经验收合格后,按合同的总工期,每过五分之一工期支付该费用的10%,在交工验收后支付该费用的30%,待环保、水保单项验收完成后支付该费用的20%。

(3)102-4-a为奖励基金的计提:在项目实施期间,发包人将组织各类专项考核,奖优罚劣,考核结果以文件形式予以明确,奖励在102-4-b中计列,处罚在102-4-c中计列,监理人和承包人应遵照文件进行计量。

(4)102-3安全生产费的支付,在项目实施期间,发包人将制定相关管理办法,对安全生产费的支付方式予以明确,监理人和承包人应遵照执行。

(5)102-5“五化”措施费的支付,在项目实施期间,发包人将制定相关管理办法,对“五化”措施费的支付方式予以明确,监理人和承包人应遵照执行。

工程质量信息化管理系统中,承包人现场主要机械设备工作状况监控设施、沥青改性设备监控系统、沥青混凝土(水泥混凝土)拌和站远程监控系统、工地试验室视频监控及数据传输系统、合同段信息化监控室和施工现场视频监控设施及语音传输系统由承包人负责建设,其费用包含在“五化”措施费中,不单独计价。

3. 支付子目

子目号	子目名称	单位
102-1	竣工文件	总额
102-2	施工环保费	总额
102-3	安全生产费(投标控制价上限的1.5%)	总额
102-4	奖励资金	
-a	奖励基金计提[第200章至第700章投标价之和(不含暂估价)的0.5%]	总额
-b	奖励	元
-c	处罚	元
102-5	“五化”措施费(投标控制价上限的1%)	总额

第 103 节　临时工程与设施

103.01　一般要求

增加本小节第 8 ~ 12 条，内容如下：

8. 承包人在合同执行期间，应采取措施确保施工现场原有道路和管线畅通。

9. 工地标准化临时建设实行“四统一”，即统一施工单位驻地标准、统一监理驻地标准、统一试验室标准、统一施工便道标准，以改善生产生活环境，提高施工管理效率。推行集约化生产，施工生产做到“三集中”，即混合料（水泥混凝土、沥青混合料、水泥稳定碎石、二灰碎石等）集中拌和，钢筋、碎石集中加工，梁板等构件集中预制，以规范施工现场管理，保证工程质量。

10. 黄土沟壑区施工便道及其他临时设施的修建不得影响路基、桥梁墩台的稳定。

11. 尽量避免将拌和场、预制场设置于路堑内。受条件所限应设置的，除了做好场地硬化外，还应做好路床顶面防渗和场地排水措施，以免水浸泡路床影响路基稳定。

12. 临时工程得建设应避开不良地质体，无法避开的应采取加固和监控措施，以保证安全。

103.02　临时设施

1. 供电

增加本小节第 1 条第（6）款，内容如下：

（6）临时用电

a. 临时用电采用三相五线制（三根火线，一根工作零线，一根保护零线）和三级配电二级保护方式（总控、分控、开关、分控、开关分设漏电保护），工作接地电阻不得大于 4Ω；供电线路始端、末端应重复接地；当线路较长时，线路中间应增设接地，其电阻不得大于 10Ω。

b. 施工现场临时用电应符合现行《施工现场临时用电安全技术规范》（JGJ 46），施工前要编制临时用电方案，工程专用电源中性点直接接地的 220V/380V 低压电力系统应采用 TN-S 接零保护系统。动力和照明线应分开架设。

c. 进入现场的电气设备、固定吊装设备、钢梁梁体等可能因雷击或外壳带电造成人身伤害的设备、设施均应设线接地。

d. 用电设备实行“一机一闸一漏一箱”制，不得用一个开关直接控制两台以上的用电设备；漏电保护器符合国家标准《漏电电流动作保护器》的规定，并与用电设备相匹配。

e. 配电房（室）、变压器等固定电力设备均设安全防护屏障或网栅围栏，高度不低于 2.5m，应设置明显的禁止、警告标志。

f.配电箱内多路配电应有标记,配电箱应有门、锁、防雨措施,铁壳开关箱应接地。所有电器设备应完整、无破损,性能良好。应使用安装带有触电保护器的插座,触电保护器应定期试验,确保性能可靠。严禁使用铜丝、铁丝等金属代替保险丝,严禁在一个开关上连接多台电动设备。

103.03 临时道路、桥涵

1.一般要求

增加本小节第1条第(3)~(6)款,内容如下:

(3)承包人应沿主线两侧自行设计、修建和养护纵向临时便道、便桥(纵向便道顶面高程应高出原地表30cm),及从已有道路通往施工现场的临时便道,以满足施工需要。施工便道参照四级公路标准执行,技术及工期要求见前附表。

(4)在整个施工期内,承包人应组织专门的养护队伍,配备必要的机械、工具和材料,由专人负责对施工便道、便桥及施工现场道路加强养护管理,保证施工车辆通过时不发生软弹、松散等病害,做好洒水、排水工作,保证晴天不扬尘、雨天不泥泞,保持道路畅通,并为其他标段车辆设备的通行提供方便。工程结束时,承包人应将施工便道恢复原貌或移交给当地政府(县级以上交通运输主管部门或政府书面函件),若使用既有道路作为施工便道的,应交付原道路产权单位。

(5)施工便道、便桥应设置必要的标志标牌,转弯道口、视线不良处设警示牌或反视镜;便道途经学校、村庄、工厂附近时应设置警示、慢行、限速等标志;便道、便桥应组织专门的养护队伍,配备必要的机械、工具和材料,由专人负责养护,确保路面平整,做好洒水、排水工作,做到晴天不扬尘、雨天不泥泞。

(6)承包人所设计的钢便桥应符合《公路桥涵施工技术规范》(JTG/T F50—2011)第19章的要求。

删除第103.05小节,以下文代之:

103.05 标识、标牌

标识、标牌按照设置齐全、规格统一、内容完善、位置醒目的原则布设。在整个施工期内,承包人应加强标识标牌的日常保养和清洁,保证标识标牌内容清晰可辨。

承包人除应按陕西省交通运输厅《陕西省高速公路施工标准化指南　第三册　工地标准化》规定的规格、形式、内容设置“八牌二图一彩门”(即工程公告牌、合同段起讫标识牌、工程标识牌、工程质量举报公告牌、质检标识牌、材料标识牌、配合比标识牌、民工工资发放告示牌和施工平面示意图、场区平面示意图及桁架门式彩门)外,另需增设以下标识标牌。

1.指路牌

(1)尺寸:200cm×150cm。

(2)内容:

a.____高速公路×合同段(总监办、驻地办、项目经理部及其下属分支机构)或(×××桥、×××拌和场等)。

b. 指向箭头。

(3)制作材料及板面要求。

a. 板面材料为公路工程标志板采用的铝合金板制造(粘贴反光膜),立柱采用双柱,外径为 152mm 的普通碳素结构钢焊接钢管。

b. 背景颜色为蓝色,字体采用黑体白色,白边线宽 4cm,边线外距离板边沿 5cm。

c. 本标识牌双面制作。各监理人、承包人驻地及大桥桥址、拌和场(站)等,均应在岔路口、路旁的醒目位置栽设。

d. 施工便道上的指路牌,还应注明施工便道编号。编号应由____高速公路简称首字母、合同段号及便道排序号三项组成。

2. 单位名称竖牌

(1)尺寸:220cm × 35cm × 5cm。

(2)内容:

a. 单位名称 + ____高速公路 × 合同段项目经理部。

b. ____高速公路总监理工程师办公室。

c. ____高速公路中心试验室。

d. ____高速公路 × 驻地监理工程师办公室。

(3)制作材料及板面要求:木质材料,白底黑字(楷体)。

3. 小型施工工地移动式标牌

(1)尺寸:160cm × 120cm。

(2)内容:× 合同段、工程名称、桩号(地点);现场技术员、施工员、监理员、现场负责人;混凝土、砂浆等配合比。

(3)制作材料及板面要求。

a. 板面材料为公路工程标志板采用的铝合金板制造(粘贴反光膜),立柱采用双柱,外径为 152mm 的普通碳素结构钢焊接钢管。

b. 背景颜色为蓝色,字体采用黑体白色,白边线宽 3cm,边线外距离板边沿 5cm。

c. 该标志牌在每处小桥、通道、涵洞、防护工程等施工现场醒目的位置栽设。

4. 上岗证

管理处、监理人、承包人,凡进入施工现场的管理人员均应佩戴上岗证。上岗证的具体制作要求是:

(1)尺寸:管理处领导、设计代表、监理人负责人、承包人项目经理、技术负责人统一佩戴 15cm(竖) × 10 cm(横)悬挂胸牌。各单位其他管理人员统一佩戴 10cm(竖) × 7cm(横)胸卡。

(2)颜色:管理处为蓝底黑字;监理人(含中心试验室)为红底黑字;承包人为黄底黑字。

(3)内容:单位名称、岗位、职务(职称)、姓名、照片、编号。

5. 移动式宣传展板

(1)单块尺寸:360cm × 278cm,数量 4 ~ 6 块。

(2)内容:

a. 项目简介。

b. 合同段工程概况,总平面布置图。

c. 企业文化展示。

d. 重点及控制性工程介绍。

e. “五化”实施情况。

(3)制作材料及板面要求:

a. 按立式组合展板制作,板面采用公路工程标志板所用的铝合金制作,外部框架采用18cm×18cm格栅钢架。

b. 展示内容彩色精喷制作,粘贴至铝合金面板上。

6. 机械编号

施工现场的大型施工机械、设备应标明承包人名称及编号,以便于各级检查、管理人员能直观地了解承包人的设备实力和生产能力。

7. 门牌标记

各单位内部应统一采用27cm×10cm、金黄底黑字、强塑材料的科室门牌标记,标牌上书写职务或职能部门名称,以明确岗位职责,便于业务往来,提高办事效率。

8. 临时交通标志、分流标志

承包人应按第102.01、102.12节等做好施工安全防护、隔离、交通警示等工作外,并在拆除现有公路标志、标识牌之前,做好临时交通标志、标识和分流、引导指示标志的制作、安装、维护以及最终拆除等工作。

增加第103.06小节,内容如下:

103.06 计量与支付

1. 计量

(1)临时施工便道修建、拆除按经监理人验收合格,以总额在103-1-a子目中计量。

(2)临时施工便道(包括原有道路)养护以千米·月为单位在103-1-b子目中计量。施工钢便桥按经监理人验收合格的实际架设长度,以米为单位在103-1-c子目中计量,计价中包括钢便桥架设、日常养护、拆除等与此有关的一切作业。

(3)电信设施及供水与排污设施的修建、拆除等临时工程,根据施工过程中已完成的经监理人现场验收合格分别以总额计量。

(4)临时占地经地方国土部门和监理人批准后,以总额为单位在103-2子目中计量。

(5)临时供电设施的修建、维修及拆除经监理人现场验收合格后以总额为单位在103-3-a子目中计量;临时供电设施的维修养护以月为单位在103-3-b子目中计量。

(6)为完成上述各项设施所需的一切材料、机械设备、人员及与此有关的一切作业费用均含入相关子目单价或总额价之中,不另行计量。

(7)承包人驻地及拌和场的双柱式(200cm×150cm)指路牌以现场实际发生并经监理人验收合格,以总额在102-5子目中计量。

(8)工程公告牌、工程标示牌、工程质量举报公告牌、民工工资发放告示牌等双柱式(240cm×180cm)标识标牌以现场实际发生并经监理人验收合格,以块为单位在 102-5 子目中计量。单柱式(160cm×120cm)合同段起讫标示牌以现场实际发生并经监理人验收合格,以总额在 102-5 子目中计量。

(9)本小节要求设置的其他标识、标牌相关费用均包含在 102-5 子目中,不另行计量。

2. 支付

除 103-1b、103-3b 按子目支付外,其余临时工程完工后,由监理人验收合格后支付。

3. 支付子目

子　目　号	子　目　名　称	单　　位
103-1	临时施工便道	
-a	临时施工便道修建、拆除等	总额
-b	临时施工便道养护(包括原有道路的养护)	km・月
-c	施工钢便桥	m
103-2	临时占地	总额
103-3	临时供电设施	
-a	设施架设、拆除	总额
-b	设施维修	月
103-4	电信设施的提供、维修与拆除	总额
103-5	供水与排污设施	总额

第 104 节　承包人驻地建设

104.01　一般要求

增加本小节第 6～10 条,内容如下:

6. 承包人应按照"三集中四统一"要求进行驻地和施工场地建设,即:混合料(水泥混凝土、沥青混合料、水泥稳定碎石、二灰碎石等)集中拌和,钢筋、碎石集中加工,梁板等构件集中预制;统一承包人驻地标准、统一监理人驻地标准、统一试验室标准、统一施工便道标准。

7. 各单位驻地的选址应符合以下要求:

(1)选址位置应尽量靠近工程项目现场的中间位置,设在上风口,远离地质自然灾害区域,用地合法,周围无塌方、滑坡、落石、泥石流、洪涝等自然灾害隐患,无高频、高压电源及油、气、化工等其他污染源。满足安全、环保、水保的要求,交通、通信便利,水电设施齐全。

(2)不得占用独立大桥下部空间、河道、互通匝道区及规划的取、弃土场。

(3)为方便其他人员找寻驻地或拌和场等,在各单位驻地、拌和场、预制场附近主干道应设置指路牌;指路牌统一大小、颜色,应按照第103.05小节相关要求设置。

8.承包人驻地、工地试验室、拌和站等场地选址和建设,应经监理人审批并验收;监理人驻地选址和建设,应经发包人审批并验收。

9.各单位驻地、拌和站等场站建设,应按国家有关消防规定,配置齐全消防设施,经常检查、维护、保养。驻地内应设置消防通道,并保证消防车道的畅通,禁止在车道上堆物、堆料或挤占消防通道。

10.驻地内应设有必要的防雷设施,为加强驻地安全管理工作,维护企业财产安全和职工生命财产安全,在条件允许的情况下驻地应设置报警装置和监控设施。

104.02 办公室、住房及生活区

增加本小节第5、6条,内容如下:

5.用房标准

(1)承包人可自建或租用沿线合适的单位或民用房屋,但应坚固、安全、实用、美观,并满足工作、生活需求。办公、生活用房应隔热通风,房间净高不低于2.6m,防雨、排水通畅,内墙抹灰刷白,地面硬化防潮湿。房屋周围应设置排水沟,保证不积水。自建房应安装、拆卸方便且满足环保要求。自建房屋最低标准为活动板房,建设应选用阻燃材料,且阻燃等级应达到A级标准。搭建不超过2层,每组最多不超过10栋,组与组之间的距离不小于8m,栋与栋之间的距离不小于4m。

(2)办公用房面积见前附表,要求通风、照明良好,并设有防暑、降温、取暖设备;满足项目信息化管理要求,配备必要的信息化硬件设施,满足施工信息收集、整理、传送以及工程进度、质量、安全、计量、变更等信息化管理的要求。

(3)承包人会议室、职工培训场地面积见前附表。会议室应通风、照明良好,设有防寒保暖、防暑降温设备,配备必要的会议桌、椅子、写字板、多媒体等常用会议设施,设置2个向外开启门,保证发生危险时便于及时疏散。

(4)所有班组(含劳务人员)应纳入施工工区集中居住、统一管理,生活用房建设应实用、美观、隔热、通风、防潮,可租用永久住房或采用活动房搭建,可采用单人床或架子床,禁止通铺,每舍居住不超过4人,建筑面积要求见前附表。宿舍内应采用混凝土地面并铺砌瓷砖,门窗(可开启式)设置齐全,门净宽不小于0.8m,屋内通风、照明良好,室外应设专门的晾衣处。内、外环境安全、卫生、清洁,夏季有降温和防蚊虫措施,冬季有保暖和防煤气中毒措施。严禁存放易燃、易爆物品,严禁在宿舍内生火做饭,严禁私接乱拉电源线路,严禁使用电烧水器、电热锅和电炉子等大功率电器。生活区应设置浴室,可同时满足驻地总人数的10%洗澡。浴室地面应做防滑处理,使用防水灯具和开关,并定时保证充足的冷、热水供给,排水、通风良好。淋浴间与更衣间应分离设置,更衣间内应设置长凳、储衣柜或挂衣架。

(5)食堂、厨房应具备必要的排风和冷藏设施,生、熟食品分开并设有标记,加工和作业间应符合卫生和消防等有关要求,配有消毒设备,燃气罐应单独设置存放并配置锁具(通风良好),地面应做硬化和防滑处理,配备纱门、纱窗、纱罩等。食堂排水系统良好,避

免污水淤积。食堂、厨房与宿舍间距不小于 15m,与厕所、垃圾堆放地间距不小于 30m。餐厅食堂净空不小于 2.8m,门净宽不小于 1.2m。炊事员及其他工作人员应持有当地部门发放的健康证。

(6)厕所应分设男、女厕所,为水冲式或移动式,面积应满足需要,通风良好。厕所内地面应作防滑处理,并配备纱门、纱窗。蹲位数量可同时满足驻地总人数的 10% 如厕。厕所应指定专人负责卫生工作,应定时进行清扫、冲刷、消毒,防止蝇蛆滋生,化粪池应及时清掏,符合卫生要求。

(7)档案室面积不小于 $20m^2$,地面采用 15cm 厚 C25 混凝土硬化处理。所有档案资料应保存在专用档案柜内,配备专用电脑,建立档案借阅登记制度,并由专职档案员负责管理。档案室应有防潮、防火、防盗、防鼠等措施,照明通风良好。

(8)驻地应设置篮球场、羽毛球等运动场地,配备健身器材。

(9)驻地生活垃圾和厨房垃圾应专门存放在大型垃圾堆积池中,与办公、生活区有较远距离,各种垃圾应分类存放,安排专人定期按环保要求处置;生活污水净化处理后通过地下管道排放。

6. 承包人、监理人驻地建设规模见前附表。承包人、监理人驻地宜为独立式庭院,四周有围墙,有固定出入口,出入口应设置保卫人员;驻地应做好消防措施,配备必要的消防器材,每个功能区应配备不少于 10 个灭火器和必要的消防沙、消防水;承包人项目部办公用房、生活用房及车辆停放场地布局合理,人员住宿、办公分开,停车区和驻地道路应采用不低于 10cm 厚砂砾垫层 +15cm 厚 C20 混凝土硬化,其余空地予以绿化;排水应采用暗排形式,驻地排水管道应与外界排水系统连通,生活污水净化处理后方可排放,严禁污染环境;办公用房应按管理需要设置,房屋的标牌标记清楚、醒目;生活用房应设置宿舍、食堂、活动室、医疗室、图书室、浴室等生活设施;锅炉房、发电机房、厨房、库房等应与办公、生活用房隔开设置,距离不小于 10m。其中锅炉房应采用非易燃材料建造,并远离易燃物品,设在下风口,烟囱上安装防火帽。存放易燃易爆品的库房应设置在办公、生活用房安全距离之外。

104.03　工地试验室

增加本小节第 7～11 条,内容如下:

7. 承包人应结合项目的特点和工程内容及质监部门的要求建立工地试验室,并经陕西省交通厅基本建设工程质量监督站验收通过。工地试验室的建设应满足《公路水运工程试验检测管理办法》的有关规定,由取得《公路水运工程试验检测机构资质等级》(等级证书)的试验检测机构(母体试验检测机构)授权设立,且授权的试验检测项目和参数不得超出其等级证书核定的业务范围。母体试验检测机构对工地试验室的试验检测行为及结果承担责任。在合同履行期间,承包人应对试验室的试验仪器定期进行标定、维修、保养,保证其正常使用;当监理人需使用工地试验室时或需承包人协助时,承包人应免费提供。试验设备产权归承包人所有。工地试验室建设标准见前附表。

(1)试验室应通风、照明良好,并设有防暑、降温、取暖设备。

(2)场地硬化:室内办公室地面全部硬化,干净整洁,以方便堆晒料,便于试验。室外场地应按功能分区要求对场区道路及停车区均予以硬化处理。

(3)消防设施:办公区及功能室应有必要的防火、防盗等安全措施。每个功能室应备有灭火器、消防沙、消防桶和消防锹等消防工具。

(4)各试验房及标准养护室应按工程量,并考虑冬季施工要求进行建设。

(5)试验室应备有功率大于或等于 15kW 发电机 1 台,并作防噪处理,保证试验检测工作正常、连续。试验室电路应为独立专用线,在总闸及力学室、标准养护室安装漏电保护器。同时,应根据试验项目工作量的大小配备充足的交通工具及办公设施,至少配备 1 辆专用汽车。

(6)按照建设项目或合同段混凝土工程量,建立报废混凝土试块堆放场地,场地应砌筑围墙,高度不小于 1.8m,并设门上锁,防止混凝土试块丢失。场地混凝土容量应满足存储 6 个月内所有混凝土试块数量,未经监理人同意,承包人不得随意处置。

8. 试验室应悬挂铭牌,铭牌内容与工地试验室印章内容一致,即母体试验室检测机构名称 + 建设项目合同段名称 + 工地试验室。试验室办公区与功能室应分设,办公区和功能室外悬挂或张贴有统一规格的门牌标识。

9. 功能室要求

(1)试验室面积要求见前附表;辅助试验室应设土工室、集料室、化学分析室、检测室、标准养护室(分两间设置,各配备 1 台温度、湿度自动控制器)、沥青室、沥青混合料室,且面积符合主试验室相关功能室的要求。

(2)功能室主要设备旁边墙体上应悬挂统一规格的仪器设备操作规程。操作规程框图采用高 60cm、宽 40cm 的蓝底白字标牌,标牌挂于操作台顶面 60cm 墙体上。

(3)各功能室电源插头应高出地面 1.3m 以上,防止冲洗时进水漏电。

(4)各功能室操作台高度应控制在 70 ~ 90cm,台面宽度为 60 ~ 80cm,台面为混凝土或铺设地板砖,表面应平整,操作台下设置带有柜门的储物隔柜。若设备需要安设基座与其固定,应在试验室建设时根据布局设计基座,基座顶面应保持水平,待设备就位调平后采用地脚螺栓进行固定。

(5)功能室温湿度记录、仪器使用(运行)及维修记录悬挂在对应仪器背面墙体上,离地 1.5m 左右。记录采用竖放硬面夹。

(6)标准养护室门口悬挂试件出入库记录台账,标准养护室地面设置环形水槽,便于室内水排向室外,水槽尺寸为宽 8cm、深 5cm。标准养护室内应设置试件养护架,养护架采用不小于 4mm × 4mm 的角钢,并涂刷防腐油漆,高度不宜高于 150cm,保证试件养护效果。

(7)试验室应配备试验数据处理系统软件,以保证试验室办公自动化;对易受电磁干扰、灰尘、振动、电源电压等影响的设备严格管理,对有较大噪声的设备要采取隔离措施。

(8)压力机、万能材料试验机等力学设备应设置金属防护罩或安全防护网,使用的防护网(罩)应安全、美观、方便操作。

(9)对压力机、万能试验仪等主要设备将安装终端数据采集模块,确保试验数据能适时上传至发包人的监控中心。

(10)试验室应配备无核沥青路面密度测试仪(PQI)对沥青路面压实度进行检测,其数量和性能指标等应满足现场检测需要。

10. 办公区要求

(1)办公室内墙体上应悬挂工地试验室组织机构框图、人员配置图、工地晴雨表、人员考勤表、工程形象进度图、人员去向表等图表,主要管理制度及人员岗位职责上墙。

(2)办公室应安装空调,为检测人员提供良好的工作环境,保证夏季高温、冬季低温气候情况下试验检测工作正常进行。

(3)档案室应配备专用档案柜,具备防潮、通风条件。试验资料应根据内业资料管理要求,分类收集整理,目录编写清楚,具有可追溯性。出具的各类试验报告、施工配料单等资料,应及时完成签认,规范归档。各种试验资料应记录完整、真实有效,严禁造假。签字不齐全,记录或报告不完整的资料不得归档。

(4)试验检测原始数据应记录在统一印制的原始记录表上,并及时装订成册。原始记录统一用黑色笔填写,应做到填写规范、字迹清晰,原始数据不得转抄或涂改,当记录或书写错误需更正时,应采用正确的"画改"方式,并在旁边填上正确数据,同时加盖刻有试验人员姓名的印章或签字。

(5)承包人应建立完整的原材料进场检验、标准试验、现场抽样试验、工艺试验、验收试验、外委试验、检测不合格报告和试验检测报告汇总等台账,并按月上报驻地办和中心试验室核备。

11. 工地试验室配备的主要仪器设备不得低于资审阶段所填报内容,如若中标,应保证满足施工试验检测要求,并通过陕西省交通厅基本建设工程质量监督站工地试验室的验收。工地试验室环境建设要求见表104-1。

工地试验室环境建设要求一览表 表104-1

项次	单 位	职 能 要 求	环 境 要 求	备 注
1	样品室	存放样品	通风、防潮	配备样品架
2	土工室	土工与路面基层材料检验	通风、防潮	
3	集料室	集料试验	温度:20℃ ±5℃	
4	化学分析室	化学试验	通风、防潮	
5	水泥室	水泥试验	温度:20℃ ±2℃ 湿度:≥50%	
6	水泥混凝土室	砂浆及混凝土物理性能试验	温度:20℃ ±5℃ 湿度:≥50%	
7	沥青室	沥青试验		
8	沥青混凝土室	混合料试验		
9	力学室	各相关力学试验	温度:10~35℃	
10	检测室	实体检测	通风、防潮	
11	标准养护室	试件养护	温度:20℃ ±2℃ 湿度:≥95%	两间设置,各配备1台温度、湿度控制器,配备试验架

续上表

项次	单　位	职 能 要 求	环 境 要 求	备　注
12	办公室	人员办公	满足办公环境要求	配备计算机1台
13	档案室	档案资料管理	满足资料存放要求	

104.05　其他建设

1. 车间与工作场地

删除本小节第3、4条,以下文代之:

3. 混凝土拌和站建设

(1)场地选址

a. 拌和站设置按照“工厂化、集约化、专业化、配送化”的原则进行标准化建设。

b. 拌和站选址应在公路用地范围以外,尽量靠近施工现场,交通方便,接近水源、电源的区域,但应远离居民区和滑坡、崩塌等地质灾害区,且在居民区的下风口。

c. 选址规划应确定拌和站规模及位置,编写建设规划方案,内容包括位置、占地面积、功能区划分、场内道路布置、排水设施布置、水电设施设置及施工设备型号、数量等。规划方案经监理人审批同意后实施。拌和站建设完成后,报监理人进行验收,合格后才能开始生产。

(2)拌和站布局

a. 水泥混凝土拌和站应满足本合同段主体工程施工需要,设置1座及以上满足施工高峰期水泥混凝土供应的大型拌和站,主体工程混凝土应实现集中拌制。

b. 沥青混合料拌和站及半刚性材料拌和站的设置,除应符合资格预审文件最低要求外,还应满足本合同段施工需要。沥青混合料拌和站、半刚性材料拌和场面积要求见前附表。

c. 拌和站建设应综合考虑施工生产情况,合理划分拌和作业区、材料计量区、材料库、运输车辆停放区、试验区、石料堆放区、集料水洗区及生活区,拌和站入场处应设置洗车池(洗车台)、污水沉淀池和排水系统。生活区应与其他区隔离,生活用房按照第104.02小节相关标准建设。

d. 拌和站应采用封闭式管理,四周设置围墙,安装视频监控系统,设置避雷设施和消防通道,入口设彩门及值班室。

e. 拌和设备应安装监控,对投入施工的混凝土拌和设备均进行终端数据采集,监控各种集料用量、水泥用量、用水量及拌和时间,并确保监控数据能实时上传至监理人、发包人的监控中心。

(3)场地建设

a. 拌和站内均应全部采用不低于20cm厚砂砾垫层+20cm厚不低于C20水泥混凝土面层进行硬化处理。

b. 拌和站排水系统应统一布设,排水应采用暗管。防雨雪棚的排水、运输罐车冲洗废水等污水应排入拌和场沉淀池，沉淀净化后排放。严禁随意排放，污染环境。

c. 砂石料仓底应高于外部地面，修筑成向外顺坡，料仓上部设置防雨雪棚。防雨雪棚拱脚应设置排水沟，料仓口与场内道路之间设置排水沟，防止料仓积水。料仓隔墙应设置清底控制线和顶部串仓控制线，存料不得超容量，料仓口应设置材料标识牌。

d. 拌和站设置拌和站简介牌、操作规程、消防保卫牌、安全警告警示牌等，标识、标牌设置的标准应符合交通运输部《高速公路施工标准化技术指南　第一分册　工地建设》附录 B 的相关规定；混凝土配合比牌、材料标识牌应按照第 103.05 小节相关要求设置。拌和站出入口、拌和楼控制室应设置禁止、警告、指令标志。

e. 拌和站标明负责人姓名及主要人员组成情况，悬挂操作规程和主要技术指标。配合比标识牌悬挂于操作间醒目位置。

f. 拌和站内各功能区配备足够的消防器材。

g. 沥青混合料采用间歇式拌和设备，并配备计算机及打印设备，配置纤维添加装置，热、冷料仓各不少于 6 个，且筛孔基本对应，冷料仓之间隔板高度不小于 50cm；冷料仓、传输带均搭设防雨棚，6 个冷料仓均安装有照明和溢料、缺料报警装置，冷料仓底部应加装钢筋筛网剔除超粒径碎石；上料台使用砖砌侧台 + 水稳硬化通道。沥青存储罐的储量不少于 1 200t，且均具备满足要求的搅拌器；并配备足够功率的发电机作为应急电源，确保拌和设备连续运转。

h. 拌和站各罐体应连接成整体，安装缆风绳和避雷设施，每一个罐体应喷涂成统一颜色，并绘制“____高速公路”字样和承包人简称，两者竖向平行绘制，颜色为白底蓝字，字体应醒目。

i. 拌和楼自动配料装置顶部应用彩钢板设防雨棚。混凝土拌和装置应采用彩钢板予以封闭，避免混凝土拌和过程中逸出粉尘。

j. 沥青混合料拌和站应设碎石除尘和水洗设备，确保细集料洁净无杂质。粉尘采用湿排法排出，并集中堆放运出场外，排粉处应搭设防雨棚。

(4)原材料存放

a. 根据工程规模选择散装水泥储存罐的数量，将散装水泥按不同厂家、品种、强度等级、批次分罐保存。

b. 粉煤灰采用筒仓储存，石灰存放应采用覆盖措施。

c. 砂石料应按级配要求，不同粒径、不同品种分场存放，每区醒目位置设置材料标识牌，标识牌应标识材料的质量状态，标识包括材料名称、产地、规格、数量、进料时间、检验状态、试验报告号、检验批次等。

d. 料仓的容量应满足最大单批次混合料连续施工的需要，留有一定的容量，且应满足运输车辆和装载机等作业要求。碎石储料仓的走向应与拌和楼料仓的排列平行一致，预留一定的空间，且应满足运输车辆和装载机等作业要求。

e. 包括储料斗在内的所有地材存放场地应加设型钢结构顶棚，钢结构顶棚起拱线高度不小于 7m，并满足受力、防风、防雨、防雪等要求。集料仓隔墙采用厚 30cm、高 3m 钢筋混凝土隔墙，隔墙上应标明堆料线和清仓线，堆料线离隔墙顶部应不小于 30cm，清仓线离地面不小于10cm。储料不得超过堆料线,以防混料,夏季施工时,应有洒水降温设备。

f. 拌和机操作房前醒目位置应悬挂混凝土配合比标示牌,标示牌采用规定的形式制作,内容采用油漆喷涂确保不褪色,数字采用彩笔填写,字迹工整清晰;或采用LED显示屏。

g. 砂石料仓底部、上料台、上料输送带下部废料应经常性清理并保持清洁。严禁装载机铲料时铲底。

h. 桶装沥青存储场地面积要求见前附表。存储场地应采用15m厚砂砾垫层进行硬化,严禁将桶装沥青直接堆放在未经硬化的地面上。桶装沥青堆码层数不超过3层并覆盖防雨布,装卸时应按规程进行操作。

(5)外加剂库房

a. 外加剂库房采用砖砌房屋,面积按照1.5t/m^{2}的标准建设。库房选址应尽量靠近拌和机,内部采用水泥砂浆粉刷,地面采用C20混凝土进行硬化,并使用方木或砖砌上搭5cm厚的木板,使外加剂储存离地30cm。外加剂存放应离四周墙体30cm以上。

b. 库房内外加剂的存放高度不应超过1.5m;不同批次、不同品种、不同生产日期的外加剂应分开存放,并根据不同的检验状态和结果采用统一的材料标识牌进行标识。

c. 库房内应建立详细的外加剂调拨台账,使物资的使用具有一定的可追溯性。

(6)文明施工

a. 场站地面应定期洒水,防止粉尘污染。

b. 每次混凝土拌和作业完成后,及时清洗机具,清理现场,做到场地整洁。

c. 临近居民区施工产生的噪声应符合现行《建筑施工场界环境噪声排放标准》(GB 12523)的规定。

d. 施工机械设备产生的废水、废油及生活污水不得直接排入河流、湖泊或其他水域中,不得排入饮用水附近的土地中。施工污水应经过沉淀池等污水处理设施处理达标后方可排入市政污水管网或河流。

e. 水泥等材料进料时,要注意材料罐顶的密封性能。当粉尘较大时,应暂时停止上料,待处理完后方可继续。

f. 专人定期进行拌和站的清理和打扫,保持拌和站内卫生。

g. 工程完工后应将拌和站的设备、剩余材料、废弃物、建筑垃圾等清除干净,并按有关要求做好复垦工作。

4. 预制梁场建设

(1)预制梁场选址、布局及建设

a. 承包人预制梁场应与混凝土拌和站合建,按照工厂化集中生产、经济合理的原则选址,便于混凝土运输及预制梁板架设。预制梁场地建设前,承包人应将梁场布置方案报监理人审批,方案内容应包含各类型梁板的台座数量、模板数量、生产能力、存梁区布置(不少于预制场设计生产3个月的存梁能力)等。预制场建设要与桥梁下部结构施工基本同步启动,避免出现“梁等墩”及“墩等梁”。

b. 预制梁场一般不得布置在路基范围内,条件受限时应满足工期和施工组织要求,并报监理人及项目执行机构批准后方可实施。

c. 预制梁场处于黄土、软土或其他不密实地基时,为防止产生不均匀沉降变形,应对预制场地采取换填天然砂砾土等方式分层碾压密实。换填厚度应经过计算确定。

d. 预制梁场应采用铁艺围栏封闭,场内修筑临时排水沟、沉淀池等良好的排水系统。排水沟应采用 50cm×50cm 砖砌,以排放施工废水、养护水、收集雨水,并汇入沉淀池。沉淀池设置规格为长 4m、宽 3m、高 1m,四周增设 1.2 ~ 1.4m 的安全防护网,污水经过处理后方能排放。区域功能分明,合理划分办公区、生活区、制梁区和存梁区。存梁区应预留能够满足运梁车辆正常通行的道路。

e. 预制梁场场内硬化时制梁区、存梁区均应控制纵横坡并设置排水系统。制梁区每个台座四周在进行硬化时应预埋蒸汽养护、喷淋养护管道和排水槽。

f. 预制梁场主要道路、制梁区采用不低于 20cm 厚砂砾垫层 + 20cm 厚 C30 水泥混凝土面层进行硬化处理,存梁区便道硬化采用 10cm 厚砂砾垫层 + 不少于 10cm 厚 C20 水泥混凝土。

g. 钢筋加工区、集料存放区及混凝土拌和区均应设防雨棚、排水沟,并对加工场地使用 10cm 厚砂砾垫层 + 15cm 厚 C20 混凝土硬化。

h. 波纹管、锚具、支座等其他材料应按相关要求建库保管和加工,做到有物必有区、有区必有牌,做好防锈、防腐、防火、防盗工作。

i. 预制场出入口应设置洗车台(池),防止运送材料车辆、混凝土罐车等将泥土带进场内。场内应设置沉淀池,施工污水应先汇入沉淀池处理,达标后方能排放。

j. 预制场内应设置张拉专用钢板防护措施,确保张拉操作时人员的安全。

k. 预制梁场标识标牌。

预制梁场内醒目位置应设置施工平面布置图、安全生产牌、消防保卫牌、管理人员名单及监督电话牌、文明施工牌等明显标示。

吊装作业区、安全通道应设置禁止标志;预制场的制梁、存梁区、构件加工区等各生产区域应设置明显标示,钢筋绑扎区在明显位置应设置标示牌。张拉台座两端应设置指令标志。

(2)预制梁场办公生活区

预制梁场办公生活区的建设可参考项目部驻地办公生活区建设。

(3)预制梁台座

a. 预制梁的台座强度应满足张拉要求,对软土地基的台座基础要进行加固处理,台座两端应用 C20 以上的片石混凝土扩大基础进行加固,以满足梁板张拉起拱后基础两端的承载力要求。

b. 底模应通铺钢板,不得采用混凝土底模,钢板厚度应为 6 ~ 8mm,并确保钢板平整、光滑,防止黏结造成底模"蜂窝"、"麻面"。底模钢板应采取防止变形措施。

c. 预制台座间距应大于 2 倍模板宽度,以便吊装模板。台座要满足不同长度梁板的制作,预埋支座钢垫板处推荐使用钢沙箱控制准确定位。

d. 梁、板钢筋骨架应在专用绑扎台座上进行体外加工,龙门吊整体起吊入模。

e. 在使用过程中,监理人和承包人应定期对台座进行复测检查,非不良地基区域的台座每3个月复测1次,不良地基区域的台座每月应复测1次,并建立观测数据档案,分析台座沉降情况,发现异常应及时处理。

(4)存梁区设置

a. 梁板预制完成后,移梁前应对梁板喷涂统一标识和编号,编号标识的尺寸应为480mm×480mm(平均每行120mm),中文字为印刷黑体,规格为50mm×80mm,采用红色油漆标注于梁侧,标注内容和格式见表104-2。

梁板标注表 表104-2

桥　　名	K__+__ ××××大(中、小)桥
编号	第××跨左(右)-××
浇筑日期	××××年××月××日
张拉日期	××××年××月××日
压浆日期	××××年××月××日

b. 梁板预制完成后,除了加强养护外,还要保证稳固、安全存放。严禁拆模后将梁板无支撑存放,防止梁板侧倾。存梁区也应设置相应的防止倾覆的托架及设施。

c. 用于存梁的枕梁应设于离梁两端面各50~80cm处,且不影响梁片吊装的位置,枕梁应适当配筋。

d. 空心板、箱梁最多存放层数应符合设计文件和相关技术规范要求。设计文件无规定时,空心板叠层不得多于3层,箱梁叠层堆放不超过2层,T梁不得叠层堆放。支垫材质应采用橡胶板或方木,且不污染梁底。T梁应使用特制的钢支撑架支撑到位,防止倾覆,斜撑应设于翼板根部,不得撑于翼板外缘。

(5)预制梁场机具设备

a. 进场机械设备应满足工程质量和施工进度要求,安装调试简便、容易操作、维修方便、可靠性高、安全性能好。确保对环境不会造成污染和破坏,如油、声污染。

b. 大型机械施工现场严格遵守"五个一"制度,即:一机、一人(专职防护)、一本(机械施工日志)、一牌(设备标识牌)、一证(机械操作证)。机械操作人员应熟悉本机的构造、性能及保养规程,熟练掌握机械设备的操作规程。

c. 各类机具设备、模板摆放整齐有序,正在使用的机械设备,应在易发生机械伤害的场所、施工现场出入口醒目位置悬挂机械操作安全规定公示牌(即安全操作规程)。

d. 所有的电器设备按安全生产管理的要求进行标准化安装,施工现场安装、拆装大型施工机械时,应由具有相应资质的单位承担,主管人员到场把关。转场时,应有"专项方案、专项检测、专项见证、专项放行、专项检查"。大型施工机械夜间不得安排转场、移机。大型施工机械作业时现场应有人把关。

e. 所有穿过施工便道的电线路应采用从硬化地面下预埋管路穿过或架空穿越,埋管标准或架空高度均应满足相关标准要求,并设置明显的警示和限高标识;采用由满足施工机械设备用电最大负荷要求的变电站供电,电线布设应满足"三相五线制"要求,同时设置400kW柴油发电机组作为备用电源。变压器设置安全距离符合规范规定。临时用电不得私拉乱接,绝缘线不得在地面上拖拉,电缆线不得在水中浸泡。

f. 机械作业人员进入施工现场作业前,应按设备操作规程进行检查,作业中严格遵守劳动纪律,不得酒后上岗或疲劳作业,应严格执行操作规程和相关安全规章制度,并做好设备使用、维护、保养记录。

g. 对组装好的龙门吊,在使用前应进行最大梁重 1.2 倍的荷载试吊,运梁轨道和龙门轨道在使用前应进行试运行,满足要求后方可正式使用。

(6)梁板养护

场地内应根据梁片养护时间及台座数量设置足够的梁体养护用的冬季蒸汽养护和夏季智能喷淋设施,喷淋水压加压泵应能保证提供足够的水压,确保梁片的每个部位均能养护到位,尤其是翼缘板底面及横隔板部位。每片梁设移动式养生棚,棚内喷管设置不得少于 4 条(顶部 1 条,内部 1 条,两侧面各 1 条);喷管总长较梁体长 1m,喷头间距为 0.5m,采用智能喷淋(蒸汽)养生控制系统实现混凝土养护信息化远程控制。养护用水应当采用饮用水或合格的其他水,输送管道应提前埋入地下,并对养护用水进行过滤,避免出现喷嘴堵塞现象。

增加本小节第 5 ~ 8 条,内容如下:

5. 材料存放场

(1)一般规定

a. 存放场、材料加工场应合理选择设置地点,应尽量靠近使用地点,确保运输及卸料方便。水泥、砂石料等原材料应靠近拌和站放置。

b. 各种材料应分区存放,堆放场地需进行硬化,采用不低于 20cm 厚半刚性基层或砂砾垫层 + 20cm 厚 C20 水泥混凝土面层进行硬化处理,且排水设施完善,场内严禁积水。存放场应留有足够宽度的通道,便于装运。

c. 各种材料进场均有合格证或检验单等质量证明资料。

d. 各种材料的堆放应做到一头齐,一条线。

e. 集料按不同粒径、不同品种、不同料仓分仓存放,不得混堆或交叉堆放,堆料高度不得超过料仓隔墙的高度,料仓隔墙采用厚度 30cm、高度 3.5m 的钢筋混凝土隔墙(备料期储料场应采用厚度 150cm、高度 6m 砂袋对不同粒径的集料进行分隔),砂石材料的堆放呈梯形状,做到"条直层平";不得紧靠隔墙堆放,防止隔墙侧向受压倒塌。

g. 袋装水泥、外加剂应入库,库房尽量靠近拌和设备,地面采用 C15 混凝土硬化,且有防潮措施。水泥按厂家、品种、批号,离地 30cm 堆垛,垛高不超过 10 包,距离墙 30cm;散装水泥按不同厂家、强度等级、批号分罐保存,罐上应安装避雷设施。

h. 各集料需分设待检仓和已检合格仓,每个料仓的容量应满足最大单批次混合料连续施工的需要,并留有一定的余量,同时应满足运输车辆和装载机等作业要求。

(2)碎石材料储料场建设

a. 碎石材料储料场应采用封闭式管理,四周设置围墙,入口设值班室,场内及围墙四周均设置有效的防排水设施;场内应至少安装一台静态秤(60t),供碎石材料进场时称量使用。

b. 在路面备料期内，底基层、基层用碎石材料储料场可临时设置在经监理人、发包人同意并批准的指定区域内，若该区域面积不能满足备料要求或发包人另有他用时，承包人须自行取得临时用地并建立满足需求的储料场。

c. 承包人须结合沥青拌和站设置位置，就近取得临时用地，并建立符合要求的沥青路面用碎石材料储料场，其面积应满足整个备料期和施工期沥青路面用碎石材料存储需要。

d. 沥青路面用碎石材料储存时，承包人应采取切实可行的措施满足碎石防风、防雨、防尘要求。

e. 在工程实施期间，管理处将根据“五化”管理相关要求，结合工程实际，细化碎石材料储料场建设具体标准，承包人应遵照执行。

(3)油库

a. 油库应严格制定油库安全管理制度、用火管理制度、外来人员登记制度。

b. 油罐应按设计规定的油品装油，不能混装。夏季露天装轻质油料的油罐应有降温措施，周围应采用围墙或通透式围栏进行隔离。

c. 露天存放的桶装油料应隐蔽、遮盖，桶身应倾斜，单口朝上，双口在同一水平线上，防止雨水侵入，垛位四周应设排水沟。

d. 油库应划分消防区域，制订明确的报警信号和消防预案，配备足够的消防工具、消防器材和消防物资(消防沙等)，并定期检查维护。

e. 油罐区内禁止存放危险品、爆炸品和其他易燃易爆物资。

f. 库区、库房应保持清洁整齐，秩序良好，做到设备无锈蚀，地面无油迹。

6. 钢筋加工场建设

(1)场地选址。

a. 钢筋加工场地应合理选择设置地点、远离办公生活区，采用集中加工布置方式，减少二次搬运量，做到加工与施工互不干扰。加工场应实行封闭管理，场地内应按原材料堆放区、钢筋下料区、加工制作区、半成品堆放区、成品待检区、合格成品区、废料处理区等科学合理设置，功能明确，标识清晰。

b. 加工场内醒目位置应设置施工平面布置图、安全生产牌、消防保卫牌、管理人员名单及监督电话牌、文明施工牌等标志。

c. 焊接、切割场所应设置禁止标志、警告标志，木工加工区应设置禁止烟火标志，安全通道应设置禁止标志，使用氧气、乙炔等易燃易爆场所应设置禁止标志和明示标志，加工场出入口和场内应设置禁止标志和警告标志，用电场所应设置警告标志，易发生火灾的场所应设置警告标志，消防器材放置场所应设置提示标志。各作业区应设置分区标识牌。

d. 机械设备应悬挂机械操作安全规定公示牌(即安全操作规程)和设备标识牌。

e. 各种原材料、半成品或成品应按其检验状态与结果、使用部位等进行标识。

(2)钢筋加工棚应搭设型钢大棚，钢结构顶棚起拱线高度不小于12m。棚内配备桁吊或龙门吊，龙门吊应由专业厂家生产，使用前应获得有关部门的鉴定，严禁使用自行组装的门吊。操作人员应经过专业培训并持证上岗。

(3)钢筋加工场应硬化处理并做好排水。地面应用10cm厚砂砾垫层+15cm厚C20

混凝土进行硬化。按照其使用功能分为:原材料堆放区、钢筋下料区、加工制作区、半成品堆放区。

(4)在加工制作区应悬挂各号钢筋的大样设计图,标明尺寸、使用部位,确保下料及加工准确。

(5)张拉预应力筋时,其周围及两端应设置完善的防护措施和警示标志,非作业人员不得进入张拉作业区域。

(6)机械加工设备要求。

a. 各种机械加工设备应经有关部门检查验收合格后方可使用,并且做好验收合格记录,以备检查。

b. 进场机械设备应满足工程质量和施工进度要求;安装调试简便、容易操作、维修方便、可靠性高、安全性能好;对环境不会造成污染和破坏,如油、声污染。

c. 桩基及墩柱的圆形钢筋骨架应采用数控钢筋笼成型机加工,钢筋弯曲应采用数控钢筋弯箍机、数控钢筋弯曲中心进行加工。梁板预应力系统施工时应采用数控智能张拉设备及数控智能真空压浆设备。

d. 金属加工工作台应稳固;卷扬机应安装牢固、稳定,防止受力时产生位移和倾斜。

e. 各种气瓶应有标准色,气瓶间距不小于 5m,距明火不小于 10m,且采取隔离措施。气瓶的使用或存放符合要求,应有防震圈和防护帽。

f. 严格遵守持证上岗制度。机械操作人员应熟悉本机的构造、性能及保养规程,熟练掌握机械设备的操作规程。

g. 作业人员进入施工现场应穿戴相应劳动保护用品。作业前应进行检查,作业中严格遵守劳动纪律,严格执行相应操作规程和有关的安全规章制度,并做好设备使用、维护、保养记录。

(7)起吊钢筋时,下方禁止站人,应待钢筋降落到地面 1m 以内方准靠近,就位支撑好方可摘钩。

(8)人工断料工具应牢固。切断小于 30cm 的短钢筋,应用钳子夹牢,禁止用手把扶,并在外侧设置防护箱笼罩。

(9)钢筋防锈处理应采用喷(刷)防锈漆的方式。焊接时,有可靠的接地装置,导线绝缘良好。焊接操作时应佩戴防护用品。

(10)加工场内原材料及成品、半成品堆放。

a. 钢筋原材料、半成品、成品在加工棚内存放,其中半成品、成品钢筋存放区面积不小于 $300m^2$。采用型钢制作钢筋支垫支架,垫高离地 30cm,堆高不超过 120cm,下部支点应确保钢筋不变形,分区之间应留有足够的通道。

b. 已经加工好的钢筋半成品应编号堆放,在旁边设置钢筋加工标识牌,标明其型号、规格、长度、编号及使用部位等参数,防止用错。

c. 各种原材料、半成品或成品应按其检验状态和结果、使用部位等进行标识,并按同类型码放,标识牌应用铁架吊挂安置于醒目处。

(11)钢筋加工场内应设置不小于 3m×12m 的废料堆放区,加工过程中产生的钢筋废料统一堆放处理。

7. 小型构件预制场建设

(1)路基排水工程的水沟盖板、防护工程预制块、路基边沟盖板、隧道电缆沟槽盖板、隧道排水沟盖板及其他设计要求的小型预制构件进行集中预制。

(2)场地选址。

a. 每个施工合同段只设置一处小型构件预制场,预制场面积见前附表。山岭区施工,在获得监理及项目管理机构同意后,可将面积适当缩小。小型预制构件应标识"陕西交通"。

b. 预制场布置要符合工厂化生产的要求。道路和排水畅通,场地四周用铁艺围栏。预制场地全部采用 15cm 厚砂砾垫层 + 不小于 15cm 厚 C15 混凝土进行硬化。道路采用 15cm 厚砂砾垫层 + 不小于 20cm 厚混凝土硬化。场地硬化按照四周低、中心高的原则进行,面层排水坡度不应小于 1.5 %,场地四周设置排水沟;在场地外侧合适位置设置沉砂井和污水过滤池,严禁将预制场内生产废水、污水直接排放;预制场建设时,应提前埋设喷淋养护管道及蒸汽养生管道。钢筋加工及养护搭设型钢大棚,钢结构顶棚起拱线高度不小于 7m。

(3)预制场布局。

a. 根据小型预制构件特点,预制场需分原材料堆放区、生产区、喷淋养护区、成品存放区、钢筋加工区、废料处理区以及办公区等。各区域的划分用黄油漆隔离标识,并在各个区域设置标识牌,规划合理,交通流畅。

b. 生产区根据合同段设计图纸确定的预制构件的种类设置生产线,每条生产线应设置振动台,同时配备小型拌和站 1 座。

c. 喷淋养护区采用自动喷淋养护系统结合土工布覆盖的方式对构件进行养护,确保构件处于湿润状态。混凝土要求覆盖养护 7d 以上。

d. 成品按不同规格分层堆码,利用包装袋捆绑,并用打包机锁扣打包。用叉车将打包好的整捆构件运至存放区,码放整齐。对于预制块、片(如防护衬砌肋、盖板等)堆码不得超过 2 层,对于整体式预制件(如缝隙式水沟等)不得超过 4 层。层间需用土工布隔开,预制件养护期不得堆码存放,以防损伤,运输过程中应轻拿轻放,防止缺边掉角。

(4)设备配置。

a. 小型构件预制采用振动台振捣,振动台电机功率应经过现场试验确定,数量根据预制构件生产数量确定。

b. 混凝土拌和站应达到四仓式自动计量标准。

c. 成品打包存放应配备锁扣打包机;成品移运应配备运输叉车。

(5)模具。

模具应采用聚丙乙烯、ABS 及部分添加剂制作的高强度塑料模具。模具使用前应进行拼缝检查,对拼缝达不到要求的,辅以双面胶或泡沫剂嵌塞。应选用优质脱模剂,保证混凝土外观。在周转间隙应对模具进行覆盖,防止雨淋、生锈、污染。

8. 库房

(1)库房应合理选择设置地点,设置位置应位于交通方便处,距各使用地点综合距离较近,遵循安全技术和防火规定。危险品仓库应远离施工现场、居民区和既有设施,附近应设有明显标志及围挡设施,并设置视频监控系统。

(2)库房应采用砖砌房屋,内外部采用水泥砂浆抹面,地面采用C20混凝土硬化,具有良好的排水系统。

(3)各库房门口应设置库房标识牌,内容包括:库房名称、存放物品名称、型号、数量、危险级别、仓库管理员等。各种材料库房内应设置材料标识牌。氧气、乙炔等易燃易爆场所应设置禁止、明示标志,消防器材放置场所应设置提示标志。

(4)严禁在库区吸烟、使用明火。库房内消防设施符合防火防爆要求。电力线路、电器设备应满足安全用电要求。

(5)危险品库、油库等存放应符合现行《爆破安全规程》(GB 6722)、《中华人民共和国民用爆炸物品管理条例》、《化学危险品安全管理条例》和《油库安全管理规程》等法律、法规和其他规章的有关规定。

104.07 计量与支付

删除本小节第1~3条,以下文代之:

1. 计量

(1)承包人驻地建设费用由承包人自行填报总价额,实施过程中不作调整。驻地建设(含工地试验室、预制场、拌和站、钢筋加工场等)完成并经监理人验收合格,且工地试验室经陕西省交通厅基本建设工程质量监督站验收合格后,以总额在104-1-a子目计量。

2. 支付

按104-1-a子目所报总价的90%,应在第1~3次进度付款证书中,以3次等额支付;余下的10 %,在交工验收证书颁发后且承包人驻地建设(含工地试验室、预制场、拌和站、钢筋加工场等)已经拆除、移走和清除,并经监理工程师验收合格且通过地方政府验收合格后,一次支付。

3. 支付子目

子 目 号	子 目 名 称	单 位
104-1	承包人驻地建设	
-a	驻地的建设及日常维护	总额

本章增加第105节。

第105节 冬季施工工地建设要求

105.01 一般要求

冬季气温低、昼夜温差大,应采取必要的保证冬季施工质量和进度的措施,以及必要的文明工地建设的措施。

1. 预制梁场

(1)蒸汽锅炉:每小时出气量不小于2t且所有预制台座均应预埋蒸汽输送管线,并采取有效的防冻措施,保证系统工作正常。

(2)制梁场地:全封闭、全部硬化,不受外界和季节气候变化的影响。

(3)钢筋加工棚:采用型钢立柱支立、彩钢瓦半封闭的大棚,在棚内加工制作钢筋、波纹管,不受外界和季节气候变化的影响,且要求全部硬化,方便加工。

(4)钢筋绑扎:采用钢筋间距定位模具,操作简单,控制有效。

(5)制梁台座:考虑制梁、临时存梁通用,加大基础,临时可累放两层梁。

(6)专用存梁台座:存梁台座一次混凝土浇筑到位,保证存梁规范有序、安全可靠。

2. 混凝土搅拌站

(1)混凝土搅拌站拌和楼:全封闭保温,内装暖气管片。

(2)拌和上料仓:采用地埋式,散热管片保温,上覆保温彩钢棚。

(3)水箱:采用地埋式,进水管采用外包保温措施,加热管直接伸入水箱内对拌和用水加热。

(4)外加剂罐体:彩钢板房封闭保温,内置暖气片。

(5)胶带机廊道:采用全封闭。

(6)存料仓:采用全封闭料仓,支立型钢骨架,彩钢瓦全封闭,内安设蒸汽管道及蒸汽管片,加热保温,进料端挂篷布帘。

(7)抽水及进水管道:采用保温材料全包裹,埋深不小于1.5m。

(8)水泥库:全封闭,大型水泥罐车应直接入库卸车,不受雨雪天气影响。

(9)场地:硬化,方便车辆出入,尤其不受雨雪天气路面泥泞的影响。

(10)周边排水:全盘考虑综合排水系统。

(11)应急电源:根据搅拌站的规模,配套设置应急电源,以备5min内能及时倒换控制开关,及时供电保证现场生产。

(12)电力控制线路:采用考虑一定安全储备的国标铜芯电缆,一步到位。

(13)调度室:设立调度室,对混凝土实行制度化管理,并在出站前测定坍落度及制作混凝土标准养护试件,以保证混凝土质量和出站混凝土使用的可追溯性。

3. 隧道

(1)洞口保温帘:在隧道进出口处设置保温帘保障洞内温度。

(2)锅炉:在隧道洞外设置锅炉,采用循环供暖管线输送暖气,保障洞内温度不低于施工要求最低温度,严禁在洞内设置明火及其他方式采暖,保证安全生产。

4. 刚构桥

薄壁空心高墩、上部悬浇结构一般不进行冬季施工,如确实因工期或特殊情况,应按以下程序并采取相应措施进行:

(1)编制详细的冬季施工方案,经专家评审,主管部门批准后实施。

(2)采用蒸汽养生,蒸汽锅炉根据施工需要设置,要求每小时出气量不小于2t,蒸汽管线布设一步到位。

(3)用于包裹混凝土结构的养生保温材料,须绑扎到位、密封严实。

105.02 计量与支付

本节工作内容均不作计量与支付,其所涉及的费用应包括在与其相关的工程子目的单价或费率之中。

本章增加第 106 节。

第 106 节 工程质量信息化管理系统

106.01 一般要求

为落实交通运输部"五化"管理要求,提高项目建设信息化管理水平,项目拟建立信息化管理系统,主要包括工程质量及安全远程监控系统,实现机械设备的工作状态、桥梁、隧道工程现场施工质量情况的有效控制及试验数据的同步传输收集。

该系统主要通过对各试验室试验数据实时监控、工程质量巡查车车载视频监控、PDA 质量巡查系统、关键部位施工现场的实时视频监控、智能张拉压浆设备工作数据实时监控和隧道开挖实时数据监控等信息化手段,实现对工程质量、安全、进度、费用、环保等各方面的有效管控。

106.02 信息化管理系统建设及设备配备主要内容

1. 信息化管理监控平台建设

分别在总监办及中心试验室、驻地办驻地建立信息化管理监控平台。

总监办信息化管理监控中心架构专用服务器,用于存储试验室实时监控数据、智能张拉设备实时监控工作数据、智能压浆设备实时监控工作数据以及 PDA 质量管理数据;配备管理计算机用于安装各个监控系统;配备超窄条拼接大屏,用于显示监控视频、车载巡查视频、机械工作状态、试验室及设备工作数据及项目管理信息;设置沙盘和展柜,用于展示项目全线概况、关键资料、取样材料、研究成果以及设计特点等。

驻地办信息化管理监控室配备液晶监控屏,用于显示所管辖合同段监控视频;配备管理计算机用于机械工作状态、试验室及张拉压浆设备工作数据及项目管理信息采集。

2. 建立工程质量、安全远程监控系统

(1)试验数据远程监控系统。在各工地试验室的压力机、万能试验机上安装数据获取与无线发送设备和摄像头,将试验实时数据和试验现场图片传输至监控平台。该系统要求在检测开始前,对试件的各种属性(名称、编号、取样位置等)手动进行录入并对试件拍照,试验实时数据和试件照片传输到各级监控平台,实现对主要试验检测项目的有效监控,保证试验数据与试验试件的一致性,即试验数据的真实性,使管理员和监理人员及时掌握第一手真实的试验数据。系统能显示所有试验设备的工作状态，能显示当前工作试验设备的试验名称、时间、试件编号与对应图片、试件试验数据，能对不合格数据进行声频预警，并给相关管理人员发送手机预警短信，系统能储存、查询所有设备的试验数据并能打印报表。

(2)车载视频监控系统和PDA质量巡查系统。在各驻地办安装一套车载视频监控系统，用于现场采集全段工程施工质量视频信息，并上传到监控中心，以实现对现场施工质量、安全、进度等情况的实时视频监控，该视频数据利用无线局域网传输至各级监控中心。PDA质量巡查系统是由项目管理人员和监理人员随身携带PDA，在施工现场查询施工技术及质量进度要求、生成质量进度报表、上传现场施工质量信息等，由系统后台软件接收、存储PDA上传的信息、资料，并进行分析处理，以备后期查看。

(3)关键施工部位及重要施工环节视频监控系统。在箱梁预制场、铁路交叉、刚构桥施工现场安装24h高清摄像头，视频数据实时传输到各级监控平台，及时掌握关键施工部位、施工环节的工程质量和施工安全。相应合同段配备液晶监控屏，用于显示本合同段监控视频。

(4)桥梁张拉压浆设备数据采集系统。在全线箱梁预应力张拉和压浆设备上安装数据采集系统，该系统应能将桥梁预应力系统(智能张拉、智能压浆设备)的控制数据实时传输至各级监控平台，实现对桥梁预应力系统施工质量的监控。

(5)隧道开挖实时数据监控系统。在全线隧道开挖施工过程中安装实时数据监控系统，该系统可将隧道开挖施工过程的各项数据实时传输至各级监控平台，实现对隧道开挖过程、初期支护施工的全程监控。

106.03 计量与支付

本小节信息化管理系统设备购置、安装、运营期检修、保养等相关建设费用全部由主体施工承包人承担，且包含在子目102-5中，不单独计量。

第 200 章　路　　基

第201节　通　　则

201.03　一般要求

1. 路基土石方工程一般要求

(4)冬季施工

增加本小节第1条第(4)款b～e项,内容如下:

原条文作为本款a项。

b. 路基填筑冬季施工时,应选用未冻结的透水性良好的材料,不得用含水率过大的黏性土填筑。

c. 上路堤和路床范围不得在冬季进行填筑。

d. 路基冬季施工时,应按横断面全宽平填,每层松铺厚度应比正常其他季节施工减少20%～30%,当天填筑的路基填料应在当天完成碾压,中途停止施工时,应当对已成路基进行覆盖防冻,重新施工时,应当清除防冻覆盖层并碾压至合格,冬季过后,应对顶面路基或路床进行复压。

e. 土质挖方边坡不得一次挖到设计轮廓线,应预留一定厚度的覆盖层,挖至路床顶面以上1m时不得继续开挖,完成临时排水沟后,应停止开挖,待正常季节后再施工。

(5)雨季施工

增加本小节第1条第(5)款b、c项,内容如下:

原条文作为本款a项。

b. 高填深挖地段、工程地质不良路段以及沿河路段路堤,除经监理人批准外,均不得雨季施工。

c. 雨季修筑路堤,应做到随挖、随运、随铺、随压。当日收工前应将铺填的松土碾压密实,确保不积水。

增加本小节第1条第(7)、(8)款,内容如下:

(7)水土保持

a. 对于土石方数量比较大的路段,施工前应提前做好取、弃土场的规划、设计,并处理好排水问题。

b. 在取土过程中或取完土后,应及时复耕,同时做好取土场边坡防护;在弃土时,应当同步完成弃土场防护、排水工程,以免形成水土流失或山体滑塌。

c. 承包人在挖方作业前,应先做好弃土场的方案设计,充分论证设计文件中的弃土场设计方案,并应按照第203.03小节第4条中的有关规定办理。因弃土场方案失误而引起自然灾害等所带来的一切损失由承包人全部承担。

(8)路基、桥梁、隧道施工关系

桥路、路隧相接段,应合理安排工序,处理好路基和桥台及隧道的施工关系,尽可能通过优化工序使路基工程尽早施工,桥台、隧道洞口其后施工,以减少断点并使路基有较长工后沉降期。

2. 排水工程一般要求

删除本小节第2条第(6)款,以下文代之:

(6)所有砂浆砌体均应按《公路桥涵施工技术规范》(JTG/T F50—2011)第14.5节的有关规定进行勾缝及养护。所有混凝土的养护和表面缺陷修整弥补,应按照本规范第410节的有关规定执行。

3. 防护工程一般要求

删除本小节第3条第(7)款,以下文代之:

(7)除有监理人的书面允许外,不得在昼夜平均气温低于+5℃或石料受冻的情况下进行浆砌砌体的施工。所有混凝土及砌体工程应按《公路桥涵施工技术规范》(JTG/T F50—2011)第6.12节及第14.5节有关规定进行养护。

增加本小节第4~6条,内容如下:

4. 路基工程设计核查

(1)施工放线后,路基工程开工前,应在全面理解设计要求和设计交底的基础上,由发包人组织监理人、承包人、设计单位有关技术人员进行现场调查与核对,根据实际情况对设计方案进行优化完善,提出科学合理的施工方案。

a. 充分调查沿线地质情况,全面核查滑坡、高边坡、特殊地基等路段,并取样测试分析,论证设计方案的合理性。

b. 核查全线排水系统设计是否完善、合理,核查排水结构物的基础高程和走向,使全线的排水沟渠、管道、桥涵等工程形成完整的排水系统。

c. 发包人组织沿线政府、监理人、承包人、设计单位共同对涉及沿线厂矿企业、农业生产及村民出行的跨线桥、通道等进行调查,根据实际需要优化设置位置、结构尺寸,确保一定的净空高度,方便通行和生产。

(2)在详尽的现场调查后,承包人应根据设计、技术规范要求,编制实施性施工组织设计;由监理人组织承包人、设计单位,并邀请相关专家对承包人上报的实施性施工组织设计进行评审。

(3)在路基工程基本完成时,由发包人组织监理人、承包人、设计单位等,对全线排水系统、边坡防护工程及桥涵工程进行质量回头望,对设计方案进一步核查、优化、完善,承包人应予以协助,并按优化后的设计方案对实体工程进行完善。

5. 现场管理

(1)路基施工现场应采用封闭式管理,出入口悬挂"施工重地、闲人免进"等禁止标志。路基施工各个阶段应有明显的分区作业指示标牌,施工区域划分明确,里程桩号清晰、准确。

(2)现场各类机械设备停放位置应合理规划,分区布设,摆放整齐。设备安全可靠,运转正常,严禁带病作业。

(3)路基填筑

a. 路基填筑应按照试验路段施工确定。填筑过程中,应当逐层进行宽度放样,每填筑 3 层应进行中线放样,用白灰线标记施工边缘线位置。严格控制压实机械组合、松铺厚度和压实遍数,现场按上料区、整平区、碾压区、检测区及成型路基进行标识,确保施工现场正常有序。

b. 路基填筑应挂线施工,填料按网状堆放。做到表面平整、排水良好、边线顺直、边坡顺适。

c. 每层路基填筑及台背回填时均应设报验牌。台背回填时在构造物背面做出填筑层厚标尺,层厚 15cm,并由下向上进行层位编号。挡墙墙背回填应与墙体砌筑同步施工。

(4)滑坡、崩塌、高陡边坡等高风险路基作业应编制专项安全施工方案,并进行专项风险评估。安全措施应符合设计要求,经监理人审批同意后方可施工。施工过程中应设置明显的禁止、警告标志。

(5)爆破作业、滑坡治理、高陡边坡开挖等高安全风险作业施工时,应在边界处设置警戒区,设安全警示标志,并设专人指挥。

6. 水泥搅拌桩、灰土挤密桩、碎石桩荷载试验

(1)承包人应协助和配合发包人,对水泥搅拌桩、灰土挤密桩、碎石桩等进行荷载试验。

(2)荷载测试项目按图纸规定进行或是发包人将根据具体情况,依据规范要求选择部分或全部项目,必要时可增加其他项目进行试验。

第 202 节　场 地 清 理

202.02　一般要求

增加本小节第 4 ~ 9 条,内容如下:

4. 承包人应对图纸所示或监理人提供的公路用地范围内各类现有的建筑物、障碍物和设施的位置情况进行现场核对和补充调查,并留存影像资料,如发现现场情况与图纸不符,应及时通知监理人核查。

5. 除图纸所示或监理人的指示外,承包人不得拆除任何现有建筑物和设施,如果用地范围附近的现有建筑物和设施由于位置关系应拆除迁移时,应经监理人批准。

6. 在已有建筑物、障碍物和设施附近进行挖掘、拆除等施工作业时,在可能的情况下承包人应邀请产权方派人员到场。

7. 除非监理人另有指示,由于场地清理留下的基坑、坑穴等,应使用经监理人批准的适用材料回填,压实到和周围同样的密实度并形成路拱。

8. 路基场地清理清除的表土，应移运至监理人指定的地点保存，以用于绿化和复耕。

9. 旧路路面面层、基层铣刨及底基层开挖。

(1)本条适用于与既有高速公路拼接时，旧路路面面层、基层铣刨及底基层开挖的施工。

(2)承包人在施工前应按照《项目专用合同条款及技术规范》第102.01小节第9条的要求完善交通保畅设施。

(3)路面铣刨应采用专业铣刨机。

(4)施工前，承包人应详细调查既有路面的实际结构层是否与设计图纸相符，核查拼宽段的设计路面结构层是否可与既有结构层有效拼接，对发现的问题及时向监理工程师和发包人反映，待对设计方案优化完善后再进行施工。

(5)铣刨施工前，承包人应按设计要求放出铣刨控制边线，提前调查统计好明、暗构造物，避免铣刨机在铣刨时对构造物造成破坏。

(6)拼接段需铣刨的路面，应按原有路面结构层分层铣刨，铣刨料分类堆放，便于后续利用。

202.03 施工要求

增加本小节第3条，内容如下：

3. 场地排水

(1)地面积水和地下水的排除，一般可通过纵、横向排水沟将水引入附近河渠或低洼处排除。在设置排水沟时应尽量与路基设计排水系统相吻合。

(2)当临时排水设施及上边坡永久性截水沟未完成时，不应正式填挖路基。施工时应注意修筑临时排水系统，保证临时排水系统顺畅；否则，由此造成的一切损失由承包人自负，并承担相关连带责任。

202.04 计量与支付

1. 计量

删除本小节第1条第(3)款，以下文代之：

(3)挖除旧路面(包括路面基层)应按不同结构类型的路面以平方米计量；拆除原有结构物应分别按结构物的类型，依据监理人现场指示范围和量测方法量测，以立方米计量。

增加本小节第1条第(5)款，内容如下：

(5)承包人配合地方政府征迁机构完成的拆迁建筑物工程量，按照《全国统一房屋修缮工程预算定额陕西省价目表》计算确定，以立方米在202-3子目中计量；工作内容包括建筑物的拆除，基础的挖掘、清理，装车外运至合适位置等一切有关作业。

删除本小节第3条，以下文代之：

3. 支付子目

子 目 号	子 目 名 称	单 位
202-1	清理与掘除	
-a	清理现场	m^2
-b	砍伐树木	棵
-c	挖除树根	棵
202-2	挖除旧路面	
-a	水泥混凝土路面	m^2
-b	沥青混凝土路面	m^2
-c	碎石路面	m^2
202-3	拆除结构物	
-a	钢筋混凝土结构	m^3
-b	混凝土结构	m^3
-c	砖、石及其他砌体结构	m^3
202-4	旧路铣刨、开挖	
-a	铣刨旧路面层	m^3
-b	铣刨旧路基层	m^3
-c	开挖旧路底基层	m^3

第203节 挖方路基

203.02 一般要求

删除本小节第3、6条，以下文代之：

3. 挖方边坡开挖施工前应完成临时排水设施，确保施工面不积水；边坡应按设计要求，自上而下逐级开挖，开挖一级、防护一级、绿化一级；挖方作业应保持边坡稳定，严禁掏底开挖，开挖时不得对邻近的各种结构物及设施产生损坏或干扰。如由于承包人的原因造成边坡垮塌、对邻近结构物及设施产生损坏或干扰，应由承包人按照设计单位提出的设计方案进行补救，并承担由此引起的一切费用和可能引起的行政、法律责任。

6. 若路床面发生超挖，承包人应自费以监理人批准的材料回填并压实。边坡超挖后如影响边坡稳定，承包人应提出处理方案，报监理人批准后自费实施。

增加本小节第8条，内容如下：

8. 挖方的顺序和开挖方法应与其他施工工序相互配合，承包人应对图纸未出示的地下管线、历史文物、自然保护区、林地、水源、矿产资源予以保护。

203.03 施工要求

1. 土方开挖

增加本小节第1条第(11)~(14)款，内容如下：

(11)深路堑的边坡应严格按照图纸要求施工。若边坡实际地质与设计勘探的地质资料不符,设计方案已明显不符合实际的,承包人应向监理人反映,并按优化后的设计方案修改施工方案,待批准后实施。

(12)挖方路段路床施工前应先开挖施做盲沟及两侧排水边沟(纵向坡度不小于1%),并于边沟侧壁每隔30m预留排水孔道,及时将雨水排出路基外,防止雨水聚积危害路床。在渗水量大的部位,有针对性地设置仰斜式排水孔,并在边沟底部设置渗沟。

(13)对于设计中作为路基填料的挖方,应分类开挖,便于分类使用。

(14)雨季开挖路堑时,路槽顶面应预留30cm厚,待雨季过后,再行施工。同时应做好临时排水和防护措施,以避免开挖作业面积水导致边坡拉槽、坍塌。

2. 石方开挖

增加本小节条第2条第(7)~(9)款,内容如下:

(7)石方爆破施工期间,应确保空中缆线、地下管线和施工区边界外建筑物的安全。爆破时对空中线缆、地下管线和施工区边界外建筑物造成破坏的,由承包人自费修复并承担一切责任。

(8)邻近路堑边坡坡面部分应采用光面爆破或预裂爆破工艺施工,确保边坡平整、线形顺适;边坡光面爆破或预裂爆破的实施方案应报监理人审批后实施。

(9)为确保石方边坡稳定、整齐、美观,对石方路基开挖作如下规定:

a. 对软石、比较松散的岩体要尽可能采用机械开挖,原则上不得进行爆破作业。

b. 在采用爆破方式开挖的坚石、次坚石等路段施工时,应使用小型及松动爆破方式,严禁采用过量爆破或大爆破。

c. 挖方边坡应从开挖面往下分段整修,每下挖2~3m,宜对新开挖边坡刷坡,同时清除危石及松动石块。若因承包人开挖方法不当、保护措施不力所引起的边坡岩体松动、滑塌等灾害所造成的一切损失和责任,均由承包人承担并按照监理人批准的方式自费进行修复完善,直到监理人满意为止;同时,还应接受发包人的相应处罚。

3. 非适用材料的处理

增加本小节第3条第(5)款,内容如下:

(5)淤泥路段应按照设计要求进行施工。对需要挖除的淤泥,开挖区应连续作业,不得在回填区中夹杂未挖除的淤泥,淤泥挖除后应及时回填。地面线或水位线(取其较高者)以下的回填材料应为无风化片石、砂砾或者监理人批准的合适材料。

4. 弃方的处理

删除本条,弃方的处理详见第218节。

增加本小节第7条,内容如下:

7. 高边坡开挖

(1)高边坡路段施工尤其是高度大于40m边坡,应选择合理的、科学的施工方法,应按高度分段施工,不论采用何种开挖方法(多层开挖最多两层),每次开挖高度控制在20m以内,两次开挖间隔时间不小于一个月,由上而下,逐段开挖,按照开挖一级(同时施作截水沟)、防护一级、稳定一级的顺序组织施工,不得乱挖超挖,严禁掏底开挖。

(2)石质边坡应采用光面爆破或预裂爆破,禁止大爆破施工;严禁在雨天或土体饱水状态下施工,确保施工安全。石质边坡施工爆破应注意质量控制,首先要保证钻孔精度,使孔底在一个平面上;装药密度采用连续式间断全孔装药,孔底使用加强底药,充分炸开底部岩石。

(3)当同一路段挖方边坡坡率变化时,应设置边坡坡率过渡段,以保证坡面平顺衔接。

(4)高边坡施工中应保持坡面平整,同时应加强高边坡监测,包括变形监测、地质及水文地质监测与核对,当发现与设计勘察的地质资料不符,尤其是出现影响边坡稳定的因素或不良地层时,如含水率过大、老黄土或高阶地底砂砾含水层富水、三趾马红土界面倾向向外且富水等情况,发现边坡有变形迹象时,应立即停工,及时与发包人、监理人及设计单位联系。施工中出现岩土分界面、第三系红黏土与上覆土层界面含水率较大、路基边坡坡顶位于整个山坡中部或中上部时,应加强监控和观测。

203.04　质量检验

2. 检查项目及标准

删除本小节第 2 条表 203-1“土方路基实测项目”中第 1 项次压实度的检验方法和频率,以下文代之:

土方路基压实度按照《公路工程技术标准》(JTG B01—2014)中表 5.0.4 执行,其他检查项目及检验标准见表 203-1。

按照《公路路基施工技术规范》(JTG F10—2006),在施工过程中,每一压实层均应检验压实度,检测频率为每 1 000m^2 至少检验 2 点,不足 1 000m^2 时检验 2 点,必要时应根据需要增加检验点。

第 204 节　填 方 路 基

204.02　填筑材料

增加本小节第 7 ~ 11 条,内容如下:

7. 路基填料为灰土的路段,当路基高度小于临界高度时,清表后应铺筑 30 ~ 50cm 砂砾或其他多孔材料垫层,垫层厚度应高出地面 30cm。路基土改良所用石灰应符合规范要求,生石灰的颗粒不大于 5mm,石灰质量符合Ⅱ级以上标准,活性 CaO + MgO 含量不小于 60%(按干质量计),石灰储存时间不得超过 1 个月。

8. 砂砾路堤应采用级配良好的天然砂砾,不均匀系数应不小于 5,曲率系数应在 1 ~ 3 范围内,级配不良时应掺配。天然砂砾含泥量原地面以上 2m 范围内不大于 10%,其余部分不大于15%，砾石含量不少于60%，最大粒径路床不大于100mm、路堤不大于150mm。当用于台背回填、软土地基垫层时，应符合本规范第404节和第204节的规定。

9. 对于隧道的弃渣应充分利用，减少远运废弃。填石路堤应通过试验路段确定分层填筑厚度、碾压遍数、碾压速度、压实功率，应按压实沉降差或空隙率控制碾压质量，应控制填料的最大粒径，路床部分填料应严格按设计要求执行。

10. 泥页岩、千枚岩、石渣如用作路基填料，应填筑在距原地面1.5m以上，路床设计高程1.5m以下范围内使用。碾压应选用20t以上的压路机进行粉碎性碾压，松铺厚度不得大于30cm，以改变块片状填料的层理和结构。

11. 建筑垃圾再生路基填料

a. 用于填筑路基的建筑垃圾原材料，应分离其中的生活垃圾、草皮、树根、腐殖质等杂质。且有机质、易溶盐超过允许含量以及液塑限指标不合格、含水率超过要求的建筑垃圾填料严禁填筑路基。

b. 加工后的建筑垃圾填料在使用前应抽样检测，检测合格后方可使用。

c. 技术要求。

(a)根据加工后的建筑垃圾填料大于4.75mm和0.075mm颗粒含量，按表204-2将建筑垃圾填料分为Ⅰ类和Ⅱ类，并应用于路基的不同部位。

建筑垃圾再生材料粗料含量和最大粒径指标要求 表204-2

项次	大于4.75mm颗粒含量(%)	大于0.075mm颗粒含量(%)	最大粒径(mm)	建筑垃圾填料应用部位
1	75~85	90~100	60	路床
2	40~75	90~100	200	路堤

注：单一建筑弃土不得用于路基填筑。

(b)建筑垃圾路堤填料的技术指标要求应符合表204-3的规定；建筑垃圾再生路床填料的技术要求应符合表204-4的规定。相同料源、规格的建筑垃圾填料作为同一批次检测和储存，检测频率为每5 000m^{3}一次，不同料源、规格、品种的建筑垃圾填料应分批检测和储存。

建筑垃圾路堤填料的技术要求 表204-3

项次	检查项目	规定值或允许值	试验方法
1	含水率(%)	—	《公路土工试验规程》(JTG E40)
2	特征含水率①	液限≤50% 塑性指数≤26	《公路土工试验规程》(JTG E40)
3	颗粒分析	见表204-2规定	《公路土工试验规程》(JTG E40)
4	组分分析②	—	挑拣称重
5	压碎值(%)	≤50	《公路工程集料试验规程》(JTG E42)

续上表

项次	检查项目	规定值或允许值	试 验 方 法
6	有机质含量(%)	≤5.0	《公路土工试验规程》(JTG E40)
7	易溶盐含量(%)	≤0.3	《公路土工试验规程》(JTG E40)
8	杂物含量(%)③	≤0.1	挑拣称重

注:①特征含水率指粒径小于 4.75mm 细料的液限、塑限、塑性指数。

②组分指建筑垃圾填料中的砖块、混凝土块、砂浆颗粒和土的组成成分;组分分析试验方法:取具有代表性的建筑垃圾样品不少于 50kg,放入 105℃ ±5℃烘箱中烘干至恒重,冷却后按照四分法称取 15kg ±1g 的试样不少于 3 份,准确至 1g。按照砖块、混凝土块、石块、砂浆块、土及其他杂物组成成分进行分拣,分拣后分别称重,计算各组成成分占混合料总质量的百分比。平行试验 3 次,以平均值作为试验结果。

③杂物指建筑垃圾填料中除混凝土、砂浆、砖瓦、石和土之外的其他物质,包括塑料袋、钢筋、木材、泡沫轻物质等。杂物含量试验方法:取具有代表性的建筑垃圾样品不少于 50kg,放入 105℃ ±5℃烘箱中烘干至恒重,冷却后按照四分法称取 15kg ±1g 的试样不少于 3 份,准确至 1g。将塑料袋、铁丝、钢筋、木块、玻璃、布、泡沫进行人工分拣,分拣后称重,计算杂物占混合料总质量的百分比。平行试验 3 次,以平均值作为试验结果。

建筑垃圾路床填料的技术要求　　表 204-4

项次	检查项目	规定值或允许值	试 验 方 法
1	含水率(%)	—	《公路土工试验规程》(JTG E40)
2	特征含水率①	液限≤50% 塑性指数≤26	《公路土工试验规程》(JTG E40)
3	不均匀系数	≥5	《公路土工试验规程》(JTG E40)
4	最大干密度	室内试验确定	《公路土工试验规程》(JTG E40)
5	最佳含水率	室内试验确定	《公路土工试验规程》(JTG E40)
6	颗粒分析	见表 204-2 规定	《公路土工试验规程》(JTG E40)
7	组分分析②	—	挑拣称重
8	压碎值(%)	≤40	《公路工程集料试验规程》(JTG E42)
9	细化率(%)③	≤40	见注③
10	有机质含量(%)	≤5.0	《公路土工试验规程》(JTG E40)
11	易溶盐含量(%)	≤0.3	《公路土工试验规程》(JTG E40)
12	杂物含量(%)④	≤0.1	挑拣称重

注:①特征含水率指粒径小于 4.75mm 细料的液限、塑限、塑性指数。

②组分指建筑垃圾填料中的砖块、混凝土块、砂浆颗粒和土的组成成分;组分分析试验方法同表 204-3。

③压碎值大于 40% 时,应进行细化率试验。细化率试验采用粒径为 20 ~ 40mm,用重型击实方法击实 98 次制作试件,施加荷重 300kPa,在 105℃条件下烘 8h,浸水 24h,进行干湿循环试验,3 次循环后通过 2.36mm 的干重与原试件的干重的百分比表示细化率。

④杂物指建筑垃圾填料中除混凝土、砂浆、砖瓦、石和土之外的其他物质,包括塑料袋、钢筋、木材、泡沫轻物质等。杂物含量试验方法同表 204-3。

204.03 试验

增加本小节第3、4条,内容如下:

3. 每层压实度试验

压实工程中,承包人应按不小于下列频率进行压实度试验,检查其是否达到规定压实度。

(1)土质路基,每1 000m^2 取样2点,不足1 000 m^2 时,不少于2点。

(2)膨胀土地区路基压实度检测频率比第(1)条规定增加1倍。

(3)路堤基底,每1 000m^2 取样1处,人工处治基底取样频率同(1)。

(4)为控制压实质量,监理人可随时任意取样进行检查。

4. 用于路堤及路床填筑的建筑垃圾填料,承包人应按在填筑前按每5 000m^3 一次的频率进行原材料检测,检测的项目参照第204.02小节第11条执行。若承包人检测的结果与监理人(中心试验室)、供货人检测结果不一致时,以监理人(中心试验室)检测的数据为准。

204.04 施工要求

1. 一般要求

删除本小节第1条第(8)款内容,以下文代之:

(8)施工机械选择,应考虑工程特点、土石种类及数量、地形、填挖高度、运距、气候条件、工期等因素,经济合理地确定。适宜各种填方路基的碾压机械应参照《公路路基施工技术规范》(JTG F10—2006)条文说明第4.2节相关规定执行。

增加本小节第1条第(9)~(22)款,内容如下:

(9)当路堤填至设计高程并碾压成型后,应按照图纸规定或监理人的要求设置路床内的各类横向排水管;横向排水管的设置应符合本规范第314节相关规定。

(10)路基边坡应符合图纸所示的坡率,植草边坡应平整而粗糙。

(11)路堤填筑期间天气干燥时,承包人应对压实后的路基土以及施工便道每天洒水2~4次或监理人规定的次数,以防扬尘及增加层间结合力。

(12)在靠近居民区或建筑物附近施工时,承包人应采取必要的措施并取得监理人的批准,将施工振动对居民区或建筑物的影响降到最低程度,并保证路基的压实度达到要求。

(13)压实设备的采用应根据各种设备的性能和压实试验确定,并应由监理人批准。监理人认为设备或其组合不能满足压实需要而要求更换时,承包人应无条件予以更换和调整。

(14)应采用有效的整平设备,使每层填料在碾压之前都能获得均匀一致的厚度。每种材料的分层松铺厚度应能保证该层得到充分的压实。当进行每层压实时,不断地进行整平,以保证均匀一致的厚度和平整度。

(15)施工期间应及时完善临时排水系统,防止雨水冲刷;填方路堤两侧应做挡水埝,每30m用彩条布设置一道临时急流槽与边沟相连,防止冲刷路基边坡。

(16)中途长期停工时,路堤表层不得积水,复工前应整平并碾压密实,边坡应整理拍实。复工时,路堤表层应进行重新碾压并检查合格后方可继续填筑。

(17)填方应从最低高程处分层填筑,分层压实;填筑施工前应按设计要求对横向、纵向填挖结合部及原地表等结合界面进行处理,确保路基的整体性。

(18)对于半填半挖、填挖交界的路基,在施工前应将原地表挖成一定宽度的反坡台阶,并作为一道工序,经自检、报监理人检验合格后,方可填筑。对于分段填筑的路基,应对先行填筑的路基界面虚方挖除至完全满足压实度的要求并分级开挖台阶后,方可继续填筑。

(19)填挖交界或需开挖台阶的部位,回填前台阶应一次性按要求开挖到位,不允许一边回填一边开挖台阶。若遇特殊地形,一次性开挖确有困难时,应由监理人现场确认施工方案后方可施工。

(20)填方路基在上料前应根据确定的松铺厚度和运输车辆的装载量计算单车上料面积,填筑面用白灰线打方格网,并每20m一断面分左、中、右作厚度控制墩控制厚度,每方格网内倒料一车,用推土机粗平、平地机精平,严格控制上料厚度。

(21)路基填筑要求每3层准确放样出路基填筑边线,保证路基填筑宽度。且每填筑3层后及时修整边坡,保证边线平顺,边坡顺适,坡脚无废料。在填筑路床结构层之前,对边坡进行修整,对多余填料进行合理利用。

(22)路基主体完工后至少留有半年的工后沉降期。大于12m的高填方路基完成沉降总量的80%时才能铺筑路面,当年成型的填方路基不宜当年铺筑路面。

3. 填土路堤

删除本小节第3条第(1)、(7)款,以下文代之:

(1)填方路基应按路面平行面分层控制填土高程,填方作业应分层平行摊铺,保证路基压实度。每层填料铺设的宽度,每侧应超出路堤设计宽度30cm,以保证修整路基边坡后的路堤边缘有足够的压实度。

性质不同的填料,应水平分层、分段填筑、分层压实。同一水平层路基的全宽应采用同一种填料,不得混合填筑。

每种填料压实后的连续厚度不宜小于50cm。填筑路床顶最后一层时,压实后的厚度应不小于10cm。

(7)施工便道应设置在路基范围之外,经监理人同意设置在路堤范围内的施工便道,在路基施工前应予以挖除,不得作为路堤填筑的组成部分。

监理人和承包人均应逐一建立施工便道台账,明确便道管理责任人。承包人应根据便道设置情况制订施工便道专项处理方案,报监理人批准后严格组织实施,监理人应对施工便道区域处理的全过程旁站监理。

增加本小节第3条第(13)、(14)款,内容如下:

(13)填方路基在沉降期小于6个月的情况下,填料采用素土、砂砾或石渣的路段,应对路床顶面采用28t以上超重型压路机进行补强碾压，以减少工后沉降对路基的不利影响，提高路基的稳定性。

(14)填方分几个作业段施工时，接头部位应采取分层搭接交替填筑的方式施工，搭接长度控制在2m以上。

4. 填石路堤

增加本小节第4条第(9)款，内容如下：

(9)石质填方路段上路床80cm若设计采用未筛分碎石填筑，未筛分碎石应利用弱风化或微风化的石质路基挖余方或隧道弃渣轧制，最大粒径不超过10cm。

6. 高填方路堤

删除本小节第6条第(1)款，以下文代之：

(1)高填方路堤填料应优先采用强度高、水稳性好的材料或采用轻质材料。对填土高度大于8m的路基，每层的压实度标准应提高1%，并按设计要求加强地基处理。

7. 半填半挖路基、路堤与路堑过渡段

增加本小节第7条第(10)款，内容如下：

(10)构造物与路基结合部、分段作业结合部、标段结合部、填挖交界结合部、半填半挖结合部、边死角与一般填筑段结合部作为路基施工质量关键控制部位，需开挖台阶的回填前应一次性按要求开挖到位，并对台阶界面进行整修，使之无小折线或弯月状存在，以消除压实盲区。对各结合部的台阶开挖应专项检查验收，否则不得进行路基填筑施工。

各标段之间和各作业段之间填筑层面，应对先行填筑的路基界面虚方挖除至完全满足压实度的要求并分级开挖台阶后，每层搭接长度应符合设计要求。

9. 桥、涵及结构物的回填

删除本小节第9条第(3)~(5)、(10)款，以下文代之：

(3)基坑回填必须在隐蔽工程验收合格后方可进行。基坑回填应分层填筑、分层压实，分层厚度宜为10~15cm。二级及二级以上公路，采用小型夯实机具时，基坑回填的分层压(夯)实厚度不得大于10cm，并应压(夯)实到图纸要求的压实度。回填时，应在结构物墙身上左、中、右位置，用红油漆每隔15cm清晰地分划出压实厚度标志线，同时标注层位编号。回填单点压实度应大于96%。

(4)填方路堤与桥台、横向构造物(涵洞通道)连接处应设过渡段，过渡段长度为2~3倍路基填土高度，挖方台背或涵背填土顺路线方向长度，将挖基时的扰动部分全部清除，并按设计开挖台阶，采用符合设计要求或监理人批准的材料填筑。过渡段路堤压实度应不小于96%，并按图纸要求做好纵向和横向防排水系统。

(5)结构物处的回填应按图纸和监理人的指示进行。回填时圬工体强度的具体要求及回填时间，应按现行《公路桥涵施工技术规范》(JTG/T F50)有关规定执行。桩板式挡土墙墙身强度应达到设计强度的85%以上时，方可开始回填。如果回填滞后，应和挖方路基或填方路基有效搭接，纵向接缝应设置台阶。桥台路基填筑碾压顺序为自台前至台后。

(10)涵洞洞身两侧，应对称分层回填压实，填料粒径应小于10cm；两侧及顶面填土时，应采取措施，防止压实施工过程中对涵洞造成损害，因施工造成的结构物损害，由承包人自费处理。

增加本小节第 9 条第(11)~(19)款,内容如下:

(11)台(墙)背施工应投入专业化队伍和机械,要求每个作业面至少配备 2 台小型夯实机,1 台压路机,实行专人负责。

(12)对先施工构造物后填筑路基的段落,台背回填结束后,应对回填部位进行预压。施工要求及预压期观测应参照本规范 205.03 小节第 3 条第(4)、(14)款相关要求执行。

(13)挡墙的墙背回填与挡墙墙体施工应同步进行。任何超过设计图纸或未经监理人许可的基础超挖及回填费用均由承包人自费处理,超挖回填材料应得到监理人的批准,墙背基坑应优先选用浆砌片石回填。墙体砌筑作业面高出回填作业面不应超过 50cm。

(14)对于柱式桥台和肋板型埋置式桥台,应先进行桥台台帽以下的台前溜坡和台背回填施工,填筑至台帽底高程后,再进行台帽施工。

(15)对于结构物基坑地面线以下部分、轻型桥台耳墙下缘等夯实机械不能进行压实作业的狭小部位,应按监理人要求,采用特殊措施处理。

(16)台背回填前,八字墙、一字墙以及支撑梁应完成。梁板架设前最多对称回填至 1/3 墙高处,且墙背回填应与路基填筑同步施工,不能同步时应严格按要求开挖台阶,八字墙、一字墙处宜采用小型机具夯实,防止墙体推移。

(17)回填施工应采用大型压路机为主、小型压实机具配合进行压实,要优化路基、结构物和台背回填的先后施作次序,及早安排台背回填的施工,确保台背填土有足够的工后沉降时间。

(18)路基和构造物同步施工时,应在构造物两端各预留一个填筑段落,路基与预留回填段结合面应挖成台阶状,然后分层填筑压实。

(19)桥台背后填土应和锥坡回填同时进行施工。

增加本小节第 11~13 条,内容如下:

11. 路基填土掺灰

对素土 CBR 值不能满足强度要求的,作为路基填料均采用掺灰进行改良处理,具体掺灰比例以设计图纸为准。实施中除满足填土路堤施工规范和设计施工图要求外,还应符合如下规定:

(1)根据现场施工环境,项目要求采用石灰进行路基填料改良处理,施工期间应充分注意天气,避免雨天施工。

(2)路基填土掺灰大面积施工前,应组织试验段施工,以确定最佳机械组合、压实机械规格、铺土松铺厚度、单位面积铺灰量、碾压遍数、碾压速度、最佳含水率及碾压时含水率允许偏差等施工工艺控制参数。

(3)布土及布灰。依据试验数据得出的松铺系数,现场画定上土方格,配专人指挥车辆按每方格 1 车卸土(土的含水率应在最佳含水率 ±2% 范围内,否则应洒水或晾晒)。按照测定的高程控制桩采用推土机配合平地机铺土,用光轮压路机稳压 1~2 遍后,根据设计掺灰比例布设摊灰方格和布灰,并采用人工配合机械布撒均匀。现场布灰时应注重对包边土区域的保护,避免包边土被污染。

(4)现场拌和(路拌)。

a.承包人应选择能满足就地拌和的施工设备,并确保其始终处于良好的工作状态。

b.现场拌和采用路拌机进行翻拌,使灰土分布均匀,拌和顺序为由两侧向中间依次进行。拌和过程中,现场技术员应每隔5~10m挖验一处,检查是否拌和到底,是否均匀,灰土拌和均匀后经监理人现场取样检测石灰剂量,合格后方可进行碾压,同时施工中还应满足第205.03小节第3条中有关规定。

(5)压实。

a.石灰土路基应采用拖式或自行式羊角碾压实。

b.路拌整型合格后的混合料,应立即按试验路段施工确定的机械组合、碾压工艺、压实速度和遍数进行压实,连续碾压达到规定的压实度。

c.一个路段完成之后应按规定做密实度检测,如果未达到规定的要求,承包人应重新进行碾压至合格为止。

d.两工作段的衔接处应搭接拌和,前一段拌和后,留5~8m不进行碾压,后一段施工时,将前一段未压部分一起再进行拌和,并与后一段一起碾压。

e.施工机械不得在已压实成型的石灰土路基上掉头,如应在其上进行,应采取保护措施。

(6)养护。

石灰土应连续施工,每层施工前,应对下承层表面进行洒水;若不能连续施工,每层碾压完成后或石灰土全部施工完后,应加强洒水养护,防止表面裂缝。

12.路基拼接

为减少新旧路基间的工后差异沉降量,加强路基内部(特别是新旧路基结合部)的排水性能,避免纵向裂缝的产生,项目与既有公路拼接时,拼宽部分应采用透水性较好的材料填筑,具体以设计图纸为准。

(1)路基拼接段施工前,应按照道路运营管理部门的相关要求,布设交通标志标牌,确保道路运营安全。同时应在拼接施工区域外1~1.5m范围的既有道路路面上采用24cm砖墙施作隔离墙,隔离墙高2m,墙面采用砂浆抹面,并粘贴警示反光膜,对施工区域进行封闭。

(2)清除原路基边坡及坡脚外侧路基填筑范围表层腐殖土后,由下自上沿原路基坡脚开挖第一级台阶,台阶宽度2.25m,高度1.5m。

(3)拼宽地基处治,根据实际工程地质条件、填土高度,按照设计要求采用垫层或复合地基进行处理。

(4)拼接段路堤应从最低高程处的台阶分层填筑,分层压实。台阶挖至路床高程后,沿纵向开挖超挖过渡段,拼接段路基填筑压实度控制指标按照设计要求提高1个百分点,同时还应满足第204.04小节第3、4条中的有关要求。

(5)拼宽路基填筑至原地表以上1m时(距离第一级台阶顶50cm),开挖第二级台阶,台阶宽度1.2m,高度1.3m,拼宽路基填筑至第二级台阶底面以上80cm时,开挖第三级台阶,依此工序拼宽路基施工至路床部。原路基采用灰土填筑时,路床超挖深度为 80cm;原路基采用砂砾填筑时,路床超挖深度为 40cm。

(6)在匝道与原有高速拼接宽度小于 3m 的路段,为保证路基碾压密实,拼接路基采用超宽填筑,超宽后加宽宽度应大于 3m。当填筑完成后,及时挖除超宽填筑部分,对填料充分利用。

13. 建筑垃圾再生路基填筑

(1)一般规定

a. 路堤填筑应采用配套的机械化施工,形成装、运、摊、平、压等程序机械化流水作业,纵向分段、水平分层、由低到高、逐层填筑。

b. 路基施工应选择具有相关工程经验的技术人员和具备专业施工机具设备的施工队伍完成。

c. 每道施工工序完工后进行全面质量检查,合格后方可进入下道工序施工。经检查不合格时,应返工或修复,直至检验合格后方可进行工序转换。

d. 路基施工过程中应有专人清捡建筑垃圾填料中混有的钢筋、塑料袋、木材、泡沫、轻质物质等杂物。

e. 半填半挖路基填挖结合部应采用冲击碾压或强夯等进行增强补压,以消减路基填挖间的差异变形。

f. 施工工期安排应尽可能避开雨季,施工中遇大量降水时应立即停工。

(2)试验段施工

正式开工之前,应先铺筑不少于 200m 的试验路段,确定路基填筑的施工工艺和施工质量控制指标。

(3)施工前准备

a. 施工前,按第 202 节相关规定清除原地面表层植被,挖除树根及杂草,并将挖除的表层土集中堆放。原地面的低洼和坑洞,应经仔细填补及压实;对于松散处应松土晾晒并重新碾压,达到平整密实。

b. 清表后应做好填前压实,压实度不应小于 90%。压实后按设计桩位恢复中线及边线,直线段每 20m 设一桩,并在两侧路肩边缘处设置指示桩;进行水平测量,在两侧指示桩上标示出每层边缘的设计高程。

c. 清表后应进行地基处理,地基处理应按照以下规定进行施工:

(a)基底的承载能力应满足不同路基高度的要求。路基高度小于 10m 时,基底承载力不应低于 150kPa;路基高度为 10 ~ 20m 时,基底承载力不应低于 200kPa。基底强度应均匀。

(b)土质基底上的路堤应设过渡层,过渡层材料应符合表 204-2 Ⅰ类填料要求,厚度应为 30 ~ 50cm。

d. 根据建筑垃圾填料的每层厚度和压实度标准,按照试验室确定的建筑垃圾填料组成计算其单位面积的质量,并换算成单位面积的体积用量。

(4)运输

a. 运输车辆数量、运输能力应能满足建筑垃圾填料填筑需要，保证施工连续不中断。

b. 建筑垃圾填料装运前，应采用挖掘机对填料进行拌和，尽量使填料混合均匀，避免大粒径填料集中装运。装料时采用“品”字形方法。

c. 运输时安排好填料的运输线路，专人指挥。

(5)布料及整平

a. 布料前应根据确定的松铺厚度和运输车辆的装载量计算单车上料面积，填筑面用白灰线打方格网，每20m一断面，分左、中、右做厚度控制墩控制厚度，每方格网内倒料一车，用推土机粗平、平地机精平，严格控制上料厚度。

b. 卸料时采取路堤全宽水平分层，先低后高，先两侧后中央。现场设专人指挥填料调配，将填料按照试验段长度均匀卸在试验段方格内，并及时测出建筑垃圾填料的含水率。

c. 卸料后立即采用大功率推土机进行初平，采用光轮压路机稳压1~2遍，最后采用平地机进行精平。

d. 采用平地机整平时，应沿路线纵向方向保持中间高两边低，路基横向做成设计要求的横坡。

e. 填料粒径应不超过压实厚度的2/3。路基每层最大压实厚度见表204-5。

建筑垃圾路基每层最大压实厚度 表204-5

项次	填料应用部位	路床顶面以下深度(m)	最大压实厚度(cm)
1	路床	0~0.8	≤20
2	路堤	>0.8	≤30

f. 在整平过程中，如发现超粒径骨料，应清理出路基施工作业区域。对不平整处应配合人工用建筑垃圾细料找平。

(6)碾压

a. 每个作业段应配备20t以上单钢轮振动压路机不少于2台，22t以上拖式振动羊角碾压路机不少于2台，确保与路基铺筑施工进度相匹配。

b. 根据布料时测得建筑垃圾填料的含水率和试验室确定的最佳含水率，填料在碾压前应采用洒水车进行洒水，以保证其含水率处于最佳含水率±2%范围之内。洒水应均匀，防止出现局部水分过多的现象。

c. 碾压按照“先边缘后中间，先慢后快”的原则进行，压实路线纵向互相平行，反复碾压。横向接头重叠0.4~0.5m，前后相邻两区段纵向重叠2.0~5.0m。具体碾压施工要求见表204-6。碾压遍数应通过试验路段最终确定。

路基碾压方案 表204-6

项次	阶段	压路机类型及组合	碾压速度(km/h)	工艺要求
1	稳压	单钢轮压路机	4~6	紧跟平地机
2	复压	羊角碾压路机	2~4	先弱振再强振
3	终压	单钢轮压路机	2~4	以无明显轮迹，相邻两次振动碾压前后的高程差值不大于2mm为停压标准

d. 每层碾压时应测量高程，按 20m 观测一个断面，每个断面布设不少于 6 个点；采用 20t 以上的振动压路机，各点在相邻两次振动碾压前后的高程差值在 1mm 内可停止碾压。否则应增加碾压遍数，直至满足要求。

e. 路床碾压过程中，每层采用灌砂法检测压实度，压实度不应小于 96%；路堤碾压过程中，每层采用沉降差法检测压实度，相邻两次振动碾压前后的高程差值在 1mm 内。

204.05　质量检验

1. 基本要求

增加本小节第 1 条第(3)款，内容如下：

(3)建筑垃圾填方路基。

a. 施工应按照全面质量管理的要求，建立健全有效的质量保证体系，对施工各阶段的质量进行检查、控制，以达到规定的质量标准。

b. 施工质量应采用施工参数(压实功率、碾压速度、压实遍数、铺筑层厚等)与施工质量检测联合控制。

c. 路基施工过程中的每一压实层，应采用试验路段确定的工艺流程和工艺参数，控制压实过程。

d. 路堤压实质量应参照第 204 节填石路基相关规定进行检测。

e. 建筑垃圾填筑路基表面层应平整、密实，无明显凹凸现象，无粒料离析现象；路床顶面横坡与路拱横坡一致。

2. 检查项目

将表 204-2、表 204-3 编号修改为表 204-7、表 204-8，表中内容不作修改。

增加本小节第 2 条第(5)、(6)款，内容如下：

(5)石灰土取样和试验

石灰土路基应在施工现场每天进行一次或每 2 000m^2 取样一次，并按现行《公路工程无机结合料稳定材料试验规程》(JTG E51)标准方法进行混合料的含水率、石灰含量试验；在已完成的下承层上按现行《公路路基施工技术规范》(JTG F10)，每一压实层均应检验压实度，检测频率为每 1 000m^2 至少检验 2 点，不足 1 000m^2 时检验 2 点，必要时应根据需要增加检验点。所有试验结果均应报监理人审批，所发生的一切费用由承包人自负。

(6)建筑垃圾填方路基

路基施工过程应加强对建筑垃圾填料和每个施工环节的检查，其中建筑垃圾填料的检查应严格按照表 204-9 的规定进行。

建筑垃圾路基施工质量检查项目　　表 204-9

项次	检 查 项 目	规定值或允许偏差	检查方法和频率
1	外观	表面平整密实，不得有明显的轮迹、沉降等缺陷，且无明显的骨料离析现象	目测：每 2 000m^2 检测 6 处

续上表

项次	检查项目		规定值或允许偏差	检查方法和频率
2	几何尺寸	纵断高程(mm)	+10，-20	水准仪:每200m测4个断面
		中心偏位(mm)	50	经纬仪:每200m测4点,弯道加HY、YH两点
		宽度(mm)	不小于设计值	米尺:每200m测4处
		横坡(%)	±0.3	水准仪:每200m测4个断面
		边坡	不陡于设计坡度	每200m抽查4处
		碾压厚度(cm)	符合设计要求	水准仪:每200m测4个断面
3	沉降差(mm)		表面建筑垃圾填料嵌挤紧密无松动;20t以上的振动压路机强振碾压基本无轮迹	现场表观控制
			≤1(路床) ≤2(路堤)	水准仪:每20m检测一个断面,每个断面检测5~10点
4	弯沉(0.01mm)		不大于设计值	贝克曼梁:每200m测10处
5	回弹模量(MPa)		≥70	承载板:每200m路中心测1处
6	压实度(%)		路床≥96	灌砂法:每1 000m^2至少检验2点,不足1 000m^2时检验2点
7	平整度(mm)		20	3m直尺:每200m测4点×10尺
8	级配试验		—	筛分法:每200m测4处
9	杂物含量(%)*		≤0.1	挑拣称重

注:*除对杂物含量进行挑选称重控制外,还应加强目测控制,应保证施工现场无明显的可视杂物。

204.06 计量与支付

1.计量

删除本小节第1条第(7)、(10)款,以下文代之:

(7)结构物台背回填按压实体积,根据设计图纸或监理人指定的回填范围,区分不同填料,以立方米计量,计价中包括挖运、摊平、压实、整型等一切与此有关作业的费用。台背预压作为台背回填的辅助工作,其工程量及作业均包含在台背回填单价或费用中,不单独计量与支付。

(10)改河、改渠以及改造其他公路的路基土方填筑的计量方法同本条第(1)款。

增加本小节第1条第(11)~(17)款,内容如下:

(11)为使路基边坡达到规定压实度而发生的超宽填筑及其清除不予单独计量。

(12)路基清表后,采用换填、强夯或复合地基对原地表进行处理的路段,清表及地基处理增加的填方按照填料类别以立方米为单位在相应子目中计量。路堤基底必要的翻松、压实,不单独计量。

(13)路基的冲击碾压、重型压实以平方米计量,分别在 205-1-r、205-1-s 子目中计量与支付。

(14)新旧路拼宽段措施费用由发包人估定,费用中包括与既有公路拼接施工所产生的干扰、补偿、协调费,以及为保证施工安全设置的临时防护设施均在 204-3 子目中计量与支付。

(15)土质包边土按照利用方和借方以立方米为单位分别在 204-1-b.2 及 204-1-e.1 子目中计量与支付。

(16)建筑垃圾再生填料填筑路堤,按完成的压实方,经监理人验收合格后,以立方米为单位在 204-1-k 子目中计量,填料运输按照发包人招标确定的储料场,由投标人自行考察确定运距。计价中包括临时排水与防护及建筑垃圾填料的运输及损耗、摊铺、杂物拣除、晾晒、压实、整型以及试验路段施工等一切与此有关作业的费用。土质包边土的计量、支付按第 204 节规定执行;土工合成材料的计量、支付按第 205 节规定执行;永久性排水的计量、支付按第 207 节规定执行;边坡防护的计量、支付按第 208 节规定执行。

(17)路床填筑区分不同填料,以立方米为单位在 205-3 项下子目中计量。

本小节第 2 条后增加内容如下:

2. 支付

路基填方施工完成后,暂时计量到总工程量的 90%,剩余 10% 待第 206 节规定的路基整修作业完成,经监理人验收合格并移交给路面或房建工程承包人后方可计价。

删除本小节第 3 条,以下文代之:

3. 支付子目

子目号	子目名称	单位
204-1	路基填筑(包括填前压实)	
-a	换填土	m^3
-b	利用土方	
-b.1	利用土方(掺灰…%)	m^3
-b.2	利用土方(素土)	m^3
-c	利用石方	m^3
-e	借土填方	
-e.1	借土填方(素土)	m^3
-e.2	借土填方(掺灰…%)	m^3
-g	结构物台背回填	
-g.1	灰土回填(掺灰…%)	m^3
-g.2	回填砂砾	m^3
-g.3	级配碎石	m^3
-g.4	水泥稳定碎石	m^3
-g.5	建筑垃圾再生填料回填	m^3

续上表

子 目 号	子 目 名 称	单 位
-h	锥坡及台前溜坡填土	m^3
-i	借砂砾填筑	m^3
-j	借石填筑	m^3
-k	建筑垃圾再生填料路堤填筑	
204-2	改河、改渠、改路填筑	
-a	利用土方	m^3
-b	利用石方	m^3
-c	借土填筑	m^3
-d	借砂砾填筑	m^3
-e	借石填筑	m^3
204-3	新旧路拼宽段措施费	总额
204-4	路基补强碾压	m^2

第 205 节　特殊地区路基处理

205.02　一般要求

增加本小节第 9 条，内容如下：

9. 特殊地基处理施工应避开雨季，如需在雨季施工，应做好排水措施。

205.03　软土地基处理

2. 材料

删除本小节第 2 条第(4)款，以下文代之：

(4)土工合成材料

土工合成材料的选用应符合现行《公路土工合成材料应用技术规范》(JTG/T D32)规定，具有足够的抗拉强度；对土工织物，还应具有较高的刺破强度、顶破强度和握持强度等。土工合成材料的试验项目和方法应符合现行《公路工程土工合成材料试验规程》(JTG E50)的规定。

增加本小节第 2 条第(11)款，内容如下：

(11)密封膜厚度宜为 0.12 ~0.17mm，密封膜每边长度应大于加固区相应边 3 ~4m，薄膜加工后不得存在热穿、热合不紧等现象，不宜有交叉热合缝。

3. 施工要求

(3)灰土垫层

增加本小节第 3 条第(3)款 e 项,内容如下:

e. 灰土拌和均匀后,应检测混合料石灰含量,满足要求后方可进行碾压。

(13)强夯和强夯置换

增加本小节第 3 条第(13)款 a 项(e)~(j)目,内容如下:

a. 强夯

(e)强夯施工前,应先清理、平整场地,查明场地范围内地下原有构造物和管线及设计图纸中的结构物位置,采取必要的防护措施。

(f)每一遍内各个夯点的夯击次数,应按现场试夯得到的夯击次数与夯沉量关系曲线确定,并应同时满足最后两击的夯沉量之和小于 15cm、之差小于 5cm,后一击夯沉量小于前一击夯沉量,且不因夯坑过深而使起锤困难。

(g)施工过程中应做好下列监测和记录工作:

ⓐ夯击前检查锤重和落距,以保证单击夯击能量符合设计要求。

ⓑ每遍夯击前应按设计要求对夯点放样进行复核。

ⓒ记录每个夯点的夯击次数和每击的夯沉量。

(h)最后一次满夯前,应控制表层土含水率接近最佳含水率后,再进行夯击。满夯夯点按夯锤直径的 1/4 彼此搭接,夯后地表应大面平整。

增加本小节第 3 条第(16)~(20)款,内容如下:

(16)灰土挤密桩

a. 灰土(石灰、粉煤灰土)挤密桩的布设和施工应严格按照设计图纸和现行《湿陷性黄土地区建筑规范》(GB 50025)相关规定进行。

b. 对土、石灰的质量要求,同本节第 205.03 小节中规定。

d. 施工前应在现场进行成孔、夯填工艺和挤密效果的试桩施工,以获取桩体分层填筑厚度、填料数量、夯击次数、夯锤提升高度、锤击数、桩体压实度等施工工艺控制参数。试桩的各项技术参数经监理人批准后,才能进行规模施工。

e. 成孔时地基土的含水率应接近最佳含水率。当含水率低于最佳含水率时,应人工浸水至最佳含水率。灰土挤密桩的成孔,应按如下要求进行:

(a)平整场地,按照设计图纸准确定出桩孔位置并编号。

(b)成孔顺序为砂土地基由边缘至中部,软弱地基由中部至边缘,横向隔排、纵向隔桩跳打成孔。

(c)如发现地基土质与设计提供资料不符时,应停止施工并提出处理意见报监理人审批。

f. 桩身回填使用的石灰(粉煤灰)、土应过筛,并采用装有石灰(粉煤灰)剂量添加监控设备的移动式厂拌设备现场拌和。

g. 桩孔填料前应按照试桩确定的锤击数夯实孔底,并根据试夯确定的每次入孔填料量、填入次数、夯锤落距和夯击次数夯填桩孔,桩顶 50cm 范围由人工采用小型机具夯填密实,单桩成孔与夯填应连续作业。

h. 承包人应派专人及时做好灰土挤密桩施工的监测、记录。

(17)水泥搅拌桩

水泥搅拌桩施工要求应参照本条第(8)款“加固土桩”的相关要求。

(18)路基注浆

a.注浆应分批次进行,若设计无要求时,第一批先注周边孔,压力不超过0.3MPa,第二批注中间孔,压力按0.3~1.0MPa控制。

b.同批次孔位应隔孔注浆,避免发生串孔现象,以保证早期强度和有效注浆量。对于已施作搭板、挡墙、锥坡等结构物的地段,应注意注浆压力,注浆压力应符合设计要求,若设计无要求时,以不超过0.5MPa为宜,避免对周边已有结构物的破坏。

c.注浆时应根据各孔注浆量大小及时调整浆液相对密度。当孔位注浆量较大时,应调大浆液相对密度;注浆量较小时,应调低浆液相对密度,注浆过程中无漏浆现象或其他特殊原因不应中断,并保持压力稳定。

d.施工中发生漏浆时,应及时停止注浆,堵漏后再继续施工。

e.注浆施工时应注意观察周边情况,防止路基(面)或搭板鼓起开裂。

(19)当处于U形沟谷中的路基全部侵占沟谷时,应在沟底设置支撑渗沟。渗沟施工完成后经试水检测,合格后方可进行下一步工序施工。应严格按设计要求控制渗沟中砂砾的含泥量,当地材料缺乏时,可采用碎石替代。

(20)黄土沟谷冲淤积地层在沉积形态、沉积厚度及物理力学性质差异较大,地基处理前,应通过挖探、钎探等方法,全面了解软弱地基的分布形态,施工过程中应动态优化设计。

205.05 滑坡地段路基处理

删除本小节第1条,以下文代之:

1.滑坡地段施工前,承包人应详细调查地形、地质和水文条件,结合设计图纸及监理人的要求,编制详细的滑坡治理施工组织设计,按照先排水加固、后开挖路基的原则,处理好排水工程、回填反压、滑坡体去土卸载、抗滑支挡等工程的施工先后顺序,以及对滑坡或边坡危害的安全预案和施工过程中监测方法,报监理人批准后方可进行施工。同时要对滑坡体后缘裂缝进行封闭,防止雨水进入,使滑坡体活化。

205.08 黄土地区路基施工

增加本小节第10、11条,内容如下:

10.根据设计文件或监理人要求对湿陷性黄土路基黄土陷穴进行回填夯击处理时,承包人应先进行必要的清表处理,将黄土陷穴内的非适用材料清除干净后,再做回填处理。处理好后应按照夯击施工的质量检测方法对回填质量进行检测,其压实度应符合本规范表203-1中的有关要求。

11.根据设计文件或监理人要求对湿陷性黄土路基采用挤密法处理时,应严格按照设计图纸和现行《湿陷性黄土地区建筑规范》(GB 50025)的相关规定执行。按不同地质情况及不同的路堤设计高度应对原地表进行冲击碾压、强夯处理、灰土桩挤密、碎石桩挤密、石灰土加固等处理措施。

将“205.12　质量检验”序号修改为“205.13　质量检验”。

增加第 205.12 小节，内容如下：

205.12　变质软岩施工

1. 变质软岩路堤的施工

(1) 对于变质软岩路堤填料，路堤填筑前应至少进行以下试验：

a. 变质软岩的磨片电镜分析试验。

变质软岩中的滑石、绿泥石和云母等矿物光滑较软，其多为片状，因而稳定性较差，特别是当岩石呈细的条带夹层存在时，对岩石的强度影响较大。橄榄石、辉石、角闪石及黑云母的抗风化能力较弱。对公路路堤易形成沉降及工后不均匀沉降，因此，该试验应着重于测定原岩是否含有亲水矿物伊利石、蒙脱石和高岭石。

b. 变质软岩的膨胀性试验。

一般岩石的膨胀性的判别主要通过自由膨胀率 δ_{ef} 与膨胀力 p_e 两个指标来衡量，当自由膨胀率 $\delta_{ef} > 30\%$ 或者当膨胀力 $p_e > 100$kPa 时均可判定为膨胀岩，有膨胀性的变质软岩不宜直接用作路堤填料。

c. 变质软岩的耐崩解性试验。

岩石的耐崩解性是表示变质风化岩石抗风化能力的一个指标评判标准，见表 205-1。对于有崩解性的变质软岩，不得直接用作路堤填料。

耐 崩 解 评 判 表　　表 205-1

组　　名	一次 10min 旋转后留下的百分数(%)（按干质量计）	两次 10min 旋转后留下的百分数(%)（按干质量计）
极高的耐久性	>99	>98
高耐久性	98 ~ 99	95 ~ 98
中高等的耐久性	95 ~ 98	85 ~ 95
中等的耐久性	85 ~ 95	60 ~ 85
低耐久性	60 ~ 85	30 ~ 60
极低的耐久性	<60	<30

d. 变质软岩的点荷载试验或单轴抗压强度试验。

变质软岩的点荷载试验或单轴抗压强度试验的目的是判定变质岩石填料是否属于变质软岩，其评判指标详见表 205-2。

变质岩石分类表　　表 205-2

岩 石 类 型	单轴饱和抗压强度(MPa)	代表性变质岩石
硬质岩石	≥60	片麻岩、石英岩、大理岩、板岩、片岩
中硬岩石	30 ~ 60	
软质岩石	5 ~ 30	云母片岩、千枚岩、板岩

e. 变质软岩填料的 CBR 试验。

变质软岩路堤填料的 CBR 试验目的是评价变质软岩填料的工程特性,其路堤上路床填料的 CBR 值应不小于8%,下路床填料的 CBR 值应不小于5%,上路堤填料的 CBR 值应不小于4%,下路堤填料的 CBR 值应不小于3%。

f. 变质软岩填料的大型压缩试验。

评判变质软岩能否直接作为路堤填料,其评价指标为总湿化变形量 Δs,当其小于 5cm 时,即认为该变质软岩受水影响程度较小,可以直接作为路堤填料。

(2)变质软岩路堤填筑前,应清理用地范围内的树木、灌木丛,保证路堤范围内的树根全部挖除并将坑穴填平夯实,待清理完成后应整平压实至规定要求。

(3)当变质软岩路堤基底地面自然横坡较陡(陡于 1:5)时,路堤基底应挖成台阶,每级台阶宽度 1 ~2m,高度为一层压实厚度。其后进行基底平整碾压作业,使基底土层的强度和密实度达到设计标准。当原地面坡度陡于 1:2.5 时,应按陡坡路堤进行稳定性分析,确定边坡坡度。对于高度大于 8m 的边坡,可以采用折线形边坡,且下部边坡缓于上部边坡,也可以采用台阶形边坡,即在边坡中间每隔 8m 设置一道宽度为 1 ~2m 的台阶,以提高边坡的稳定性。

(4)对于片理、节理、板理较发育,风化较严重的变质软岩填料可采用大型挖掘机对削坡开采,大部分较完整或风化较轻微的变质软岩填料需通过爆破方式进行开采,为了降低大块率,获得良好的级配,提高钻爆效率,在开采过程中应采取合适的爆破措施。

(5)变质软岩路堤填筑过程中不得采用倾填的方法,应分层填筑,且洒水碾压。

(6)变质软岩路堤应采用 YZ-20 羊角碾、20t 以上光轮压路机等机械组合进行碾压施工,碾压速度 3 ~5km/h,开始时宜用慢速,振动频率在 25 ~30Hz,振幅在 1.5 ~2.0mm 范围内。

(7)变质软岩填筑路堤碾压工序为先静压、后振压、再静压。碾压时应遵循先两侧后中间、先低后高的原则。压实路线应纵向相互平行,行与行之间应重叠 40 ~50cm 轮迹,前后相邻区段应重叠 100 ~150cm,要求做到无漏压、无死角。

(8)在上述压实机械组合前提下,松铺厚度不超过 30cm,填料的最大粒径不得超过 15cm,超过时应清除或砸碎。

(9)如果变质软岩填料来自于不同的取料场,其岩性或土石含量差异性较大时,应分层或分段填筑。

(10)变质软岩不宜填筑高填方路堤。

(11)沿河路堤,在河水浸润线以下应填筑强度高、水稳性较好的填料,浸润线以上可填筑变质软岩。

(12)变质软岩路堤填筑完成后,应在路堤顶面与细粒土填土层之间按设计要求设过渡层。过渡层填料的粒径应小于 150mm,其中小于 0.075mm 的细集料含量不应小于 30%。然后用土填筑路床,路床填料粒径应小于 100mm。路床用平地机摊铺整平,压路机碾压至规定的压实度。

(13)特殊区域如桥涵、边坡连接处的压实宜选用小型压实机具如手扶式压路机和冲击夯，予以保证其压实效果。

2. 变质软岩路堤边坡施工

(1)变质软岩路堤的边坡可采用浆砌、码砌或挡土墙等形式进行防护。边坡防护一般与路堤填筑同步进行。

(2)采用码砌边坡时，一般采用单坡码砌方式。填筑高度小于 10m 的变质软岩路堤，边坡码砌厚度不应小于 1m；填筑高度 10m 以上的变质软岩路堤，应设台阶分级，每级台阶高度为 5～8m，台阶宽度为 2～3m，边坡坡度自上而下依次 1∶1.5～1∶2.0。边坡码砌厚度不应小于 2m。

(3)码砌石块应选择不易风化的硬石，粒径应大于 30cm，形状规则。码砌时石块应尽量紧贴边坡、相互间紧密接触，无明显落空、松动现象；码砌石块与边坡承力接触面应微微向内倾斜，码砌应表面平整；在曲线段的码砌边坡应保持平顺。码体咬扣紧密、错缝、严禁通缝、叠砌和浮塞。

(4)边坡应分段施工，每隔 10～15m 设一道伸缩缝，同时路堤基底的土质发生变化处应设沉降缝。

(5)变质软岩路堤边坡高度小于 5.0m 时，边坡应采用三维网植草防护；路堤边坡高度高于 5.0m 时，边坡应采用拱形骨架植草防护路堤受设计洪水位影响较大时，边坡应采用片石混凝土防护。

(6)变质软岩路堤受沿河冲刷较严重时，边坡应采用挡土墙防护。

(7)为减小河水对变质软岩路堤的侧蚀淘刷作用，应设置浆砌片石挑水坝、护坦、铁丝石笼、抛石护基等。

3. 变质软岩路堤防排水施工

(1)变质软岩路堤施工期间的临时排水

a. 变质软岩路堤施工时，应加强排水设施的规划和设计，做到地面临时排水设施与永久排水设施有效结合，保证变质软岩填料不受雨水长期浸泡。排走的雨水，不得流入农田、耕地，亦不得引起水沟淤积和路堤冲刷。

b. 为防止变质软岩路堤各施工层表面无积水，应在将各施工层做成 2%～4% 的排水横坡。

c. 雨季施工期间应在边缘设土质拦水带，将汇集的水集中排泄到临时急流槽，最终引入排水沟、附近的天然河流。

d. 施工过程中，当变质软岩路堤靠山一侧的边坡内发生地下水渗流时，应根据渗流水的位置及流量大小采取设置纵向排水沟、泉水集水井、边坡渗沟等设施降低地下水位或将地下水排走，防止流入变质软岩路堤。

(2)变质软岩路堤地表排水

a. 变质软岩路堤施工时，各施工作业层面应设 2%～4% 的排水横坡，层面上不得有积水，并采取有效措施防止水流冲刷边坡。

b. 变质软岩路堤施工中应对地下水情况进行记录并及时反馈。

c. 变质软岩路堤边沟沟底纵坡应衔接平顺。

d. 变质软岩路堤截水沟应进行防渗及加固处理。

e. 变质软岩路堤排水沟线形应平顺，转弯处宜为弧线形，且其出水口应设置跌水和急流槽，以将水流引出路堤或引入其他排水系统。

f. 变质软岩路堤急流槽片石缝应小于40mm，砂浆饱满，槽底表面粗糙，且急流槽分节长度宜为5～10m，接头处应用防水材料填缝。混凝土预制块急流槽，分节长度宜为2.5～5.0m，接头采用榫接。

g. 变质软岩路堤无消力池跌水台阶高度应小于600mm，每阶高度与长度之比与原地面坡度相协调。

(3)变质软岩路堤地下排水

a. 变质软岩路堤渗沟沟底应埋入不透水层内，沟壁最低一排渗水孔应高出沟底至少200mm。

b. 变质软岩路堤渗沟采用混凝土或浆砌片石砌筑时，在沟壁与含水层接触面以上高度，应设置一排或多排向沟中倾斜的渗水孔，沟壁外侧应填筑粗粒透水性材料或土工合成材料形成反滤层。沿沟槽底每隔10～15m。

c. 变质软岩路堤渗沟应都设置混凝土盖板或石料盖板，板顶上填土厚度应大于500mm。

d. 变质软岩路堤渗沟应设置排水层、反滤层和封闭层。

e. 变质软岩路堤渗井填充料含泥量应小于5%，按单一粒径分层填筑，不得将粗细材料混杂填塞。下层透水层范围内宜填碎石或卵石，上层不透水范围内宜填砂或卵石。井壁与填充料之间应设反滤层。

f. 变质软岩路堤渗井顶部四周用黏土填筑围护，井顶应加盖封闭，渗井开挖应根据填料选用合适的支撑形式，并应随挖随支撑、及时回填。

205.13 质量检验

1. 基本要求

增加本小节第2条第(19)款，内容如下：

(19)变质软岩路堤的压实控制标准

a. 变质软岩路堤应采用羊角碾进行振动碾压，先静压一遍，然后强振动碾压2～3遍，平地机粗平1遍，20t以上光轮压路机强振动1遍，静压1遍。碾压时，压路机车速控制在3～5km/h，振动频率在25～30Hz(1 500～1 800次/s)，振幅一般在1.5～2.0mm范围内，最后以填筑表面无明显轮痕，且最后一遍的振压沉降量不大于2mm为压实控制标准。

b. 在测碾压前后沉降量时，采用钢钉法，即按试验要求在路基中布设钢钉，钢钉长约15cm，头部直径约2cm，打入碾压土层中，表面与地表平齐，并将塔尺立于钢钉上，用水准仪量测其高程，每碾压1遍，量测一次，并记录，相邻两次的高程差就是每遍碾压的沉降量。测点按10m×5m布置，最低数量不少于6点。

c. 在沉降观测的过程中，有时会出现沉降是负值的异常现象，这是因为在压实过程中,测点处的块石被挤压破碎和翘起所致,因此,设置测点时要尽量避免测点位于碾压轮的边缘以及位于单个显著凸起的石块处,对于少量的沉降量出现异常的点,处理时应忽略不计。

2. 检查项目

将表205-1~表205-8编号修改为表205-3~表205-10,表中内容不作修改。

增加本小节第2条第(3)~(5)款,内容如下:

(3)灰土挤密桩

a. 灰土挤密桩施工完成后,按总桩量0.1%钻芯取样验收,且不少于3根,检测桩长、桩体完整性及石灰(粉煤灰)添加量,同时应验收桩数、排列尺寸、孔径、孔深、复合地基承载力、单桩承载力。

b. 灰土挤密桩桩孔的夯填质量,应采用轻便触探或小环刀深层取样方法随机抽样检查,并在桩孔夯填后48h内进行。抽查数量不小于桩孔数的2%,同时每台班应至少抽查2孔。桩孔灰土的夯填压实度应不小于97%。

c. 灰土挤密桩桩间土的挤密效果检验,在任意3个桩孔构成的挤密单元内,按天然土层或1~1.5m为一层,分层开剖,挤密后桩间土的压实系数应不小于90%。

d. 灰土挤密桩的检查项目见表205-11。

灰土挤密桩检查项目 表205-11

项次	检查项目	规定值或允许偏差	检查方法
1	桩体及桩间土干密度	不小于设计值	现场取样检验
2	桩距(mm)	±150	抽查2%
3	桩径(mm)	不小于设计值	抽查2%
4	桩长(m)	不小于设计值	查施工记录
5	竖直度(%)	≤1.5	查施工记录
6	填料灌入量(m^3)	不小于设计值	查施工记录
7	桩身强度(kPa)	不小于设计值	钻芯取样抽查0.1%

(4)水泥搅拌桩

水泥搅拌桩的质量检验应参照"加固土桩"质量检验标准。

(5)变质软岩路堤边坡三维网植草防护检查标准见表205-12,拱形骨架植草防护检查标准见表205-13,片石混凝土防护检查标准见表205-14。

植物防护检查标准 表205-12

项目	允许偏差	检验数量		检验方法
成活率(%)	10%	范围	频率	植草:尺量,计面积
		每400m^2	3条带	植株:点数,统计计算

骨架植物护坡检查标准 表 205-13

序号	项目		允许偏差	检验数量		检验方法
				范围	频率	
1	植物成活率		10%	每 400m²	3 条带	植草:尺量,面积 植株:点数,计数
2	骨架砌体	坡顶高程	-30mm	每坡长 20m	3 点	水准仪
3		断面尺寸	浆砌片石 ±50mm 混凝土 ±20mm	每坡长 20m	3 处	尺量
4		垫层厚度	-20mm			
5	截排水沟	宽度	+50mm -20mm	每坡长 20m	3 处	尺量
6		深度	+100mm -20mm			
7		铺砌厚度	-10% 设计厚度			
8	表面平整度		浆砌片石 30mm	每坡长 20m	5 尺	2m 长直尺与钢尺量

浆砌护坡检查标准 表 205-14

序号	项目	允许偏差	检验数量		检验方法
			范围	频率	
1	基底高程	土质 ±50mm 岩石 +50mm、-200mm	每坡长 20m	3 点	水准仪测
2	顶、底高程	±20mm			
3	坡度或垂直度	0.50%	每坡长 20m	3 处	尺量
4	断面尺寸	浆砌片石 ±50mm 混凝土 ±20mm			
5	表面平整度	浆砌片石 30mm	每坡长 20m	5 尺	2m 长尺与钢尺量

205.14 计量与支付

1. 计量

删除本小节第 1 条第(1)、(14)款,以下文代之:

(1)挖淤换填

挖除原路基一定深度及范围内淤泥、膨胀土,以立方米为单位在第 203 节相应支付细目中计量。换填的填方,分不同材料类型,以立方米为单位计量。换填时由于基底压缩沉降而引起的填方工作量增加不单独计量。

(14)采用强夯处理,以图纸为依据经监理人验收合格后,按照夯击面积以平方米为单位计量;因清表、夯沉增加的填方数量按照清表前和夯击后经发包人、设计单位、监理人和承包人四方联测计算的沉降回填量,区分填料类别分别以立方米为单位,列入本规范

第 204节相应子目中计量。计价中包括施工前的地表处理、拦截地表和地下水、夯击及夯后的质量检测等一切与此有关作业的费用。

增加本小节第 1 条第(20)~(33)款,内容如下:

(20)石质填方路段 80cm 上的未筛分碎石路床填筑按立方米在第 204 节中计量。

(21)土质挖方段路床换填处理,按立方米计,内容包括路堑顶路床的挖除,掺灰换填、碾压等工作内容。

(22)隔水墙以图纸为依据,包括土方开挖、素土回填及土工材料铺设,经监理人验收合格后,在 205-1-0 子目中按设计长度以延米计量;计价中包括了除土工织物材料及铺设外的土方开挖、隔水墙材料回填等与此有关的一切作业。隔水墙铺设的土工织物在 205-1-1子目中计量。

(23)片石碾压以图纸为依据,经监理人验收合格后以立方米计量。

(24)设计文件中提高压实度不单独计量,其费用包含在其他相关子目中。

(25)采空区注浆以立方米计量,内容包括钻孔、压浆、注浆设备、材料等一切工程量及工作内容。

(26)过湿地基处理以图纸为依据,经监理人验收合格后,以立方米计量,其中砂砾垫层在 205-1-b 子目中计量,填漂卵石在 205-1-q 子目中计量。计价中包括材料、运输、摊平、碾压等相关作业。

(27)灰土挤密桩、碎石挤密桩、水泥搅拌桩以实际完成并经监理人验收合格的数量并以米为单位计量,计价中包括材料、机械及有关的一切作业。

(28)路基补强冲击碾压、重型压实,以实际完成并经监理人验收合格的数量以平方米为单位计量,计价中包括材料、机械及有关的一切作业。

(29)路基注浆以实际完成并经监理人验收合格的数量以立方米为单位计量,计价中包括材料、设备及有关的一切作业。

(30)墓穴的回填处理以回填前监理现场测量的墓穴体积为依据,经监理人验收合格后,以立方米在 205-5 项下相应子目中计量。

(31)挖方段路基的路床换填挖方费用应包含在路床填筑的单价中,不单独计量与支付。

(32)路床填筑区分不同填料,以立方米为单位在 205-9 项下子目中计量。

(33)填挖交界处的填筑区分不同填料,以立方米为单位在 205-10 项下子目中计量。

删除本小节第 3 条,以下文代之:

3. 支付子目

子 目 号	子 目 名 称	单 位
205-1	软土地基处理	
-a	抛石挤淤	m^3
-b	砂垫层、砂砾垫层	m^3
-c	灰土垫层	
-c. 1	…% 石灰土	m^3

续上表

子 目 号	子 目 名 称	单 位
-d	预压与超载预压	m^3
-i	碎石桩	m
-l	土工织物	m^2
-m	强夯	
-m. 1	…t · m	m^2
-n	灰土挤密桩	
-n. 1	…% 灰土桩(直径…cm)	m
-o	隔水墙	m
-p	C…片石混凝土回填	m^3
-q	压填漂卵石	m^3
-r	冲击碾压	m^2
-s	重型压实	m^2
-t	水泥搅拌桩	
-t. 1	水泥搅拌桩(桩径…cm)	m
205-2	滑坡处理	
-a	滑坡处理挖方	m^3
-b	滑坡处理填方	m^3
205-3	岩溶洞回填	m^3
205-4	膨胀土处理	m^3
-a	厚…mm 石灰土改良	m^3
205-6	盐渍土处理	
-a	厚…mm	m^3
205-7	风积沙填筑	m^3
205-8	季节性冻土改性处理	m^3
205-9	路床换填处理	
-a	…% 石灰土	m^3
-d	建筑垃圾再生填料路床填筑	m^3
205-10	路基填挖交界处理	
-a	填挖交界处的…% 灰土处理	m^3
205-5	黄土处理	
-a	陷穴(含墓穴)	m^3
205-11	路基注浆	m^3
205-12	变质软岩	
-a	变质软岩挖方	m^3
-b	变质软岩填方	m^3

第 207 节 坡面排水

207.03 一般要求

删除本小节第 7 条,以下文代之:

7. 承包人应按现行《公路桥涵施工技术规范》(JTG/T F50)的要求加强水泥混凝土、水泥砂浆的养护管理。

增加本小节第 8 ~ 11 条,内容如下:

8. 在排水工程施工前,承包人应按照三阶段设计核查要求,在路基工程开工前对排水工程进行设计核查。承包人应结合现场实际地形核查排水系统的完善合理性,详细核查排水结构物的基础高程和走向,并根据核查结果提交排水系统设计优化的建议方案,经设计单位及监理人认可后实施。

9. 路基小型构件(水沟盖板、路缘石、防护工程混凝土构件等)应按照标准化、工厂化生产模式进行预制。预制时应按照混凝土集中拌和,大型振捣台集中振捣,大棚内自动喷淋洒水保湿养护,成品构件分类打包、预制、存放,打包、存放时,成品构件之间应用泡沫板隔开,避免缺损边角。小型预制构件混凝土配合比设计时应掺加 15% ~20% 的粉煤灰,同时,模具采用塑钢模具,以保证混凝土外观质量。

10. 排水工程砌筑用砂浆应采用能够准确计量砂浆配合比中各类材料重量的强制式拌和机集中拌和,砂浆保持适宜的和易性和流动性,且应随拌随用,已初凝的砂浆应予废弃。

11. HDPE 管的质量应符合图纸及其行业标准与规范的相关要求。

207.04 施工要求

9. 路基盲沟

增加本小节第 9 条第(6) ~ (9)款,内容如下:

(6)狭窄沟道先施作渗沟、改河或临时排水设施并在施工整个过程中保证排水通畅,做到地表不积水,水位降低后进行地基处理,然后再进行构造物施工和路基填筑。

当改河工程无法优先施工时,应做好施工组织,保证临时排水工程排水顺畅,永临结合,防止雨季因排水不畅致已填筑路基被浸泡。

(7)当处于 U 形沟谷中的路基全部侵占沟床时,应在沟底设置支撑渗沟,原则上纵坡不小于 3% 。同时应尽量结合有利地形增设横向盲沟排水。

(8)半填半挖路段,应高度重视挖方一侧水文地质情况(尤其是岩土交界面富水情况),富水路段应增设纵横向盲沟。

(9)所有渗沟施工完成后应经试水试验检验,合格后方可进行下一步工序施工。严格按设计要求控制渗沟中砂砾的含泥量,当地材料缺乏时,可采用断级配碎石替代。

207.06 计量与支付

删除本小节第1条内容,以下文代之:

1.计量

(1)边沟、排水沟、截水沟的加固铺砌,根据图纸所示(不分断面形式),按照实际完成,并经监理人检查验收合格的数量,按砂浆强度等级分别以立方米为单位计量。树脂复合水箅以块为单位在207-1-g子目中计量。砾石土边沟根据图纸所示(不分断面形式),以立方米为单位在207-1-h子目中计量。由于排水工程加固铺砌而需扩挖部分的开挖、砂砾层铺底、挡水土埝等一切与此有关的工作均作为承包人应做的附属工作,不另计量与支付。

现浇、预制混凝土排水结构及盖板,根据图纸所示(不分断面形式),按照实际完成,并经监理人检查验收合格的数量,按混凝土强度等级分别以立方米为单位计量。由于排水工程加固铺砌而需扩挖部分的土石方开挖、盖板钢筋等一切与此有关的工作均作为承包人应做的附属工作,不另计量与支付。

(2)平台排水沟及边坡平台采用混凝土预制块加固的,根据图纸所示,按照实际完成,并经监理人检验合格的数量,按混凝土强度等级分别以立方米为单位计量。计价中包括土石方开挖、基础垫层等一切与此有关的作业。

(3)急流槽根据图纸施工,按实际完成,并经监理人验收合格的断面尺寸计算体积(包括消力池、消力槛、抗滑台等),以立方米计量。

(4)路基盲沟按图纸为依据,经监理人验收合格,按不同断面尺寸按长度以米计量,包括挖基、混凝土基础施工、铺设土工布、HDPE透水管敷设、填充级配碎石、出口端干砌片石封口等相关作业。

(5)涵洞洞口构造以外或路基两侧边沟(排水沟)以外的改沟、改渠铺砌,根据图纸所示(不分断面形式),按照实际完成,并经监理人验收合格的数量,按砂浆强度等级分别以立方米计量。

(6)纵向盖板涵按图纸施工,以延米计量,计价中包括开挖回填、基础垫层、钢筋等一切与此有关的作业。

(7)路基渗沟按图纸施工,按不同断面尺寸分别以延米计量,计价中包括挖基、混凝土基础施工、填充碎石、波纹管,以及渗沟出口的端墙、堵口、散水、挖基等一切与此有关的作业。

(8)改河、改渠、疏浚河道按图纸施工,路基土石方开挖的计量、支付按第203、204节规定执行。河道、渠道的铺砌,根据图纸所示(不分断面形式),按照实际完成并经监理人验收合格的数量,按砂浆强度等级、混凝土的强度等级分别以立方米计量。

(9)蒸发池按图纸施工,蒸发池按图纸施工,分别按浆砌片石、现浇混凝土、培土埝、挖基、预制混凝土以立方米为单位在207-11项下相应子目中计量。计价中包括挖基及弃运等一切与此有关的作业。封闭蒸发池的刺铁丝网、隔离栅由交安工程承包人实施,并在交安工程中计量。

(10)纵向排水暗管按图纸施工,经监理人验收合格,以延米计量;计价中包括管道开挖回填、混凝土基座、管道埋设、基础垫层、钢筋等一切与此有关的作业。排水暗管检查井按图纸施工,经监理人验收合格的数量,以个计量;计价中包括井筒、盖板、井室、基础垫层的混凝土,以及挖基、铸铁井盖及支座等一切与此有关的作业。

(11)土工合成材料的计量、支付按第 205 节规定执行。

(12)所用砂砾垫层或基础材料、填缝材料、砂浆以及地基平整夯实与回填等均含入相关子目的单价之中,不另行计量与支付。

(13)由预制构件拼接、安装的排水工程计价中还应包括混凝土的养护,以及小型预制构件的移运、拼接、安装等一切与此有关的作业。

(14)提升水池中的蓄水池以立方米计量,进水管、出水管以延米计量,污水潜污泵以台计量。计价中包括开挖回填、铺设管道等一切与此有关的作业。

删除本小节第 3 条,以下文代之:

3. 支付子目

子 目 号	子 目 名 称	单 位
207-1	边沟	
-a	M…浆砌片石边沟	m^3
-b	现浇 C…混凝土边沟	m^3
-d	C…混凝土预制边沟	m^3
-e	C…混凝土沉淀井	m^3
-f	C…透水混凝土	m^3
-g	树脂复合水箅	块
-h	砾石土边沟	m^3
207-2	排水沟	
-a	M…浆砌片石排水沟	m^3
-b	C…现浇混凝土排水沟	m^3
207-3	截水沟	
-a	C…混凝土截水沟	m^3
207-4	急流槽	
-a	M…浆砌片石急流槽(路基部分)	m^3
-b	现浇 C…混凝土急流槽	m^3
207-5	盲沟	
-a	…cm × …cm	m
207-7	纵向盖板涵	m
207-8	边沟盖板	
-a	C…混凝土边沟盖板	m^3
207-9	改河、改渠、疏浚河道	
-a	M…浆砌片石	m^3

续上表

子 目 号	子 目 名 称	单 位
-b	C…混凝土	m^3
-d	C…片石混凝土	m^3
207-10	渗沟	
-a	…cm × …cm	m
207-11	蒸发池	
-a	M…浆砌片石	m^3
-b	现浇 C…混凝土	m^3
-c	培土埝	m^3
-d	挖基	m^3
-e	预制 C…混凝土	m^3
207-12	圆管	m
207-13	纵向排水暗管	
-a	ϕ…cm 钢筋混凝土管	m
-c	检查井	个
207-14	提升水池	
-a	……混凝土蓄水池	m^3

第 208 节　护坡、护面墙

208.02　材料

删除本小节第 6 条，以下文代之：

6. 土工合成材料的选用应符合现行《公路土工合成材料应用技术规范》(JTG/T D32—2012)和《公路工程土工合成材料等九项》(JT/T 513 ~ 521—2004)的规定。土工合成材料的试验项目和方法应符合现行《公路工程土工合成材料试验规程》(JTG E50—2006)的规定。

208.03　施工要求

1. 一般要求

删除本小节第 1 条第(9)款，以下文代之：

(9)承包人应按现行《公路桥涵施工技术规范》(JTG/T F50)的要求加强水泥混凝土、水泥砂浆的养护管理。

增加本小节第 1 条第(10)款，内容如下：

(10)护坡、护面墙工程砌筑用砂浆应采用能够准确计量砂浆配合比中各类材料重量的强制式拌和机集中拌和，砂浆保持适宜的和易性和流动性，且应随拌随用，已初凝的砂浆应废弃。

2. 植物护坡

增加本小节第 2 条第(4)～(7)款，内容如下：

(4)打穴植草

a. 打穴植草应按照设计图纸要求的打穴密度、穴孔尺寸和栽植防护植物类别进行施工。

b. 土质路堑边坡防护应采用打穴栽植营养钵苗。营养钵苗用营养土、营养钵在苗床内育苗，当苗的蓬径达到 0.15m 时，预先在穴孔内加足营养土后，再载入穴孔内，浇足底水。

c. 打穴植草成活率应达到 95% 以上。

(5)植生袋植草

a. 植生袋装填的绿化基质材料应按设计配化进行配制，在边坡现场装袋后，应及时填充到施工面上。

b. 绿化养护过程中应及时对施工面上植生袋滑落或脱空的部位进行补填，同时应保证边坡植物的水分和肥料供应。

(6)边坡绿化还应按照第 700 章的有关规定执行。

(7)路基施工过程中应保证路基填筑包边土不被污染，确保边坡绿化效果。

208.04　质量检验

增加本小节第 4 条，内容如下：

4. 浆砌拱形、网格骨架护坡、窗孔式护坡、浆砌片石护肩的基本要求

(1)基底平整、密实，坡面高低偏差不应超过 20mm。

(2)坡面整形后，应立即进行铺设工作，避免长期放置受雨水冲刷。

(3)片石应进行修凿，使砌筑成型的方格骨架整齐、美观。

(4)同一层片石纵缝要错开，如需二层砌筑时，上下层纵、横缝均要错开。

(5)片石网格骨架应选用形状尺寸合适的石料砌筑，其边、角棱不得用砂浆填补。

(6)在铺筑网格作业中，应按一定的间隔在纵横两个方向上挂线作业。

(7)砌筑前应按图纸规定的尺寸及坡度放样并挂线。

(8)砌筑完后应按要求进行勾缝处理。

(9)与护脚、护肩连接应牢固、嵌接砌筑。

(10)格式网格骨架护坡的混凝土及基底要求符合图纸规定。

(11)混凝土镶边石、六棱块预制件及砌体材料质量、规格应符合规定，埋置符合设计图纸要求。

(12)浆砌拱形骨架护坡、窗孔式护坡质量应符合表 208-5 的规定。

(13)镶边石预制件、六棱块预制件按 410 节小型预制件检查，六边桶成型护坡按范本本节表 208-5 检查。

拱形骨架护坡、窗孔式护坡检查项目　　表208-5

项次	检 查 项 目	规定值或允许偏差	检 查 方 法
1	混凝土或砂浆强度(MPa)	符合设计要求标准	按JTG F80/1—2004附录F检查
2	坡度(%)	不陡于设计	每20m检查1次
3	框格尺寸(mm)	±30	每20m检查1个框格
4	片石(混凝土)骨架宽度及厚度(mm)	±20	每20m各检查3处
5	边棱直顺度(mm)	15	每20m检查1处拱口或窗口
6	护肩顶面高度(mm)	±10	每20m用水准仪检查1次

208.05 计量与支付

删除本小节第1、2条,以下文代之:

1.计量

(1)浆砌片石护坡、护面墙、护脚墙的计量,应以图纸所示和监理人的指示为依据,按实际完成并经验收合格的数量,区分强度等级分别以立方米计量。完成此项工作的开挖、回填,基础垫层的铺设、沉降缝、泄水孔、勾缝及锚固钢筋等一切有关作业,均作为砌体施工的附属工作,不另行计量与支付。

(2)预制空心砖和拱形及方格骨架护坡的计量,应以图纸所示和监理人的指示为依据,按实际完成并经验收合格的砌体体积以立方米计量,为完成此项工程而进行的土石方开挖及回填种植土、砂砾垫层、砂浆勾缝、泄水孔、滤水层、沉降缝、锚固钢筋、混凝土的养护以及预制构件的移运、拼接、安装等均作为承包人应做的附属作业,不另行计量与支付。

(3)种草、三维植被网护坡、方格植草护坡、植生袋植草、骨架护坡内植草、客土喷播等应以图纸要求和所示面积为依据实施,经监理人验收的实际面积以平方米为单位在208-1项下子目中计量。整修坡面、铺设表土、三维土工网、安装植生袋、锚钉、草种(灌木籽)、草皮、苗木、植生袋、混合料、水、肥料、土壤稳定剂等(含运输)及其相关作业均作为承包人应做的附属工作,不另行计量。

(4)三维植被网护坡,根据图纸所示,按照实际完成并经监理人检验合格,按三维植被网垫的面积以平方米为单位计量。计价中包括网垫铺设、锚钉、砌石、培土、包边等一切与此相关的作业。

2.支付

按上述规定计量,经监理人验收的列入工程量清单的以下支付子目的工程量,每一计量单位,将以合同单价支付。此项支付已包括材料、劳力、设备、运输等及其他为完成防护工程所必需的一切费用,是对完成工程的全部偿付。

删除本小节第3条,以下文代之:

3. 支付子目

子　目　号	子 目 名 称	单　　位
208-1	植物护坡	
-a	种草	m^2
-b	三维植被网护坡	m^2
-c	客土喷播	m^2
-d	方格植草护坡	m^2
-e	打穴植草	m^2
-f	植生袋植草	m^2
-g	骨架护坡内植草	m^2
208-3	浆砌片石护坡	
-a	M…级拱形骨架护坡	m^3
-b	M…级方格护坡	m^3
-c	M…级脚墙	m^3
208-4	预制混凝土块护坡	
-a	预制空心砖护坡	m^3
-b	拱形骨架护坡	
-b. 1	C…混凝土拱形骨架护坡	m^3
-d	预制六棱砖护坡	m^3
208-5	护面墙	
-a	M…浆砌片石实体式护面墙	m^3
-b	M…浆砌片石窗孔式护面墙	m^3

第209节　挡　土　墙

209.03　一般要求

删除本小节第8条,以下文代之:

8. 承包人应按现行《公路桥涵施工技术规范》(JTG/T F50)的要求加强水泥混凝土、水泥砂浆的养护管理。

增加本小节第9、10条,内容如下:

9. 挡土墙砌筑用砂浆应采用能够准确计量砂浆配合比中各类材料质量的强制式拌和机集中拌和,砂浆应保持适宜的和易性和流动性,且应随拌随用,已初凝的砂浆应予废弃。

10. 挡土墙工程和路线纵断面泄水孔数量、位置及排水坡度应与设计图纸相符,并应结合实际适当调整增加。同排泄水孔位置应和路线纵断面在一个坡位上,间距一致,上下排错开安设,坡度向外、孔底平顺、孔内无堵塞,不允许有倒坡现象。

209.04 施工要求

删除本小节第1条,以下文代之:

1.一般规定

除应按现行《公路路基施工技术规范》(JTG F10)、《公路桥涵施工技术规范》(JTG/T F50)有关规定外,还应符合以下要求:

(1)承包人应熟悉图纸,根据工地特点、工期要求及施工条件,编制实施性施工组织,制订人员、设备投入计划,在施工前28d报监理人,经监理人批准后,方可开始施工。

(2)挡土墙砌筑时应制作断面样板挂线,外面线应顺直整齐,逐层收坡,内面线应大致顺适。在砌筑过程中应经常校正断面样板,以保证砌体各部尺寸符合图纸要求,整体线形顺适美观。

(3)挡土墙基础直接置于天然地基上时,应经监理人检验同意后,方可开始砌筑。当有渗透水时,应及时排除,避免基础在砂浆初凝前受水浸害。

(4)挡土墙基础设置在基岩上,应清除表面风化层,并做成向内倾斜的台阶形。

(5)砌筑基础的第一层时,如基底为基岩或混凝土基础,应先将其表面清洗、湿润,然后坐浆砌筑。砌体应分层坐浆砌筑,砌筑上层时,不应振动下层。砌筑工作中断恢复施工时,应将砌层表面加以清扫和湿润。砌体砌筑完成后,应进行勾缝。

(6)工作段的分段位置应在伸缩缝和沉降缝之处,各段水平缝应一致;分段砌筑时,相邻段的高差不应超过1.2m。

(7)挡土墙基坑的开挖和回填应符合图纸和本规范第404节的要求。挡墙的墙背回填与挡墙墙体施工应同步进行,一般墙体不应高于回填面50cm。墙后填料应在砌体砂浆强度达到设计强度的85%后,再逐层回填夯实,在距墙背0.5~1.0m范围以内,不宜用重型振动压路机碾压,回填碾压的密实度应符合第204节的有关规定。挡土墙的基坑外侧应及时回填,并做成3%的外倾斜坡。

(8)浆砌片(块)石浸水挡土墙常水位以下部分应按照图纸要求及第215节河道防护的有关规定进行。

(9)严禁使用薄片状片石大面向外砌筑。

(10)伸缩缝与沉降缝内两侧壁应竖直、平齐,无搭叠;除非设计另有规定,承包人在进行圬工砌筑施工中,每砌筑1.0m高,应用浸沥青麻絮将伸缩缝或沉降缝填塞密实。

(11)防水层、泄水孔,应按合图纸规定或按监理人的指示设置,泄水孔应采用PVC管,按2%的外倾坡度预埋,管口应采用透水土工布包裹,并堆积适量洁净的碎石作为反滤层,确保排水畅通。

(12)原设计设置护坦的路段,挡墙施工完成后,应与发包人、监理人、设计单位现场核查河道冲洪积物粒径组成、护坦宽度后再行施工。

(13)砌筑片石和块石时,应错缝搭接砌筑,不得形成竖向通缝。

增加本小节第3~5条,内容如下:

3. 浆砌块石挡土墙

(1)石块应平砌,并根据墙高进行分层配料,每层石料高度大致齐平。外圈定位行列和镶面石,应丁顺相间或二顺一丁排列,砌缝宽度不超过 3cm。上下层竖缝错开距离不得小于 8cm,不得在丁石的上下方布设竖缝。

(2)砌体里层平缝宽度不应大于 3cm,竖缝宽度不应大于 4cm。用小石子混凝土砌筑时,缝宽不应大于 5cm。

4. 浆砌片石挡土墙

(1)外圈定位行列和转角石,应选择形状较方正,尺寸较大的片石,并长短相间地与里层砌块交接。

(2)较大的片石应使用于下层,安砌时应选取形状及尺寸较为合适的砌块,尖锐突出部分应敲除。竖缝较宽时,应在砂浆中塞以小石块,不得在石块下面用高于砂浆砌缝的小石片支垫。

(3)砌缝宽度一般不应大于 4cm,用小石子混凝土砌筑时,缝宽应为 3 ~ 7cm。

5. 挡土墙钢筋混凝土承台及桩基应符合图纸及本规范第 400 章的有关规定。

删除本小节,以下文代之:

209.06　计量与支付

1. 计量

(1)浆砌片(块)石和混凝土挡土墙(仰斜式路肩墙、衡重式路肩墙、仰斜式路堤墙及挡土墙等)工程应以图纸所示或监理人的指示为依据,按实际完成并经监理人验收合格的数量、分别按砂浆等级以立方米计量。基底处理垫层按完成数量以立方米计量。基坑开挖等有关作业均作为砌体施工的附属工作,不另行计量与支付。对于基坑回填,原地面以上的墙背填方,在路基填方中计量,填缝材料、砂浆勾缝、泄水孔及其滤水层,因基坑开挖而造成的回填作为砌体施工的附属工作,不另行计量与支付。

(2)混凝土挡土墙墙身、承台、挡墙顶护栏基础应以图纸所示或监理人的指示为依据,按实际完成并经监理人验收合格的数量、分别按混凝土等级以立方米计量。为此所做的脚手架或支架及模板、排水设施、防水处理,混凝土的、浇筑、养生、表面修整以及各种预埋件等,均作为相应混凝土的工程的附属工作,不另行计量。

(3)挡土墙基础(包括承台和桩基础)钢筋应以图纸所示或监理人的指示为依据,按实际完成并经监理人验收合格的数量、按类别划分,分别以千克为单位计量。钢筋及钢筋骨架用的铁丝、钢板、套筒、焊接、钢筋垫块或其他固定钢筋的材料,以及钢筋的防锈、截取、弯曲、场内运输、安装等,作为钢筋工程的附属工作,不另行计量。

(4)镀锌铁丝石笼以设计图纸为依据,按实际完成并经监理工程师验收合格数量以立方米为单位计量。计价中包括石料、铁丝等及加工的相关费用。

(5)基坑的开挖、运输与回填,嵌缝材料、砂浆勾缝、泄水孔、沉降缝、伸缩缝及其滤水层、脚手架或支架及模板、临时排水设施、防水处理,混凝土的浇筑、养护、表面修整以及各种预埋件等有关作业及材料,均作为承包人应做的附属工作,不另行计量与支付。

2. 支付

按上述规定计量，经监理人验收的列入工程量清单的以下支付子目的工程量，每一计量单位，将以合同单价支付。此项支付已包括了材料、劳力、设备、运输等及其他为完成防护工程所必需的一切费用，是对完成工程的全部偿付。

3. 支付子目

子目号	子目名称	单位
209-1	砌体挡土墙	
-a	M…浆砌片石挡土墙	m^3
-b	C…片石混凝土挡土墙	m^3
-c	挡土墙基础垫层	
-c. 1	灰土垫层	m^3
-c. 2	水稳砂砾垫层	m^3
-c. 3	压填卵、片石	m^3
209-3	混凝土挡土墙	
-a	C…混凝土	m^3
-b	钢筋	
-b. 1	光圆钢筋	kg
-b. 2	带肋钢筋	kg
-c	砂砾垫层	m^3
209-4	镀锌铁丝石笼	m^3

第 213 节　预应力锚索边坡加固

213. 05　计量与支付

1. 计量

删除本小节第 1 条第(1)款，以下文代之：

(1)预应力锚索长度按图纸要求，经监理人验收合格后，以米为单位计量。预留工作长度及定位支架钢筋作为附属工作，不单独计量与支付。

增加本小节第 1 条第(5)款，内容如下：

(5)锚固板钢筋应按图纸要求，经监理人验收合格的数量、按钢筋类别分别以千克为单位计量。钢筋及钢筋骨架加工用的铁丝、焊接或其他固定钢筋的材料，以及钢筋的防锈、截取、弯曲、场内运输、安装等，作为钢筋加工的附属工作，不另行计量。

删除本小节第 2、3 条，以下文代之：

2. 支付

按上述规定计量，经监理人验收的列入工程量清单的以下支付子目的工程量，每一计量单位，将以合同单价支付。此项支付已包括了材料、劳力、设备、运输等及其他为完成预应力锚索加固工程所必需的一切费用，是对完成工程的全部偿付。

3.支付子目

子 目 号	子 目 名 称	单　　位
213-1	预应力锚索（按钢绞线规格、束数和长度分列子目）	m
213-2	C…混凝土锚固板	m^3
213-3	光圆钢筋（HPB300）	kg
213-4	带肋钢筋（HRB335、HRB400）	kg

第214节　抗 滑 桩

214.03　施工要求

3.开挖

增加本小节第3条第（5）、（6）款，内容如下：

（5）开挖顺序应根据设计要求采取间隔开挖，不得连续开挖。

（6）桩组上或桩间支挡结构以及与桩相邻的挡土、排水、防渗等设施均应按设计要求与抗滑桩加强连接，配套完成。

删除本小节第8条，以下文代之：

8.承包人应按现行《公路桥涵施工技术规范》（JTG/T F50）的要求加强水泥混凝土、水泥砂浆的养护管理。

214.04　质量检验

1.基本要求

增加本小节第1条第（5）、（6）款，内容如下：

（5）混凝土所用的水泥、砂、石和外掺剂的质量和规格，应符合设计和有关规范的要求，按规定的配合比施工。

（6）施工中应核对滑动面位置，加强对滑体位移计变形情况的监控量测；发现异常应及时报告监理工程师并采取必要措施。

214.05　计量与支付

1.计量

删除本小节第1条第（4）款，以下文代之：

（4）桩位平整及桩身挖孔土石方工程、临时排水、滑体位移及变形观测等相关工作均作为附属工作,不另计量,费用含入相关工程报价中。

增加本小节第 1 条第(5)款,内容如下:

(5)抗滑桩桩间挡土墙、滑体范围内的永久性截排水设施等,按图纸规定及监理人验收的实际数量,在第 207、209 节相关子目中计量。

删除本小节第 3 条,以下文代之:

3. 支付子目

子 目 号	子 目 名 称	单 位
214-1	混凝土抗滑桩	
-a	…m × …m,C…混凝土抗滑桩	m
-b	光圆钢筋(HPB300)	kg
-c	带肋钢筋(HRB335、HRB400)	kg
214-2	桩板式抗滑挡墙	
-a	C…混凝土挡土板	m^3
-b	光圆钢筋(HPB300)	kg
-c	带肋钢筋(HRB335、HRB400)	kg

第 215 节　河 道 防 护

215.05　计量与支付

1. 计量

增加本小节第 1 条第(3)款,内容如下:

(3)铁丝石笼按图纸所示和监理人的指示,按实际完成并经监理人验收合格的数量以立方米为单位在 215-6 子目中计量。

删除本小节第 3 条,以下文代之:

3. 支付子目

子 目 号	子 目 名 称	单 位
215-1	浆砌片石河床铺砌(M…)	m^3
215-2	浆砌片石顺坝(M…)	m^3
215-3	浆砌片石丁坝(M…)	m^3
215-4	浆砌片石调水坝(M…)	m^3
215-5	浆砌片石锥坡(M…)	m^3
215-6	铁丝石笼	m^3

本章增加第 216 ~ 218 节。

第 216 节 柔性主动防护网

216.01 范围

本节工作内容为柔性主动防护系统的施工及有关的作业。

216.02 材料

1. 钢丝绳网。柔性主动防护网的钢丝绳采用 ϕ8mm 钢丝绳编制，钢丝绳应符合现行《制绳用钢丝》(YB/T 5343) 的要求，钢丝绳的镀锌量应符合《制绳用钢丝》(YB/T 5343—2009) 的表 6 中 B 类镀锌钢丝绳的要求。

2. 钢丝绳锚杆。宜选用双股形式的不小于 ϕ16mm 的钢丝绳锚杆，其长度不应小于 2m。

3. 缝合绳。柔性主动防护网的缝合绳宜选用不小于 ϕ8mm 钢丝绳，钢丝绳应符合现行《制绳用钢丝》(YB/T 5343) 的要求。

4. 支撑绳。柔性主动防护网的横向支撑绳宜选用不小于 ϕ16mm 的钢丝绳，纵向支撑绳宜选用不小于 ϕ12mm 的钢丝绳，设置双层钢丝绳网的区域纵横支撑绳宜选用不小于 ϕ16mm 的钢丝绳，钢丝绳应符合现行《制绳用钢丝》(YB/T 5343) 的要求。

216.03 施工要求

1. 清坡。当坡面上特别是施工人员的活动范围内存在浮土或浮石时，对可能因施工活动引起崩塌、滚落而威胁施工安全的浮土或浮石，应清除或就地临时处理。对坡面上存在发生崩塌可能性很大的危石，若危石的崩落可能带来系统的大量维护工作需要甚至超过系统的防护能力，应对其进行适当的加固处理或予以事先清除。

2. 放线。放线测量应根据地形条件确定锚杆孔位（孔间距应有 0.3m 的调整量），并在每一孔位处凿深度不小于锚杆外露环套长度的凹坑。

3. 基础施工。按设计深度钻凿锚杆孔并清孔，孔深应比设计锚杆长度长 5cm 以上，孔径应不小于 ϕ42mm；当受凿岩设备限制时，构成每根锚杆的两股钢绳可分别锚入两个孔径不小于 ϕ35mm 的锚孔内，形成人字形锚杆，两股钢绳间夹角为 15° ~ 30°。

4. 锚杆安装。对直接成孔的锚杆位置，锚杆应采用灌注砂浆方式进行安装，对采用混凝土基础的地方，锚杆一般在浇筑基础混凝土的同时直接埋设。注浆并插入锚杆（锚杆外露环套顶端不能高出地表，且环套段不能注浆，以确保支撑绳张拉后尽可能紧贴地表），采用不低于 M20 的水泥砂浆。孔内应确保浆液饱满，在进行下一道工序前注浆体养护应不少于3天。

5.支撑绳安装与调试。支撑绳张拉紧后,两端应各用2~4个(支撑绳长度小于15m时为2个,大于30m时为4个,其间为3个)绳卡与锚杆外露环套固定连接。

6.格栅的铺挂。从上向下铺挂格栅网,格栅网间重叠宽度应不小于5cm,两张格栅网间的缝合以及格栅网与支撑绳间用ϕ1.2mm铁丝按1m间距进行扎结。

7.从上向下铺设钢绳网并缝合,每张钢绳网均用一根长约31m(或27m)的缝合绳与四周支撑绳进行缝合并预张拉,缝合绳两端用两个绳卡与网绳进行固定联结。

8.系统安装完毕后,应用土或小石块将平铺在地面上的格栅压住,避免落石将格栅向上掀起。

216.04　质量检验

所有五金和标准件按相关的标准进行检验。主要构件质量检测方法可参照现行《公路边坡柔性防护系统》(JT/T 528)的相关规定执行。

216.05　计量与支付

1.计量

(1)柔性主动防护网工程应以图纸所示和监理人的指示为依据,按实际完成并经监理人验收合格的防护面积以平方米为单位计量。

(2)锚孔的钻孔、锚杆的制作和安装、锚孔的注浆、铺设格栅、安装锚垫板以及清坡、放坡、墙背回填、防排水设置、锚杆的抗拔力试验及钢筋绑扎、钢丝绳的施工铺设等,均作为完成柔性防护网所必需的工作,不另行计量。

2.支付

按上述规定计量,经监理人验收并列入工程量清单的一下支付子目的工程量,其每一计量单位将以合同单价支付,此项支付包括材料、劳力、设备、运输、试验等及其他为完成本项工程所必需的费用,是对完成工程的全部偿付。

3.支付子目

子目号	子目名称	单　位
216	主动防护网	
216-1	SNS主动柔性防护网	m^2

第217节　锚杆框架梁防护

217.01　范围

本节工作内容为高边坡路段锚杆框架梁防护施工及其有关的全部作业。

217.02　材料

参见部颁范本第 210.02 条相关规定。

217.03　施工要求

参见部颁范本第 210.03 条相关规定。

增加第 1 条第(17)款,内容如下:

(17)框架梁施工前应对边坡进行整修,禁止出现框架梁悬空或表面高低起伏不平等现象,同时应先施工框架梁支护边墙。框架梁应按照图纸要求分片施工,整体浇筑、一次完成,相邻两片框架梁之间应按照设计要求设置变形缝,并应确保框架梁混凝土与基岩面紧密结合,框架梁梁面整齐、平顺、自然、美观,确保支护效果。框架内应按照设计要求进行填充,并与梁面齐平。

217.04　质量检验

参见部颁范本第 210.04 条相关规定。

217.05　计量与支付

1. 计量

(1)锚杆框架梁防护工程应以图纸所示和监理人指示为依据,按实际完成并经验收合格的数量,现浇框架梁混凝土以立方米为单位计量;浆砌片石以立方米为单位计量;框架梁钢筋以千克为单位计量;锚杆以米为单位计量。

(2)为完成此项工程而进行的开挖以及锚杆制作、钻孔、清孔、灌注、水泥砂浆拌和以及放线、墙背回填等均为锚杆框架梁防护工程的附属作业,不另行计量。

2. 支付

按上述规定计量,经监理人验收并列入工程量清单的以下支付子目的工程量,其每一计量单位将以合同单价支付,此项支付包括材料、劳力、设备、运输、试验等及其他为完成本项工程所必需的费用,是对完成工程的全部偿付。

3. 支付子目

子　目　号	子 目 名 称	单　　位
217-1	锚杆框架梁防护	
-a	C…混凝土现浇框架梁	m^3
-b	M…浆砌片石	m^3
217-2	锚杆(Ⅱ级)	kg
217-3	钢筋	
-a	光圆钢筋(HPB300)	kg
-b	带肋钢筋(HRB335、HRB400)	kg

第 218 节　取、弃土场的处理

218.01　范围

本节工作内容为路基借方、路基弃方相关作业。

218.02　施工要求

1. 取土施工要求

(1)施工取土应满足第 203 节有关土方、石方的开挖要求。

(2)承包人在有借方的路段开工前至少 28d,应对设计指定的取土场进行详细调查,充分论证是否可行,并提出开挖、调运施工方案,报监理人批准。该方案包括:挖方数量、调运方案、借方位置、坡脚加固处理、排水系统的布置以及有关的计划安排等,并附有施工单位与当地政府就借方临时占地所达成的协议。监理人批准的借方施工方案,施工单位必须报当地有关政府部门书面批准后方可施工,未经批准的借土施工方案不得施工。

(3)当借土场的位置、借方数量、施工方案等有更改时,必须在更改前不少于 14d 将更改方案报发包人及当地有关政府部门批准后方可实施。

(4)对于施工取土,要做好计划,开采的同时要做好整修,尽可能减少对耕地的影响。

(5)应选择合理的施工取土方法,不得掏空取土,确保人员、机械、设备安全。

(6)取土场开挖前应进行清理,移除表土及非适用材料。地表清理物应有专门的场地用以处置,不得随意丢弃。对于剥离的表层土,应予以保存,既可用于其他地面的土地改良,也可用于沿线受破坏土地的恢复。在表层土的再利用之前,应有专门的场地用于堆置和保存,并配置相应的防雨和排水设施。

(7)取土场边坡应符合设计要求,在取土过程中应确保边坡稳定,无安全隐患。不得对附近的建筑物产生干扰和损坏。

(8)承包人应保证取土场开挖后不致有碍周围区域的自然排水,也不增加对天然排水系统的冲刷。

(9)取土和运输过程中不得损害周边环境和原有道路。若有发生,承包人应采取措施予以恢复或修补。

(10)取土完毕后,承包人应对取土场的地面及边坡进行修整、复耕或覆土,并及时进行必要的绿化及防护。

2. 弃土施工要求

(1)承包人在有弃方的路段开工前至少 28d,应对设计指定的弃土场进行详细调查,充分论证是否可行,并提出开挖、调运施工方案,报监理人批准。该方案包括:挖方及弃方的数量、调运方案、弃方位置及其堆放形式、坡脚加固处理、排水系统的布置以及有关的计划安排等，并附有施工单位与当地政府就弃方临时占地所达成的协议。发包人批准的弃方施工方案，施工单位必须报当地有关政府部门书面批准，并报请业主备案后方可施工，未经批准的弃土施工方案不得施工。

（2）当弃土场的位置、堆放形式或施工方案等有更改时，必须在更改前不少于 14d 将更改方案报发包人及当地有关政府部门批准后方可实施。

（3）弃土之前应铲除地表腐殖土，并集中堆放，弃土结束后将清表土回填，以利于造田复耕。弃土堆应堆置整齐、稳定，排水畅通，避免对土堆周围的建筑物、排水及其他任何设施产生干扰或损坏，避免对环境造成污染。否则，因此而引起的一切后果，应由承包人自费处理。

（4）沿线弃土场设置应符合设计图纸要求。弃土不得占用耕地，不得影响排洪、通航，不得加剧河岸冲刷。不得向水库、湖泊、岩溶漏斗、水源保护区及暗河口处弃土。禁止在贴近桥墩台、涵洞口处弃土。

（5）弃方运输过程中可能会引起扬尘或沿路散落等，应做好覆盖防护，降低运输过程中对沿线土壤和植被的不良影响。弃方运输应设计好合适的运输路线，若必须经过村庄、学校等敏感区域时，应适当调整运输时间，避免交通噪声干扰居民生活。

（6）弃土应按环保、水保要求进行分层摊铺、碾压，且应按图纸要求及时完成弃土场的结构防护、排水工程。还应按照本规范的有关技术要求对弃土场进行还耕，且最表层覆盖土厚度不小于 30cm，需还耕的弃土场表层覆土厚度不小于 50cm，以保障生态环境不受破坏。

（7）弃渣应堆放在当地水保部门批准的指定位置，弃渣时先修建挡渣墙、拦渣堤及相应排水工程，然后从低处向高处分层堆放，经压实后再堆弃上层。弃渣结束后对渣面土地整治，再恢复植被或农用地。

（8）弃土场应设置在荒地，不得占用耕地，不影响周边公共设施、工业企业、居民点等的安全，尽量减少毁坏植被、侵占农田，选择在支沟有利地形并不得阻塞原有排水系统或污染水体等。按照少占农田，避开大汇水面积沟道，尽量不用河滩地，置于公路视线之外的要求，选址符合水保要求。

（9）拦渣坝压实度不小于 92%。

（10）剥离的表土集中堆放后，表面用纤维苫盖，待弃土场成型后，及时运至弃土场，进行摊铺并满足复耕要求。

（11）截水沟和排水沟开挖的位置、断面尺寸和沟底纵坡应符合图纸或发包人的要求。当其需要铺砌时，应按图纸或发包人的指示，增加开挖深度和宽度。

（12）截水沟应从下游向上游开挖。截水沟通过地面坑凹处时，应将凹处填平夯实。截水沟开挖后，应及时进行防渗处理，不得渗漏、积水和冲刷边坡。

（13）弃土（石）场位置的确定应符合环境保护和水土保持的相关要求。弃土堆边坡稳定，坡脚有防护，表面平整，坡度、覆土及绿化符合要求。边沟、截水沟和排水沟的开挖和施工便道交叉时，应及时采取措施，保证施工车辆的通行。防护及排水工程符合相关章节要求。

218.03 质量检验

1. 弃方检查项目及检验标准,见表218-1。

弃方实测项目　　表218-1

检查项目		规定值或允许偏差	检查方法和频率
压实度(%)	拦渣坝	92	按JTG F80/1—2004附录B检查,密度法:每200m每压实层测4处

2. 弃土(石)场位置的确定应符合环境保护和水土保持的相关要求。弃土堆边坡稳定,坡脚有防护,表面平整,坡度、覆土及绿化符合要求。边沟、截水沟和排水沟的开挖和施工便道交叉时,应及时采取措施,保证施工车辆的通行。防护及排水工程符合相关章节要求。

3. 截水沟、排水沟的施工质量应符合第207节的相关规定。

4. 护坡的施工质量应符合第208节的相关规定。

5. 取土完毕后,承包人应自费对取土场的地面及边坡进行修整、复耕或覆土,并及时进行必要的绿化及防护。

218.04 计量与支付

1. 计量

(1)拦渣坝圬工和混凝土数量以立方米计量。

(2)弃土的碾压、整平不单独计量。

(3)排水沟、截水沟、护坡、挡墙在第207、208节进行计量。

(4)撒播草籽、种植乔木在第703、704节进行计量。

(5)取、弃土场的复耕土,按经发包人核准的实际工程量,以立方米计量,计价中包括复耕土的资源使用费、运输、摊平等一切与此有关的费用。

2. 支付

按上述规定计量,经发包人验收并列入工程量清单的以下支付子目的工程量,每一计量单位,将以合同单价支付。此项支付包括材料、劳力、设备、运输等及其为完成此项工程所必需的全部费用。

3. 支付子目

子目号	子目名称	单位
218-1	取、弃土场的处理	
-a	拦渣坝	
-a.1	C…混凝土	m^3
-a.2	浆砌片石	m^3
-b	复耕土	m^3

第 300 章　路　　面

第301节　通　　则

301.01　范围

本章工作内容包括在已完成并经监理人验收合格的路床上铺筑各种底基层、基层和面层；路面及中央分隔带排水施工；培土路肩、中央分隔带回填及路缘石设置，以及修筑路面附属设施等有关的作业。

301.02　材料

删除本小节第5条，以下文代之：

5.沥青

沥青材料应为道路石油沥青、乳化沥青、改性乳化沥青、改性沥青、橡胶沥青等，沥青材料质量应符合现行《公路沥青路面施工技术规范》(JTG F40)相关要求。每一批沥青材料都应有厂家的技术标准、试验分析证明书，并提交监理人审核。沥青材料供货人由发包人招标确定，但不免除承包人对材料质量的检查、验收的义务和责任。

301.03　一般要求

删除本小节第1条，以下文代之：

1.路面施工应符合现行《公路路面基层施工技术细则》(JTG/T F20)、《公路沥青路面施工技术规范》(JTG F40)、《水泥混凝土路面施工技术细则》(JTG/T F30)、《陕西省沥青路面车辙防治指导意见》、《陕西省公路建设工程质量工作指导意见》相关要求。

增加本小节第6条，内容如下：

6.路面小型预制构件(集水槽盖板、路缘石、集水沟、路肩加固预制块等)应按照标准化、工厂化生产模式进行预制。预制时应按照混凝土集中拌和，大型振捣台集中振捣，大棚内自动喷淋洒水保湿养生，成品构件分类打包、预制、存放。小型预制构件混凝土配合比设计时应掺加15%～20%的粉煤灰，同时，模具采用塑钢模具，以保证混凝土外观质量。

301.04　材料的取样和试验

本小节增加内容如下：

承包人应配合发包人采取的各种质量控制措施，必要时发包人将委托有能力的第三方单位对沥青供应、沥青改性、混合料生产进行质量监控等。

第302节　垫　　层

302.05　计量支付

删除本小节第3条,以下文代之:

3. 支付子目

子目号	子目名称	单位
302-1	碎石垫层	
-a	厚…mm	m^2
302-2	砂砾垫层	
-a	厚…mm	m^2
302-3	水泥稳定土垫层	
-a	厚…mm	m^2
302-4	石灰稳定土垫层	
-a	厚…mm	m^2

第303节　石灰稳定土底基层

303.04　施工要求

删除本小节第1条第(1)款,以下文代之:

石灰稳定土应符合现行《公路路面基层施工施工技术细则》(JTG/T F20)有关规定。

删除本小节第2条。

删除本小节第6条,以下文代之:

石灰稳定土应在施工现场每天进行一次或每2 000m^2取样一次,并按现行《公路工程无机结合料稳定材料试验规程》(JTG E51)标准方法进行混合料的含水率、石灰含量和无侧限抗压强度试验;在已完成的下承层上按现行《公路路基路面现场测试规程》(JTG E60)规定进行压实度试验,每作业段或不超过2 000m^2检查6次以上。所有试验结果,均报监理人审批,所发生的一切费用,由承包人自负。

删除第 304 节,以下文代之:

第 304 节　水泥稳定土底基层、基层

304.01　范围

本节工作内容是在完成并经监理人验收合格的路基或垫层上,铺筑水泥稳定碎石底基层或在底基层上铺筑水泥稳定碎石基层,包括所需的设备、劳力和材料,以及施工、试验等全部作业。

304.02　材料

1. 水泥

(1)水泥应符合国家技术标准的要求,初凝时间应大于 4h,终凝时间应大于 6h。宜采用普通硅酸盐水泥、矿渣硅酸盐水泥和火山灰质硅酸盐水泥,禁止使用快硬水泥、早强水泥及受潮变质水泥。

(2)采用散装水泥时,水泥出炉后应停放 7d 以上,且安定性检测合格后才能使用。

2. 集料

(1)集料按粒径分为 A 料 19 ~ 37.5mm、B 料 9.5 ~ 19mm、C 料 4.75 ~ 9.5mm 和 D 料 0 ~ 4.75mm(石屑)四种规格,并应按表 304-1 的规定生产和使用。

集料的颗粒组成范围　　表 304-1

项次	料号	规格(mm)	通过下列筛孔尺寸(mm)的质量百分率(%)								
			37.5	31.5	19	16	9.5	4.75	2.36	0.6	0.075
1	A 料	19.0 ~ 37.5	100	70 ~ 90	0 ~ 15	0 ~ 5	—	—	—	—	—
2	B 料	9.5 ~ 19.0	—	100	80 ~ 100	—	0 ~ 15	0 ~ 5	—	—	—
3	C 料	4.75 ~ 9.5	—	—	—	100	80 ~ 100	0 ~ 10	0 ~ 5		
4	D 料	0 ~ 4.75	—	—	—	—	100	90 ~ 100	—	30 ~ 50	10 ~ 20

(2)粗集料应采用由硬质岩石加工成的碎石;粗集料生产过程中二次破碎禁止采用颚式破碎机,并应符合表 304-2 的规定。

粗集料技术要求　　表 304-2

项次	项　目	表观密度(t/m³)	压碎值(%)	针片状含量(%)	
				粒径 <9.5mm	粒径≥9.5mm
1	技术要求	≥2.6	≤25	≤15	≤20

(3)细集料应洁净、干燥、无风化、无杂质,并应符合表 304-3 的规定。

细集料技术要求　　表 304-3

项　　次	项　　目	表观密度(t/m^3)	砂当量(%)	含泥量(%)
1	技术要求	≥2.5	≥50	≤3

3. 水

(1)采用无污染水或饮用水。

(2)遇到可疑水源,应按表 304-4 进行检测,合格后方可使用。

水 技 术 要 求　　表 304-4

项　　次	项　　目	pH　　值	SO_4^{2-} 含量(mg/mm^3)	含盐量(mg/mm^3)
1	技术要求	≥4	<0.002 7	≤0.005

304.03　混合料组成设计

1. 一般规定

(1)采用的垂直振动击实仪应符合《垂直振动法水泥稳定碎石设计施工技术规范》(DB61/T 529—2011)附录 A 的规定。

(2)采用《垂直振动法水泥稳定碎石设计施工技术规范》(DB61/T 529—2011)附录 B 方法确定水泥稳定碎石最大干密度和最佳含水率。

(3)采用《垂直振动法水泥稳定碎石设计施工技术规范》(DB61/T 529—2011)附录 C 方法成型水泥稳定碎石圆柱体试件。

(4)承包人应在(底)基层试验路段开工前至少 28d,将拟用的原材料样品委托具有 CMA 资质且经监理人确认的合格试验室,按规定要求进行原材料试验和混合料配合比设计,所发生的费用均由承包人承担。

2. 配合比设计技术要求

(1)矿料级配

水泥稳定碎石矿料级配应符合表 304-5 的规定。

水泥稳定碎石矿料级配　　表 304-5

项次	层　　位	通过下列筛孔尺寸(mm)的质量百分率(%)							
		37.5	31.5	19	9.5	4.75	2.36	0.6	0.075
1	(底)基层	100	88 ~ 100	58 ~ 70	38 ~ 46	28 ~ 36	20 ~ 28	8 ~ 16	3 ~ 6

(2)压实度和强度

水泥稳定碎石压实度、7d 龄期劈裂强度及无侧限抗压强度代表值应符合表 304-6 的规定。

水泥稳定碎石压实度、强度及水泥剂量要求　　表 304-6

项次	层　位	压实度(%)	7d 强度代表值(MPa) 水泥稳定石灰岩碎石		水泥剂量(%)	
			劈裂强度	抗压强度	最小值	最大值
1	基层	≥98	≥0.65	≥7.0	3.5	4.0
2	底基层	≥97	≥0.60	≥6.5	3.0	3.5

(3)水泥剂量

水泥剂量应符合表 304-6 的规定。

3. 室内配合比设计

(1)根据工地实际使用集料的筛分结果和表 304-5 矿料级配的要求,确定各规格集料之间比例。

(2)分别按下列五种水泥剂量配制同一种矿料级配、不同水泥剂量的混合料:

底基层:2.5%,3.0%,3.5%,4.0%,4.5%

基　层:3.0%,3.5%,4.0%,4.5%,5.0%

(3)采用《垂直振动法水泥稳定碎石设计施工技术规范》(DB61/T 529—2011)附录 B 方法确定各水泥剂量混合料最大干密度和最佳含水率。

(4)按表 304-6 中规定压实度分别计算不同水泥剂量混合料试件应有的干密度。按计算的干密度和最佳含水率,按照《垂直振动法水泥稳定碎石设计施工技术规范》(DB61/T 529—2011)附录 C 方法成型不同水泥剂量混合料圆柱体试件,每组试件不小于 9 个。

(5)试件放入温度 20℃ ±2℃、相对湿度在 95% 以上标养室内养生 6d,取出后浸于 20℃ ±2℃恒温水槽中,并使水面高出试件顶部,浸水时间为 24h。

(6)将浸水 24h 的试件取出,用软布吸去试件表面的水分,量高称重后,立即进行无侧限抗压强度试验和劈裂强度试验,并按下式计算强度代表值:

$$R_{0.95} = \overline{R}(1 - 1.645C_v)$$

或

$$R_{0.95} = \overline{R} - 1.645 \cdot S$$

式中:$R_{0.95}$——保证率 95% 的强度代表值(MPa);

$\overline{R}$——该组试件强度的平均值(MPa);

C_v——该组试件强度的变异系数(%);

S——该组试件强度的标准差(MPa)。

(7)根据表 304-6 的要求,确定水泥剂量。若达不到要求,重新调整配合比或更换原材料。

(8)通过上述方法确定混合料矿料级配、水泥剂量和最大干密度、最佳含水率;并通过试验确定延迟时间,施工允许延迟时间不应超过混合料强度延迟时间。

4. 施工配合比确定

(1)室内配合比应通过稳定土拌和机实际拌和检验和不小于试验段的验证。根据摊铺、碾压以及 7d 的现场芯样情况,确定施工配合比。

(2)视拌和设备水泥剂量控制精度,结合施工中原材料变化和施工变异性等因素,工地实际采用水泥剂量可增加 0 ~0.5%。

(3)每天开盘前,应检测原材料级配及天然含水率,验证混合料配合比准确性及稳定性。拌和混合料含水率应不超过最佳含水率值 +0.5%,并确保碾压时混合料含水率等于或略大于最佳含水率。

304.04 施工要求

1.一般规定

(1)施工前,结合垂直振动法水泥稳定碎石设计与施工特点,建设单位应组织设计、施工、监理等单位进行技术交底,施工单位应进行施工组织设计,施工、监理人员应培训后上岗。

(2)下承层验收合格后,方可以进行上结构层施工。

(3)正式开工之前,应铺筑不小于500m的试验段,确定施工工艺和质量控制要求。

(4)应采用流水作业法施工,使各工序紧密衔接,尽量缩短从拌和到碾压终了之间的延迟时间。延迟时间不应超过水泥初凝时间,否则混合料应予以废弃。

2.混合料拌和

(1)拌和设备要求

a.稳定土拌和机额定产量应不小于650t/h;且需安装动态质量远程监控系统。

b.进料斗应不少于6个,料斗间加设高度不小于50cm的隔板以防窜料。

c.至少配置2个容量80~100t水泥罐,罐仓内应配有水泥破拱器,以防水泥起拱停流。

d.料斗、罐仓应装配高精度电子动态计量器,加水量使用高精度流量计控制。

(2)拌和机实际产量应不超过额定产量的85%,并保证实际出料能力应超过实际摊铺能力的10%~15%。

(3)拌和前,应先调试和标定所用设备,确保配合比符合设计要求。原材料发生变化时,应重新调试和标定设备。

(4)每天开始拌和前,应检查集料的含水率,计算当天的实际用水量。高温作业时,早晚与中午的拌和含水率要有区别,要按温度变化及时调整含水率,保持现场摊铺碾压含水率接近最佳含水率。

(5)每天出料时,检查配合比是否符合设计要求。施工过程中按规定频率抽检配合比。

(6)装车时车辆应前后移动,分3次装料,减少粗细集料离析。

3.混合料运输

(1)运输车辆数量、运输能力应满足资格预审文件最低要求和拌和出料与摊铺需要。

(2)运输车上的水泥稳定碎石混合料应覆盖,减少水分损失。

(3)运输车辆须做到专车专用,严禁与拉土车、沥青混合料运输车混用。

4.混合料摊铺

(1)混合料摊铺采用摊铺机摊铺,严禁使用平地机;摊铺机应具有良好的抗离析能力,新旧程度不宜低于80%。

(2)为防止水泥稳定碎石混合料离析,应对摊铺机采取下列措施:

a.螺旋分料器不应安装在高位。

b.应采取措施降低前挡板刮板离地高度,如设塑料或橡胶挡板等。

c. 前挡板刮板两端安装塑料或橡胶挡板等,以防止两端混合料自由滚落,减少离析。

(3)摊铺准备工作:

a. 严格控制基层高程和厚度,保证路拱横坡度满足设计要求。

b. 下承层洒水湿润后,对无机结合料稳定类表面还应机械撒布水泥浆,水泥用量宜为 1.0kg/m^2。

c. 基层施工应采用钢模板控制宽度,模板边部不易压实,应灌注水泥浆防止塌边。

(4)摊铺要求:

a. 采用梯队流水作业模式,相邻两台摊铺机前后间距为 3 ~ 5m。

b. 摊铺速度宜控制在 1 ~ 1.5m/min 之间,且尽量匀速、不停歇地摊铺;若因故中断 2h 以上,应设置横向接缝。

c. 螺旋分料器应匀速不间歇地旋转送料,且全部埋入混合料中。

d. 螺旋分料器转速应与摊铺速度相适应,保证两边缘料位充足。

e. 摊铺机应开启振动器和夯锤。振动器振动频率应不低于 30Hz,夯锤冲击频率应不低于 20Hz。

5. 碾压

(1)12t 以上双钢轮压路机不少于 1 台,26t 以上轮胎压路机不少于 2 台,20t 以上单钢轮振动压路机数量应足够,确保与拌和、摊铺能力相匹配。压实设备新旧程度应为 80% 以上。

(2)直线段碾压时,压路机应从外侧向路中心碾压;平曲线有超高路段,由低侧向高侧、自内向外碾压。

(3)碾压方案可参见表 304-7,每遍重叠 1/2 轮宽。最终碾压程序与工艺应通过试验路段确定。

碾 压 方 案　　表 304-7

项次	阶段	压路机类型及组合	碾压速度(km/h)	工 艺 要 求	遍　数
1	初压	轮胎压路机 + 双钢轮压路机	1.5 ~ 3	紧跟摊铺机,轮胎压路机在前,双钢轮压路机在后	不少于 2 遍
2	复压	振动压路机	1.8 ~ 3	先弱振 1 遍,再强振不低于 4 遍,最后弱振 1 遍	不少于 6 遍
3	终压	轮胎压路机或与双钢轮压路机组合	1.5 ~ 3	以弥合表面微裂纹、松散以及消除轮迹为停压标准	

(4)碾压作业应在水泥初凝前完成,并达到规定压实度,基层表面无明显轮迹和微裂纹,否则,应进行返工处理。

(5)压路机需安装施工机械动态质量远程监控系统。

6. 接缝处理

(1)摊铺时应连续不中断作业,若遇下列情况应设置横向施工缝:

a. 因故中断时间超过 2h,则应设横缝。

b. 每天收工后，第二天开工的接头断面应设置横缝。

c. 通过桥涵特别是明涵、通道，在其两边应设置横缝，且基层横缝应与桥头搭板尾端吻合。

d. 两作业段的衔接处，应当将已成型端切割挖成一个垂直的横断面，并用木板垫至虚铺高度，摊铺机就位再摊铺新的混合料。

(2) 横缝应与路中心线垂直设置。

7. 养生与交通管制

(1) 每一作业段碾压完成且检测合格后，(底) 基层表面应及时采用透水土工布覆盖保湿养生。

(2) 水泥稳定碎石保湿养生一般不少于 7d，工程进度许可的情况下，尽量在养生 14d 后铺筑上结构层。若上结构层不能及时铺筑，则应保持 (底) 基层表面湿润时间不少于 21d。

(3) 养生用洒水车应采用喷雾式喷头，严禁采用高压式喷管，以免破坏 (底) 基层结构。

(4) 养生期间，应封闭交通。养生结束后应实行交通管制，并尽量使车辆轮迹横向均匀分布地行驶。

304.05 质量检验

1. 一般要求

(1) 水泥剂量采用滴定法检测，要求拌和出料后立即取样并在 10min 内送达工地试验室进行滴定试验。同时，应记录每天实际水泥用量、集料用量和实际工程量，计算日均水泥剂量。

(2) 基层裂缝采用聚酯土工布处理：灌缝并洒完透层油后，在裂缝两侧各 50cm 范围内洒 SBR 黏层油并铺上聚酯土工布，压实后再洒一层 SBR 黏层油使土工布完全浸透。要求采用聚酯土工布单位面积质量不小于 $450g/m^2$。

2. 施工过程质量检查

施工单位应按表 304-8 和表 304-9 要求对原材料、混合料、施工质量及外形尺寸进行自检，监理人按所列频率的 20% 进行抽检。

质量检验项目和频率 表 304-8

项次	名　称	检查项目	质 量 标 准	频　　率
1	集料	含水率	确定天然含水率和拌和加水量	每天拌和前测 2 个样品；
		级配	符合表 304-1 要求	每天测 2 个样品； 发现异常时，随时检测
		表观密度	符合表 304-2 和表 304-3 要求	材料组成设计时测 2 个样品； 碎石种类变化时测 2 个样品； 发现异常时，随时检测
		针片状	符合表 304-2 要求	
		压碎值	符合表 304-2 要求	

续上表

项次	名　称	检查项目	质 量 标 准	频　率
2	水泥	强度	符合国家技术标准	材料组成设计时测 2 个样品；厂家或强度等级变化时重测
		凝结时间	初凝时间 >4h，终凝时间 >6h	
		安定性	符合国家技术标准	
3	混合料	级配	符合表 304-5 要求	每天检测 1 次；异常时，随时检测
		水泥剂量	设计水泥剂量 +0.5%	每天检测 1 次，至少 6 个样品
		含水率	碾压时不超过最佳含水率 +0.5%	每天检测 1 次；发现异常时随时检测
		均匀性	无粗细集料离析现象	随时检测
4	施工质量	压实度	符合表 304-6 要求	每作业段或每测 6 次以上
		强度	符合表 304-6 要求	每作业段或每测一组 9 个试件

外形检查项目、频率和质量标准　　表 304-9

项次	检 查 项 目		质 量 标 准		频　率
			底基层	基层	
1	纵断高程(mm)		+5，-15	+5，-10	每 200m 测 4 个断面
2	宽度(mm)		符合设计要求	符合设计要求	每 200m 测 4 个断面
3	横坡(%)		±0.3	±0.3	每 200m 测 4 个断面
4	平整度(mm)	最大间隙	12	8	每 200m 测 2 处，每处连续 10 尺
		标准差	—	3.0	连续式平整度仪
5	厚度(mm)	代表值	-10	-8	每 200m 每车道测 1 点
		合格值	-25	-15	

3. 交工验收

(1)基本要求

a. 集料应符合本规范要求。

b. 水泥剂量和矿料级配应符合设计要求。

c. 混合料应在最佳含水率状态下碾压至规定的压实度。从加水拌和到碾压终了的时间不得超过水泥初凝时间。

d. 检测合格后，应立即覆盖保湿养生，养生应符合本规范要求。

e. 养生至第 7d 后进行取芯检查，芯样应完整。

(2)实测项目

实测项目见表 304-10。

(3)外观鉴定

a. 表面平整密实、无坑洼、无明显离析。

b. 施工接茬平整、顺适。

水泥稳定碎石底基层和基层实测项目 表 304-10

项次	检查项目		规定值或允许偏差		检查方法和频率
			底基层	基层	
1	压实度(%)	代表值	97	98	按 JTG F80/1—2004 附录 B 检查,每 200m 每车道 2 处
		极值	93	94	
2	平整度(mm)		≤12	≤8	3m 直尺,每 200m 测 2 处 ×10 尺
3	纵断高程(mm)		+5,-15	+5,-10	水准仪,每 200m 测 4 个断面
4	宽度(mm)		符合设计要求		尺量,每 200m 测 4 处
5	厚度(mm)	代表值	-10	-8	按 JTG F80/1—2004 附录 H 检查,每 200m 每车道 1 点
		合格值	-25	-15	
6	横坡(%)		±0.3	±0.3	水准仪,每 200m 测 4 个断面
7	强度(MPa)		符合设计要求		按 JTG F80/1—2004 附录 G 检查

304.06 计量与支付

1. 计量

(1)水泥稳定碎石底基层、基层按图纸所示和监理人指示铺筑,经监理人验收合格的面积,按不同厚度以平方米计量。

(2)对个别特殊形状的面积,应采用经监理人批准的计算方法计量。除监理人另有指示外,超出图纸所规定的计算面积或体积均不予计量。

(3)新旧路拼宽段措施费用由发包人估定,费用中包括与既有公路拼接施工所产生的干扰、补偿、协调费,以及为保证正常施工安全而设置的临时防护设施,在 204-3 子目中计量与支付。

2. 支付

(1)费用的支付,主要包括以下内容:

a. 承包人提供工程所需的材料、机具、设备和劳力等。

b. 原材料的检验、混合料设计与试验,以及经监理人批准的按规范所要求的试验路段的全部作业。

c. 铺筑前对下承层的检查、清扫和洒布水泥浆、材料的拌和、运输、摊铺、压实、整型、养护及所用的土工布和砂袋等。

d. 质量检验所要求的检测、取样及试验等工作。

(2)按上述规定计量,经监理人验收并列入工程量清单的以下支付子目的工程量,其每一计量单位将以合同单价支付。此项支付包括一切为完成本工程所需要的全部费用。

3. 支付子目

子目号	子目名称	单位
304-1	水泥稳定土底基层	
-a	…%水泥稳定碎石底基层(厚…mm)	m^2

续上表

子目号	子目名称	单位
304-3	水泥稳定土基层	
-a	…%水泥稳定碎石基层(厚…mm)	m^2
304-4	新旧路拼宽段措施费(暂估价)	总额

第 305 节　石灰粉煤灰稳定土底基层、基层

删除第 305.01 小节,以下文代之:

305.01　范围

本节工作内容是在已完成并经监理人验收合格的垫层或路床上,铺筑石灰粉煤灰稳定土底基层;或在底基层上铺筑石灰粉煤灰稳定土基层。它包括所需的设备、劳力和材料以及施工、试验等全部作业。

305.02　材料

删除本小节第 1、4 条,以下文代之:

1. 石灰

石灰质量应符合《公路路面基层施工技术细则》(JTG/T F20—2015)中第 4.2.2 条规定的Ⅱ级消石灰或Ⅱ级生石灰以上的技术标准。消解好的石灰存放时间应为 7～10d。消石灰应采用机械过筛法,通过 1cm 的筛孔,消石灰使用前应满足Ⅱ级消石灰的要求。

4. 水

路面基层与底基层用水和养护用水,一般采用人畜能饮用的水,若采用其他用水时,应符合下列要求:

(1)硫酸盐含量应不小于 2.7mg/cm^3。

(2)含盐量应不超过 5mg/cm^3。

(3)pH 值应不小于 4。

删除本小节 305-2 表,以下表代之:

石灰、粉煤灰稳定碎石混合料中集料的颗粒组成范围　　表 305-2

项次	结构层	通过下列方筛孔(mm)的质量百分率(%)									
		37.5	31.5	26.5	19	9.5	4.75	2.36	1.18	0.6	0.075
1	底基层	100	90～100		72～90	48～68	30～50	18～38	10～27	6～20	0～7
2	基层		100	95～100	48～68	24～34	11～21	6～16	2～12	0～6	0～3

305.04 施工要求

删除本小节第3条。

305.05 质量检验

增加本小节第4条,内容如下:

4. 石灰粉煤灰稳定碎石基层7d浸水抗压强度不小于0.8MPa,石灰粉煤灰稳定土底基层7d浸水抗压强度不小于0.6MPa。

305.06 计量与支付

删除本小节第1、3条,以下文代之:

1. 计量

石灰粉煤灰稳定土底基层、基层应按图纸和监理人指示铺筑,并经监理人验收的面积,按不同厚度以平方米计量。任何地段的长度应沿路幅中线水平量测。对个别不规则形状,应采用经监理人批准的计算方法计量。除监理人另有指示,超过图纸规定的面积,均不予计量。

3. 支付子目

子目号	子目名称	单位
305-1	石灰粉煤灰稳定土底基层	
-a	厚…mm	m^2
305-3	石灰粉煤灰稳定土基层	
-a	厚…mm	m^2

第307节 沥青稳定碎石下面层(ATB)

删除第307.01小节,以下文代之:

307.01 范围

本节工作内容为在完成的路面底基层上铺筑沥青碎石下面层,包括所需的设备、劳力和材料,以及施工、试验等全部作业。

307.02 材料

删除本小节第1、2条,以下文代之:

1. 粗集料

(1)粗集料应洁净、干燥、表面粗糙、形状接近立方体,且无风化、无杂质,并有足够的强度。应选用反击式破碎机加工的碎石,禁止采用颚式破碎单机加工的碎石。

(2)同种石质尽可能采用同型号破碎设备生产的碎石。堆料场应硬化,并按要求搭设防风防雨棚存放,进场后应进行各项指标检验,粗集料应隔离堆放。

(3)稳定碎石基层的粗集料必需满足表 307-1 的质量要求,级配符合规范要求,且应满足表 307-2 的允许偏差。

(4)沥青与集料的黏附性不低于 4 级,否则,应掺加抗剥落剂。

ATB-30 下面层粗集料检测项目及技术要求　　表 307-1

项次	指　　标	规范值	要求值	试 验 方 法
		ATB-30 下面层		
1	集料视密度(g/cm^3)	≥2.5		T 0304
2	集料压碎值(%)	≤28	≤23	T 0316
3	坚固性(%)	≤12		T 0314
4	洛杉矶磨耗损失(%)	≤30	≤28	T 0317
5	集料吸水率(%)	≤3.0	≤2.5	T 0304
6	针片状含量(%)(混合料)	≤18	—	T 0312
7	其中粒径大于 9.5mm(%)	≤15	≤10	
8	其中粒径小于 9.5mm(%)	≤20	≤14	
9	磨光值(PSV)	—	—	T 0321
10	含 2 个或多个破裂面的颗粒(%)	>90		T 0346
11	与沥青的黏附性(级)	≥3	≥4	T 0616
12	水洗法 <0.075mm 颗粒含量(%)	≤1		T 0310
13	软石含量(%)	<5	<3	T 0320

粗集料的颗粒组成的允许偏差范围　　表 307-2

项次	筛孔尺寸(mm)	26.5	19.0	16.0	13.2	9.5	4.75
1	颗粒组成的允许偏差(%)	±10	±10	±8	±8	±5	±5

2. 细集料

(1)沥青稳定碎石应采用机制砂,机制砂应采用与粗集料相同料源的碎石轧制而成,级配满足表 307-3。

(2)机制砂应与粗集料为相同母岩,应洁净、干燥、无风化、无杂物,且有适当的颗粒级配,同时要求与沥青有良好的黏附能力;应按要求搭设防风防雨棚存放。

(3)细集料堆放时应严密覆盖。

(4)细集料的技术要求见表 307-4。

机制砂通过各筛孔的质量百分率(%) 表 307-3

项次	规格	公称粒径(mm)	9.5	4.75	2.36	1.18	0.6	0.3	0.15	0.075
1	S15	0~5	100	90~100	60~90	40~75	20~55	7~40	2~20	0~10
2	S16	0~3	—	100	80~100	50~80	25~60	8~45	0~25	0~15

细集料检测项目及技术要求 表 307-4

项次	项目	单位	技术要求	试验方法
1	表观相对密度	—	≥2.5	T 0328
2	含泥量(小于0.075mm的含量)	%	≤3	T 0333
3	砂当量	%	≥60	T 0334
4	亚甲蓝值	g/kg	≤25	T 0349
5	坚固性(>0.3mm部分)	%	≤12	T 0340
6	棱角性(流动时间)	s	≥30	T 0345

3. 填料

(1)沥青混合料的填料应采用石灰岩或岩浆岩中的强基性岩石等憎水性石料经磨细得到的矿粉,原石料中不得含有泥土等杂质。

(2)矿粉要求干燥、洁净、能自由地从矿粉仓流出,不得使用回收粉。严格控制0.075mm以下料含量,其允许偏差为±1%。矿粉掺配时,采用粉胶比进行控制,沥青混合料的粉胶比宜控制在0.6~1.6之间。

(3)填料应采用专用磨细设备(雷蒙磨或球磨机)进行现场加工。

(4)填料的技术要求见表307-5。

填料检测项目及技术要求 表 307-5

项次	项目		单位	规范值	试验方法
1	表观密度		t/m^3	≥2.5	T 0352—2000
2	亲水系数		—	<1	T 0353—2000
3	外观		—	无团粒结块	目测
4	塑性指数		%	<4	T 0354—2000
5	含水率		%	≤1.0	T 0354—2000
6	加热安定性		—	实测记录	T 0355—2000
7	粒度范围	<0.6mm	%	100	T 0351—2000
		<0.15mm	%	90~100	
		<0.075mm	%	75~100	

(5)经监理人批准,采用水泥、石灰等作为填料时,其用量不宜超过集料总量的2%。

4. 沥青

(1)运到现场的每批沥青都应附有制造厂的证明和出厂试验报告,并说明装运数量、装运日期、订货数量等。

(2)应采用A-70号沥青,其技术指标见本规范第318节有关要求。

(3)承包人应于施工开始前28d将拟用的沥青样品和上述证明、试验报告提交监理人检验、批准。除监理人另有指示外,承包人不得在施工中以其他沥青替代。在沥青到达施工现场时,应对每车沥青留3份样品,每份样品不少于2kg,并填写留样单。样品和留样单一直保存至竣工验收。

(4)进场沥青每批都应重新进行取样和试验。取样和试验应符合现行《公路工程沥青及沥青混合料试验规程》(JTG E20)的规定。

(5)不同生产厂家、不同标号的沥青应分开存放,不得混杂。沥青存放应有防水措施。

删除第307.03小节,以下文代之:

307.03　沥青稳定碎石ATB-30混合料组成设计

1. ATB-30混合料应采用大马歇尔试验方法进行设计。

2. 承包人应按目标配合设计、生产配合比设计、生产配合比验证三个阶段进行沥青混合料的配合比设计。配合比设计的各个阶段都应进行大马歇尔试验。其混合料的矿料级配范围应满足表307-6的要求。

ATB-30混合料的矿料级配范围　表307-6

项次	级配类型	通过下列筛孔(mm)的质量百分率(%)													
		37.5	31.5	26.5	19	16	13.2	9.5	4.75	2.36	1.18	0.6	0.3	0.15	0.075
1	ATB-30	100	90~100	70~90	53~72	44~66	39~60	31~51	20~40	15~32	10~25	8~18	5~14	3~10	2~6

3. ATB-30的最大理论密度应采用真空实测法,毛体积密度应采用表干法测定。

4. ATB-30混合料大马歇尔试验技术要求见表307-7。沥青碎石混合料中的有效沥青膜厚度宜不小于5μm。必要时应增加混合料的室内渗水试验、水稳定性试验、车辙试验和低温弯曲试验。

ATB-30混合料大马歇尔试验技术要求　表307-7

项次	试验指标	单位	大马歇尔试验	
1	公称最大粒径	mm	≥31.5	
2	试件尺寸	mm	ϕ152.4×95.3	
3	击实次数(双面)	次	112	
4	空隙率VV	%	3~6	
5	沥青饱和度VFA	%	55~70	
6	矿料间隙率VMA	%	设计空隙率(%)	ATB-30
			4	11.5
			5	12.5
			6	13.5
7	稳定度　不小于	kN	15	

续上表

项次	试 验 指 标		单位	大马歇尔试验
8	流值	不大于	mm	实测
9	浸水马歇尔残留稳定度比	大于	%	80
10	冻融劈裂强度比	大于	%	75
11	低温弯曲		με	实测
12	动稳定度		次/mm	1 500

5. 承包人应在28d前向监理人提交拟用的沥青混合料级配、沥青结合料用量及沥青混合料稳定度、流值、空隙率、动稳定度、残留稳定度等各项技术指标做出书面详细说明。在承包人提交目标配合比未经监理人批准前，不得进入生产配合比设计。

6. 如果承包人建议改变料源时，应在材料生产前，将新的目标配合比设计报告监理人审批。审批新的工地拌和料级配时应进行试验，每一次评价至少需要14d时间。由于变更料源而产生的相关费用均由承包人承担。

7. 沥青混合料获得批复之前，不得进行下一步工序。未经监理人认可，不得更改批准的沥青混合料配合比和原材料品种。

删除第307.04小节，以下文代之：

307.04 施工要求

1. 施工准备

(1)沥青稳定碎石施工前，承包人应铺筑长度不少于200m的试验段，并做好各项原始数据的记录、整理，验证施工方案。试验段资料应经监理人员验收合格后方可开始铺筑，试验段应分为试拌和试铺两个阶段，通过试验段应确定以下内容：

a. 确定适宜的施工机械，确定机械数量及组合方式。

b. 通过试拌确定拌和机操作方式，验证沥青混合料的配合比设计和技术性质，确定生产用的配合比和油石比。

c. 通过试铺确定摊铺机的操作方式，压路机的选择、组合，以及压实温度、顺序、速度、遍数等参数。

d. 通过试铺确定混合料的松铺系数及施工缝的处理方法。

e. 通过试铺全面检查材料及施工质量是否符合要求，根据试验结果编制试验报告。试验报告应附所有原始数据记录数据。

(2)承包人应根据工程具体情况及试验段试验报告编制沥青稳定碎石ATB-30面层施工组织设计，报请监理人批准。

(3)承包人应按照批准的施工组织设计进行沥青稳定碎石施工。

2. 施工设备

(1)沥青拌和设备

a. 拌和设备应是能按用量(以质量计)分批配料的间歇式拌和机，其生产能力应不小

于 320t/h,并满足以下要求:

(a)拌和机的计量系统、温控系统及沥青加入量控制系统应通过严格的标定校核,各系统的误差应在容许误差之内。路面施工承包人应向发包人和监理人出具机械设备的配套情况、技术性能、传感器计量精度的检查、标定报告。

(b)拌和机应配有计算机自动打印设备,能逐盘打印集料和沥青加热温度、混合料拌和温度、材料用量和每盘混合料质量等。沥青拌和机应安装动态质量监控系统(黑匣子)。

(c)集尘装置具有二级除尘设备,粉尘一律不准回收利用。定期检查及清理除尘管道和布袋,以防堵塞。

(d)拌和站应配置一个 180t 以上的成品储料仓,储料仓应具有良好的保温性能。

(e)每个 4000 型沥青拌和楼应配备 9 个以上的沥青罐,容量不小于 450t,具备保温储存和加热功能;改性沥青储罐应配备搅拌装置,确保改性沥青处于搅拌状态。

b. 拌和设备在安装完成后应按批准的配合比进行试拌调试,直到符合要求。沥青混合料指标偏差值应符合表 307-8 的规定。

沥青混合料指标允许偏差　　表 307-8

项次	项　　目	与规定值的容许偏差
1	4.75mm 及以上筛孔通过率	±4%
2	2.36mm 通过率筛孔的集料	±3%
3	0.075mm 通过率	±1%
4	油石比	±0.3%
5	马歇尔空隙率	±0.5%
6	沥青饱和度	±3%

(2)运料设备

a. 每台运输车辆载质量不小于 25t,运料车应专车专用,严禁与拉土车、无机结合料运输车混用,车槽内不得粘有杂物。

b. 运输车应备有覆盖设备,车槽外侧面应采用保温材料包裹,车槽四角应密封坚固。

(3)摊铺设备

a. 摊铺设备应具有自动调节摊铺厚度及找平的装置,具有足够容量的受料斗,在运料车换料时能连续摊铺,并具备足够的功率推动运料车,具有可加热的振动熨平板或振动夯等初步压实装置。每个作业面应配备一台液压调整摊铺宽度的摊铺机。

b. 每个作业面应选用 2 台 ABG8820 型或性能相当的摊铺机双机联铺,两台摊铺机结构参数或运行参数应相等。

c. ATB-30 沥青混合料摊铺应使用沥青转运车。沥青转运车应为轮胎式,具备自动加热和二次拌和功能,以减少级配和温度离析。

(4)碾压设备

每个摊铺作业面压路机数量一般不宜少于 6 台,其中至少 3 台为静质量≥25t 的轮胎压路机、3 台为静质量≥11t 的双驱双振压路机,此外应配备监理人认可的小型振动压路机 1 台。

3. 沥青混合料拌和

(1)粗、细集料应分类堆放和供料,取自不同料源的集料应分开堆放。

(2)拌和时,各种矿料掺配比例不能随意调整。混合料拌和全过程中禁止手动操作。

(3)沥青与集料的加热及拌和温度见表 307-9。

沥青与集料加热及拌和温度 表 307-9

项次	沥青标号	沥青加热温度(℃)	集料温度	沥青混合料出厂温度	混合料储存温度	混合料废弃温度
			间歇式拌和机			
1	A-70 号	145 ~ 155	比沥青加热温度高 10 ~ 20℃	155 ~ 165℃	降低不超过 10℃	≥190℃

(4)ATB-30 混合料的拌和时间应以混合料拌和均匀、所有集料颗粒全部裹覆沥青为度,并经试拌确定。间歇式拌和机每锅料拌和时间不少于 40s(其中干拌时间不少于 5s)。

(5)拌和后的混合料应均匀一致,无花白料、无结团成块或严重的离析现象。

(6)材料的规格或配合比发生改变时,都应根据室内试验资料进行试拌。试拌时应抽样检查混合料的沥青用量、级配组成和有关指标,并报请监理人批准。

4. 沥青混合料运输

(1)应维护好便道,提高运输车辆行驶速度,缩短运输时间。

(2)采用 25t 以上的自卸式装料车装料,装料时车辆前后移动,分三次按"品字型"装车,以减少混合料离析。完成装料后车厢应采用帆布和棉被覆盖,混合料装车前,车周壁喷洒一层油水混合物(油:水 = 1:3),并将余液清扫干净。

(3)运料单应随运输混合料的运输车,一车一单,出厂时检测出厂温度并填写在运料单上,摊铺现场凭运料单进行验收,并检测混合料的现场温度、外观质量差,已经离析或结块的混合料应废弃。

(4)为保证施工的连续性,运输汽车的运输能力应比拌和能力及摊铺能力有所富余,开始摊铺时排在施工现场等候卸料的运输车不少于 5 辆,施工过程中摊铺前方一般安排 3 ~ 5台运输车等候卸料。

(5)运至铺筑现场的混合料应在当天或当班完成压实。

5. 沥青混合料的摊铺

(1)封层经监理人验收合格后,方可铺筑 ATB-30 下面层。

(2)对于 12cm 厚的 ATB-30 下面层,松铺系数一般为 1.2 ~ 1.3。摊铺厚度采用钢丝引导的高程控制方式。钢丝为扭绕式,直径不小于 6mm,钢丝拉力大于 800N,每 5m 设一钢丝支架。靠中央分隔带侧摊铺机在前,左侧架设钢丝,摊铺机上安装横坡仪控制摊铺层横坡;后面摊铺机右侧架设钢丝,左侧在摊铺好的层面上走"滑靴"。

(3)摊铺温度一般控制在 150 ~ 165℃之间。

(4)ATB-30 下面层应缓慢、均匀、连续不间断地摊铺,摊铺速度一般控制在 1.2 ~ 1.5m/min 之间。

(5)沥青混合料摊铺过程中随时检查摊铺层宽度、厚度、平整度、路拱及温度,对不合格之处及时进行调整。

(6)对外形不规则、厚度不同、空间受限制以及人工构造物接头等摊铺机无法工作的地方,经监理人批准可以采用人工铺筑混合料。

(7)施工过程中应设置隔风墙,长度不小于300m。

6. 沥青混合料的碾压

(1)选择合理的压路机组合方式,以达到最佳碾压效果。一般推荐采用2台双驱双振压路机初压,4台轮胎压路机复压,2台双钢轮压路机终压。路面边缘或边角等地方应采用1台小型振动压路机碾压。

(2)初压、复压、终压各道碾压工序应紧跟,不得随意停顿、掉头,应通过试验确定合理碾压段长度、碾压遍数及碾压时间。碾压段长度通常不超过60m。

(3)压路机在碾压过程中应采取有效措施,保证混合料不黏碾压轮,保持碾压轮清洁。

(4)压路机应以慢而均匀的速度碾压,压路机的碾压速度应符合表307-10规定。

压路机碾压速度(km/h) 表307-10

项次	压路机类型	初压		复压		终压	
		适宜	最大	适宜	最大	适宜	最大
1	双钢轮压路机	1.5~2	3	2.5~3.5	5	2.5~3.5	5
2	轮胎压路机	—	—	3.5~4.5	6	4~6	8
3	双钢轮振动压路机	1.5~2.5(静压或振动)	3(静压或振动)	3~4(振动)	5(振动)	2~3(静压)	5(静压)

(5)沥青混合料的碾压温度应符合表307-11要求,并应根据混合料种类、压路机、气温、层厚等情况经试压确定。初压、复压、终压应在尽可能高的温度下进行,严禁低温碾压。

压实机械组合及碾压温度 表307-11

项次	碾压流程	机械组合	碾压温度(℃)
1	初压	双钢轮压路机	120~140
2	复压	轮胎压路机	100~120
3	终压	双钢轮振动压路机	>90

(6)压路机不得在未碾压成型或未冷却的路段上转向、制动或停留。应采取有效措施防止油料、润滑脂或其他杂质在压路机操作和停放期间洒落路面。

(7)在沿着缘石或压路机压不到的其他地方,应采用振动夯板将混合料充分压实。已经完成碾压的路面不得修补表皮。

(8)待摊铺层自然冷却,混合料表面温度低于50℃后,方可开放交通。

7. 气候条件

(1)应严禁雨天施工沥青混合料,路面滞水或潮湿时,应停止施工。

(2)施工气温低于10℃时,应采取相应措施,否则,应停止摊铺热拌沥青混合料。

(3)未经压实即遭雨淋的沥青混合料应全部清除,更换新料,所发生的一切费用由承包人承担。

8. 接缝处理

(1)纵向施工缝

采用两台摊铺机成梯队联合摊铺方式的纵向接缝,应在前部已摊铺混合料部分留下10~20cm宽暂不碾压,作为后高程基准面,并有5~10cm左右的摊铺层重叠,以热接缝形式在最后作跨接碾压,以消除缝迹,上下层纵缝应错开15cm以上。

(2)横向接缝

由于横向接缝为冷接缝,处理难度较大,但处理的好与坏将直接影响路面的平整度,为此应采取以下措施:

a. 在已成型沥青层的端部,先用6m直尺检查,将平整度超过3mm的部分切去,挖除干净,并将切面上的污染物用水洗刷干净,再涂以黏层沥青,基本干后,摊铺机再就位。

b. 在熨平板开始预热前,量出接缝处沥青层的实际厚度,根据松铺系数算出松铺厚度。熨平板应预热15~20min,使接缝处原路面的温度在65℃以上。开始铺筑的速度要慢,一般为2m/min。

c. 碾压开始前,将原路面上的沥青混合料清除干净,接缝处保持线条顺直,固定1台振动压路机处理接缝,路面中间部分采用横向碾压,两侧采用纵向碾压。横压时钢轮大部分压在原路面上,逐渐移向新铺路面,前后5~6遍;纵压时应使压路机的后轮超出接缝3~6m;一般振压2遍,静压2~3遍。

9. 取样和试验

(1)沥青混合料应按现行《公路工程沥青及沥青混合料试验规程》(JTG E20)的方法取样,以测定矿料级配、沥青含量。混合料的试样每台拌和机应在每天进行1~2次取样,并按标准方法对表307-12规定项目进行检验。

(2)沥青路面施工压实质量检验采用压实度和空隙率双指标,并合理提高沥青混凝土的压实度,适当减少空隙率。

(3)施工过程中,当天沥青混合料最大理论密度以真空法试验仪测定为准。

(4)ATB-30的压实度采用试验室标准密度压实度和最大理论密度压实度同时控制,并以合格率低的压实度数据作为评定结果,不允许采用试验段密度进行控制。对ATB-30规定试验室标准密度压实度大于或等于97%。

(5)沥青路面实际空隙率控制标准根据沥青路面防止水损害的需要和压实度标准确定,ATB-30实际空隙率规定为3%~6%,极小值为3%,极大值为9%。

(6)钻芯取样填补采用水泥混凝土。

删除307.05小节,以下文代之:

307.05 质量检验

1. 基本要求

(1)沥青混合料的矿料质量及矿料级配应符合设计要求和施工规范的规定。

(2)沥青及沥青混合料的各项指标应符合图纸和施工规范要求。

(3)严格控制各种矿料和沥青用量,并严格控制各种材料和沥青混合料的加热温度。

(4)拌和后的沥青混合料应均匀一致,无花白、离析和结团成块现象。

(5)摊铺时应严格控制厚度和平整度,细致找平,要注意控制摊铺和碾压温度,碾压至要求的密实度。

(6)每施工5km沥青路面,在现场切取车辙板进行一次动稳定度检测。

(7)发包人将不定期采用多功能检测车对路面平整度和厚度进行检测,承包人应当予以配合。

2. 检查项目

ATB-30下面层检查项目及检验标准见表307-12。

检查项目及技术要求 表307-12

项次	检 查 项 目	试 验 方 法	技 术 要 求
1	厚度	T 0912	代表值为设计值的 -10%,极值为设计值的 -20%
2	松铺系数	视施工具体情况	
3	压实度	T 0922 和 T 0924	马歇尔密度≥97%,理论密度≥93%
4	平整度	T 0931	最大间隙5mm
5	油石比	抽提法	最佳油石比
6	弯沉	T 0951	设计弯沉值
7	渗水	T 0730	设计要求
8	施工温度	T 0981	符合要求
9	集料级配	生产配合比	ATB-30

3. 外观鉴定

(1)表面平整密实,无泛油、松散、裂缝、粗细集料集中等现象。

(2)表面无明显碾压轮迹。

(3)接缝紧密、平顺,烫缝不应枯焦。

(4)面层与路缘石及其他构造物衔接平顺。

(5)沥青面层内部及表面的水要排除到路面范围之外,路面无积水。

307.06 计量与支付

删除本小节第3条,以下文代之:

3. 支付子目

子 目 号	子 目 名 称	单 位
307-1	沥青稳定碎石下面层(ATB-30)	
-a	厚…mm	m^2

删除第308节,以下文代之:

第308节 透层、封层、黏层

308.01 范围

本节工作为在已建成并经监理人验收合格的基层上洒高渗透乳化沥青透层油并洒布热SBS改性沥青+同步碎石下封层,以及在两结构物之间短路基(小于60m)沥青混凝土面层与水泥混凝土板之间、桥面铺装与中面层之间设热SBS改性沥青+0.5~1cm同步碎石下封层;在沥青面层间洒布SBR改性乳化沥青黏层;它包括所需的设备、劳力和材料,以及施工、试验等全部工作。

308.02 材料

1.透层

透层施工采用沥青洒布车洒布高渗透乳化沥青。沥青为A-90号,其技术指标应符合本规范318节相关技术要求;透层油主要技术指标见表308-1。

透层油主要技术指标表 表308-1

项次	试验项目		单位	指标要求
1	离子电荷		—	阴离子
2	筛上残留物(1.18mm筛)		%	≤0.1
3	破乳速度		—	慢裂
4	道路标准黏度计黏度C25,3		s	8~20
5	蒸发残留物	残留分含量(%)	%	≥40
		针入度(25℃)0.1mm	0.1mm	50~300
		软化点	℃	≥45
		延度(15℃)	cm	≥10
6	常温储存稳定性	1d	%	≤1
		5d	%	≤5
7	渗透深度	2d以内	mm	≥5
8	性能要求	表面固结	—	手摸基本无松散细料,表面固结
		层间黏结	—	面层与基层黏结紧密,芯样完整

2.封层

(1)沥青

封层一般采用SBS改性沥青，其技术指标应符合本规范318节有关要求。

(2)集料

桥面封层碎石粒径采用5～10mm、路基段封层碎石粒径采用10～15mm集料，且应干净、干燥，采用经沥青拌和楼吸尘烘干处理后的热料。

3、黏层

黏层一般采用SBR改性乳化沥青，其技术指标应符合本规范第318节有关要求。

308.03 施工要求

1.透层

(1)基层表面准备

a.基层“镜面”打磨处理，并清扫干净，经监理人验收后，方可喷洒透层油。透层油的用量通过试洒确定，质量应符合表308-2要求。

b.在洒布透层油前2h，用洒水车将基层表面湿润。

c.洒布透层油时，采用塑料薄膜覆盖路缘石及其他结构物，防止造成污染。

(2)施工工艺

a.当气温低于10℃、有雾或下雨时，不允许施工透层。

b.高渗透乳化沥青采用专用沥青洒布车从沥青储存罐运输到施工现场。

c.洒布沥青采用沥青洒布车洒布，浇洒过量处应刮除。沥青洒布车洒不到或漏洒的地方，采用人工补洒，确保沥青洒布均匀。根据高渗透乳化沥青洒布量确定洒布汽车行驶速度，洒布时应匀速向前洒布。

d.沥青的各种输油管道、喷嘴应经常清洗、疏通，以防堵塞。

e.每车沥青开始洒布时，应在纵、横接缝处采取措施，以免沥青洒布不匀或过量洒布。高渗透乳化沥青洒布后，立即封闭交通。

f.用于半钢性基层的透层油应在基层碾压成型后表面稍变干燥，但尚未硬化的情况下喷洒；用于无机结合料粒料基层的透层油，宜在铺筑沥青层前1～2d洒布。

(3)透层的质量检测方法及标准

在透层施工过程中，应按表308-2的规定对透层进行检测。

施工过程中透层质量的检测要求 表308-2

项次	项 目	质量或允许偏差	检 测 频 度	检 验 方 法
1	沥青洒布量(kg/m^2)	0.9～1.1	2次/d	用纸板称量
2	洒布均匀性	均匀一致	随时	目测
3	距下一道工序施工间隔时间(h)	≥12	1次/d	用手表
4	渗透深度(mm)	≥5	每车道，200m 1点	钻芯，尺量

2.封层

(1)施工前的准备

a. 保证透层油有 24h 以上的渗透时间。

b. 在施工路段内设置道路施工提示标志。

c. 若透层的表面有泥土等杂物,应用空压机或压风机吹干净,并保持干燥。

d. 确定沥青、碎石、配套机具已准备就绪。

e. 施工区的结构物应加以保护,以免溅上沥青受到污染。

(2)施工工艺

a. 喷洒热 SBS 改性沥青采用电脑控制的沥青专用洒布车洒布,为保证雾状喷洒而形成均匀、等厚度的沥青膜,应保持沥青在 170~180℃的温度范围内,且喷嘴高度适宜。

b. 在喷洒 SBS 改性沥青后,应立即均匀撒布 1~1.5cm 碎石(应进行烘干除尘),撒布量经试验确定,一般为 8~12kg/m^2,覆盖率为 70%~80%,局部不均匀时采用人工辅助方法不使碎石上下重叠。

c. 同步碎石封层机应以适宜的作业速度匀速行驶,在此条件下碎石和沥青的撒(洒)布率应匹配。

d. 碎石撒布完毕后,应采用 9~16t 轮胎压路机静压 3~4 遍。静压时,压路机不得随意制动或掉头。

e. 下封层施工完成后应封闭交通养生 1d,养生期间严禁车辆在封层上行驶。

f. 对于纵向接缝,应在先施工封层一侧暂留 10~15cm 宽度不撒布碎石,待施工另一层封层时沿预留沥青边缘进行同步碎石撒布。

g. 对于横向接缝,应在接缝处放置与洒布宽度同宽的钢板,长度为 50cm,待洒布车通过后,应立即将其清扫干净。

(3)封层的质量检测方法及标准

a. 施工时要严格控制 SBS 改性沥青用量,应通过试验检测每平方米 SBS 改性沥青的用量,一般应为 1.5~1.8kg/m^2。

b. 碎石的撒布量,应该以路面不粘轮、不露黑为准。

c. 下封层碎石的撒布量应控制在批准用量 ±1kg/m^2,每 100m^3 做一次单位面积用量测算。

d. 下封层施工结束后 1d 可进行钻孔取芯,观察 SBS 改性沥青在碎石表面的粘结程度。

e. 在封层施工过程中,应按表 308-3 的规定进行检测。必要时进行拉拔与剪切试验检验。

封层的质量检测方法及标准 表 308-3

项次	项　目	质量或允许偏差	检测频率	检验方法
1	洒布量(kg/m^2)	±0.2	3 点/每施工段	纸板或金属板,电子秤
2	碎石撒布量(kg/m^2)	±1	3 点/每施工段	
3	碎石覆盖率(%)	±5	2 点/每施工段	目测
4	洒布均匀性	均匀一致	随时	目测

3. 桥面防水层

(1)水泥混凝土桥面铺装凿毛处理

a. 在铺筑下封层前,应采用专用设备对桥面进行凿毛处理,严禁采用大型铣刨机铣刨;凿毛深度应按 3 ~5mm 控制,凿除的碎屑、灰尘应清理干净,防止形成夹层。

b. 为保证桥面和防水层黏结牢靠。预制梁顶面或现浇梁板混凝土的表面应平整、粗糙、干燥、整洁,不得有尘土杂物、油污,桥面横坡应符合要求。

(2)桥面防水层施工工艺与热沥青同步碎石封层施工工艺相同。

4. 黏层

(1)施工前的准备

a. 沥青中下面层受到污染时,应进行清扫、冲洗,干燥后再施工黏层。

b. 喷洒区附近的结构物应加以保护,以免受到污染。

c. 在洒布黏层油之前,应疏通油嘴,保证透层油洒布的均匀性。

(2)施工工艺

a. 洒布黏层沥青的气温不应低于 10℃,且是稳定而上升的温度,风速适度。风大、有雾或下雨不得施工。

b. 黏层油统一使用沥青洒布车喷洒,沥青洒布量应根据下卧层的类型通过试洒确定,一般控制在 0.4 ~0.6kg/m^2 之间。喷洒时沿路基纵向匀速喷洒乳化沥青,从横向来看,应先洒布靠近中央分隔带的一个车道,由内向外,一个车道接着一个车道喷洒,下一个车道与前一个车道原则上不重叠或少重叠,但也不能漏洒,漏洒处需用人工机械喷洒设备补洒。

c. 承包人应在喷洒工作开始前通知监理人。洒油量、温度条件及洒布面积均应在洒布前获得认可。当路面潮湿时不得喷洒黏层沥青。

d. 在喷洒交接处洒布沥青时应精心控制,使之不超过批准的洒油量。喷洒超量、漏洒或少洒的地方应予以纠正。

e. 洒布车喷洒完一个车道停车后,应立即用油槽接住排油管滴下的乳化沥青,以防局部乳化沥青过多,若出现此情况时,承包人应予以清除。

f. 洒完黏层油后,严禁除混合料运输车辆外的车辆、行人通过。

g. 黏层施工时间应恰当,下一个沥青面层施工应在黏层油完全破乳且水分蒸发完后进行,但黏层的喷洒时间亦不宜过早,确保黏层不受污染。适宜的喷洒时间在下一个沥青面层施工 12 ~24h 之间。

(3)黏层的质量检测方法及标准

在黏层施工过程中,应按表 308-4 的规定对黏层进行检测。

施工过程中黏层质量的检测要求　　表 308-4

项次	项　目	质量或允许偏差	检测频度	检测方法
1	洒布量(kg/m^2)	0.3 ~0.5	2 次/d	用纸板称量
2	洒布均匀性	均匀一致	随时	目测
3	破乳时间(h)	≤4	1 次/d	计时表

308.04 计量与支付

1. 计量

删除本小节第 1 条第(1)款,以下文代之:

(1)透层、封层、黏层按图纸规定的或监理人指示的喷洒面积,经监理人验收合格,以平方米为单位计量。

删除本小节第 3 条,以下文代之:

3. 支付子目

子 目 号	子 目 名 称	单 位
308-1	透层	m^2
308-2	黏层	m^2
308-3	SBS 改性热沥青同步碎石封层	m^2
308-4	桥面 SBR 改性乳化沥青防水层	m^2
308-5	桥面 SBS 改性热沥青同步碎石封层	m^2
308-6	滑动封层	m^2
308-7	聚酯玻纤布	m^2
308-8	桥面凿毛处理	m^2

第 309 节 改性沥青混合料面层

删除本小节,以下文代之:

309.01 范围

本节工作为在已建成并经监理人验收合格的基层上,按照图纸和监理人指示铺筑 AC-13 细粒式 SBS 改性沥青混凝土、AC-16 中粒式 SBS 改性沥青混凝土、AC-20 中粒式 SBS 改性沥青混凝土、AC-20 中粒式 70 号基质沥青混凝土面层,包括所需的设备、劳力和材料,以及施工、试验等全部工作。

309.02 材料

删除本小节第 1 ~4 条,以下文代之:

1. 粗集料

(1)粗集料应洁净、干燥、表面粗糙、形状接近立方体,且无风化、无杂质,并有足够的强度、耐磨耗性。应选用反击式破碎机加工的碎石,禁止采用颚式破碎单机加工的碎石。

粗集料应采用碎石整形机进行整形,并进行水洗后方可使用。

(2)同种石质尽可能采用同型号破碎设备生产的碎石。进场后应检验粗集料各项指标,堆料场应采用混凝土硬化,隔离堆放。

(3)粗集料应满足表 309-1 的质量要求,级配应符合规范和《陕西省沥青路面车辙防治指导意见》要求,且应满足表 309-2 表中的允许范围。

(4)若石料黏附性差,应掺加抗剥落剂,使集料与沥青的黏附性达到 5 级,提高水稳性。

(5)进场前,上面层大于 5mm 的碎石应水洗洁净。

粗集料检测项目及技术要求 表 309-1

项次	指标	规范值	要求值	规范值	要求值	试验方法
		上面层		其他层次		
1	集料视密度(g/cm³)	≥2.60		≥2.5		T 0304
2	集料压碎值(%)	≤26	≤20	≤28	≤23	T 0316
3	坚固性(%)	≤12		≤12		T 0314
4	洛杉矶磨耗损失(%)	≤28		≤30		T 0317
5	集料吸水率(%)	≤2.0		≤3.0		T 0304
6	针片状含量(%)	≤15		≤18		T 0312
7	其中粒径大于 9.5mm(%)	≤12	≤10	≤15	≤10	
8	其中粒径小于 9.5mm(%)	≤18	≤12	≤20	≤14	
9	磨光值(PSV)	≥40	≥42	—	—	T 0321
10	与沥青的黏附性(级)	≥5	≥5	≥4	≥5	T 0616
11	破裂面的颗粒(%)	> 100	> 100	> 90	> 100	T 0346
12	水洗法 < 0.075mm 颗粒含量(%)	≤1		≤1		T 0310
13	软石含量(%)	≤3		≤5	≤3	T 0320

粗集料颗粒组成的允许偏差 表 309-2

项次	筛孔尺寸(mm)	26.5	19.0	16.0	13.2	9.5	4.75
1	颗粒组成的允许偏差(%)	±8	±8	±6	±6	±5	±5

2. 细集料

(1)沥青混合料应采用机制砂。

(2)机制砂应洁净、干燥、无风化、无杂质,且有适当的颗粒级配,同时要求与沥青有良好的黏附能力。

(3)机制砂采用制砂机在拌和厂加工,加工设备应搭建大棚,防止扬尘污染,原材料应为洁净的 9.5 ~ 19mm 石灰岩。

(4)细集料堆放时应搭棚存放,级配满足表 309-3。

细集料的技术要求见表 309-4。

机制砂通过各筛孔的质量百分率(%) 表 309-3

项次	规格	公称粒径(mm)	9.5	4.75	2.36	1.18	0.6	0.3	0.15	0.075
1	S15	0~5	100	90~100	60~90	40~75	20~55	7~40	2~20	0~10
2	S16	0~3	—	100	80~100	50~80	25~60	8~45	0~25	0~15

细集料检测项目及技术要求 表 309-4

项次	项　　目	单　　位	技术指标	试验方法
1	含泥量(小于0.075mm的含量)	%	≤1	T 0333
2	坚固性(>0.3mm部分)	%	≤12	T 0340
3	视密度	t/m^3	≥2.5	T 0328
4	砂当量	%	≥60	T 0334
5	亚甲蓝值	g/kg	≤25	T 0349
6	棱角性(流动时间)	s	≥30	T 0345

3.填料

(1)沥青混合料的填料应采用石灰岩或岩浆岩中的强基性岩石等憎水性石料经磨细得到的矿粉,原石料采用5~10mm石灰岩碎石,且不得含有泥土等杂质。

(2)矿粉要求干燥、洁净,能自由从矿粉仓流出,不得使用回收粉。严格控制0.075mm以下含量,其允许偏差为±1%。矿粉掺配时,应对粉胶比进行控制,公称最大粒径为13.2~19mm的密级配沥青混合料宜为0.8~1.2。

(3)填料要求采用专用磨细设备进行现场加工。

填料的技术要求见表309-5。

填料检测项目及技术要求 表 309-5

项次	项　　目		单　　位	要求值	试验方法
1	表观密度		t/m^3	≥2.5	T 0352—2000
2	亲水系数		—	<1.0	T 0353—2000
3	外观		—	无团粒结块	
4	塑性指数		%	<4	T 0354—2000
5	含水率		%	≤1.0	T 0354—2000
6	加热安定性		—	实测记录	T 0355—2000
7	粒度范围	<0.6mm	%	100	T 0351—2000
8		<0.15mm	%	90~100	
		<0.075mm	%	75~100	

4.沥青

(1)运到现场的每批基质沥青都应附有制造厂的证明和出厂试验报告,并说明装运数量、装运日期、订货数量等。

(2)SBS改性剂剂量不小于4%,必要时进行剂量抽检复验。

(3)承包人应于施工开始前28d将拟用的沥青样品和上述证明及试验报告提交监理人检验、批准。除监理人另有指示外,承包人不得在施工中以其他沥青替代。

(4)每批进场沥青都应进行取样试验,取样和试验应符合现行《公路工程沥青及沥青混合料试验规程》(JTG E20)规定。

(5)不同生产厂家、不同标号的沥青应分开存放,不得混杂。沥青存储场地应有防水措施。

5. 纤维添加剂

(1)为提高沥青混合料的抗拉、抗剪强度,对纵坡大于2.5%的长大纵坡路段、桥面上面层添加聚酯纤维,其用量为沥青混合料总用量的0.3%。纤维应强度高、不溶解、吸附性强、化学性质稳定以及分散性良好,不易结团。聚酯纤维技术指标应符合表309-6的要求。

聚酯纤维的检测项目及技术要求　　表309-6

项次	项　目	单　位	指　标　值
1	纤维长度	mm	6
2	纤维直径	0.001mm	14～20
3	抗拉强度	MPa	>900
4	最大拉伸率	%	8～12

(2)海泡石组合纤维技术指标见表309-7。

海泡石检测项目及技术要求　　表309-7

项次	项　目	指　标　值
1	纤维可视含量(≥10μm)(%)	≥15
2	纤维熔点(℃)	≥1 365
3	纤维拉伸强度(MPa)	1 050～2 100
4	水分(%)	≤2
5	pH值	6.5～8.0
6	堆积密度(kg/m^3)	≤400

309.03　沥青混凝土混合料组成设计

删除本小节第1～6条,以下文代之:

1. 沥青混凝土面层混合料应采用马歇尔试验方法进行设计。

2. 承包人应按目标配合设计、生产配合比设计、生产配合比验证三个阶段进行沥青混合料的配合比设计。配合比设计的各个阶段都应进行马歇尔试验。沥青混凝土的矿料级配范围应满足表309-8要求。

沥青混凝土的矿料级配范围 表 309-8

项次	规格	通过各个筛孔(mm)的质量百分率(%)											
		26.5	19	16	13.2	9.5	4.75	2.36	1.18	0.6	0.3	0.15	0.075
1	AC-13			100	90~100	68~85	38~68	24~50	15~38	10~28	7~20	5~15	4~8
2	AC-16		100	90~100	76~92	60~80	34~62	20~48	13~36	9~26	7~18	5~14	4~8
3	AC-20	100	95~100	82~94	71~86	55~69	35~45	25~34	15~24	12~20	8~15	6~10	4~6

3. 基质沥青最大理论密度建议采用真空实测法，改性沥青采用计算法，毛体积密度由表干法测定。

4. 混合料马歇尔试验技术要求见表 309-9。连续密级配沥青混合料的有效沥青膜厚度宜不小于 6μm，技术要求见表 309-10。

混合料马歇尔试验技术要求 表 309-9

项次	试验指标	单位		AC-13	AC-16	AC-20
1	公称最大粒径	mm		13.2	16	19
2	试件尺寸	mm		ϕ101.6×63.5		
3	击实次数(双面)	次		75		
4	空隙率 VV	%		3~5	4~6	
5	沥青饱和度 VFA	%		65~75		
6	VMA，不小于(%)	设计空隙率(%)	2	12	11.5	11
			3	13	12.5	12
			4	14	13.5	13
			5	15	14.5	14
			6	16	15.5	15
7	稳定度，不小于	kN		10		
8	流值，不大于	mm		2~4		

沥青混合料性能检验指标 表 309-10

项次	检验项目		基质沥青		改性沥青		试验方法
			规范值	要求值	规范值	要求值	
1	车辙试验动稳定度(次/mm)		≥1 000	≥2 000	≥2 800	≥5 000	T 0719
2	水稳定性	浸水马歇尔试验残留稳定度(%)	≥80	≥85	≥85	≥90	T 0709
		冻融劈裂试验残留强度比(%)	≥75	≥80	≥80	≥85	T 0729
3	低温弯曲试验坡坏应变(με)		≥2 000	≥2 000	≥2 500	≥2 500	T 0715
4	渗水系数(mL/min)		≤120	≤50	≤120	≤50	T 0730

5. 承包人应在 28d 前向监理人书面提交拟用的沥青混合料级配、沥清混合料用量及沥青混合料稳定度、流值、空隙率、动稳定度、残留稳定度等各项技术指标。在承包人提交目标配合比未经监理人批准前，不得进入生产配合比设计。

6. 当承包人建议改变料源时，应在材料生产前将新的目标配合比设计报告监理人审批,审批新的工地拌和料级配时应进行试验。由于改变料源而产生的一切费用均由承包人承担。

7. 沥青混合料未被批准前,不得进行下一步工序。

309.04　施工要求

删除本小节内容,以下文代之:

1. 施工设备

施工设备的技术要求参见本规范 307.04 小节第 2 条内容。

2. 沥青混合料的拌和

(1)粗、细集料应分类堆放和供料,不同料源的集料应分开堆放。

(2)沥青混合料拌和时,各种矿料掺配比例不能随意调整,混合料拌和过程禁止手动操作。

(3)SBS 改性沥青混合料的拌制除要求较普通沥青混凝土温度提高 10～20℃外,其他要求与普通沥青混合料的拌制区别不大。应严格按照规范、规程的要求操作。沥青与集料的加热及拌和温度见表 309-11。

沥青与集料的加热及拌和温度　　表 309-11

<table>
<tr><th rowspan="2">项次</th><th rowspan="2">沥青标号</th><th rowspan="2">沥青加热温度(℃)</th><th>集料温度(℃)</th><th rowspan="2">混合料出厂温度(℃)</th><th rowspan="2">混合料储存温度(℃)</th><th rowspan="2">混合料废弃温度(℃)</th></tr>
<tr><th>间歇式拌和机</th></tr>
<tr><td>1</td><td>A-70 号</td><td>155～165</td><td>165～180</td><td>160～165</td><td rowspan="2">储存过程温度降低不超过 10℃</td><td>出厂温度超过正常温度 30℃</td></tr>
<tr><td>2</td><td>SBS(I-C)</td><td>165～175</td><td>180～195</td><td>170～180</td><td>高于 190℃或低于 160℃</td></tr>
</table>

(4)每天开拌前应对拌和设备进行检查,特别是沥青的加热温度、集料的加热温度、混合料的温度等仪表显示数据和实际数据是否相符。

(5)热料仓和冷料仓进料应匹配,振动筛的筛孔尺寸、安整角度、筛层数量应与配合比规定的集料规格相吻合,防止待料,尽量减少溢料。每天开盘拌和时,应提高集料加热温度,干拌 2～3 锅废弃后,正式拌料。

(6)混合料拌和时间比普通沥青混合料拌和时间长 5s(每锅 30～50s,其中干拌不得少于 5s),拌和时先将集料干拌 5s 后加入沥青,然后再加入矿粉拌和。拌和完后抽样检查沥青含量和矿料级配,调整施工配合比与目标配合比偏差,使矿料级配与沥青用量达到最佳值。

(7)混合料储存仓要储存一定数量混合料,储存仓应配置自动保温设备,设置恒温保温,减少混合料温度损失。装车不能随拌随装,应一次装满一车为宜。

(8)当日拌制完成的混合料应当日铺完,严禁在储存仓储存。

(9)应严格控制沥青加热温度、集料加热温度、拌和温度、出厂温度,出厂温度高于 195℃的混合料应废弃。

(10)拌和机排放的粉尘进入地面粉尘池,集中运至监理人指定地点;粉尘清理应经监理人统计数量后,才能运走。

(11)拌和后的混合料应均匀一致,无花白料、无结团成块或严重离析现象。

(12)当材料的规格或配合比发生改变时,应根据室内试验资料进行试拌。试拌时应抽样检查混合料的沥青用量、级配组成和有关指标,并报请监理人批准。

3. 沥青混合料的运输

沥青混合料的运输要求参见本规范第 307.04 小节。

4. 沥青混合料的摊铺

(1)每个作业面采用摊铺机双机联铺。两机的距离间隔为 10m,摊铺机结构参数或运行参数应相等。

(2)摊铺厚度采用平衡梁引导的高程控制方式。钢丝为扭绕式,直径不小于 3mm,钢丝拉力大于 800N,每 5m 设一钢丝支架。靠中央分隔带侧摊铺机在前,左侧架设钢丝,摊铺机上安装横坡仪,控制摊铺层横坡;后面摊铺机右侧架设平衡梁,左侧在摊铺好的层面上走“滑靴”。

(3)摊铺温度一般控制在 160 ~ 170℃之间(普通沥青混合料控制在 140 ~ 150℃之间)。

(4)AC-20 中面层层应缓慢、均匀、连续不间断地摊铺,摊铺速度一般在 1.8 ~ 2m/min 之间。

(5)沥青混合料摊铺过程中随时检查其宽度、厚度、平整度、路拱及温度,对不合格之处应及时进行调整。

(6)对外型不规则、路面厚度不同、空间受到限制以及人工构造物接头等摊铺机无法工作的地方,经监理人批准可以采用人工铺筑混合料。

(7)桥梁和路基高程较高,与 SBS 面层黏结的一侧在边部 10cm 宽应涂刷 SBS 改性沥青。

(8)在桥面施工沥青铺装层时,应采用适当方法对伸缩缝部位进行填塞,避免外部杂物进入梁端间隙影响梁体自由伸缩。

5. 沥青混合料的碾压

除碾压温度外,沥青混合料的碾压均参见本规范第 307.04 小节第 6 条内容。

沥青混合料的碾压温度应符合表 309-12 要求,并应根据混合料种类、压路机、气温、层厚等情况经试压确定。初压、复压、终压应在尽可能高的温度下进行,严禁低温碾压。桥面压实应使用振荡压路机碾压。

压实机械组合和碾压温度 表 309-12

项次	碾压流程	机械组合	碾压温度(℃)	
			基质沥青	改性沥青
1	初压	双钢轮压路机	>140	>150
2	复压	轮胎压路机	>120	>130
3	终压	双钢轮振动压路机	>90	>110

6. 气候条件

参见本规范 307.04 小节第 7 条内容。

7. 接缝处理

(1)纵向施工缝

参见本规范第 307.04 小节第 8 条第(1)款。

(2)横向接缝

除熨平板温度、铺筑速度外,其余均参见本规范第 307.04 小节第 8 条第(2)款。

在熨平板开始预热前,量出接缝处沥青层的实际厚度,根据松铺系数算出松铺厚度。熨平板应预热 45 ~ 60min,温度在 130℃以上。开始铺筑的速度要慢,一般为 1m/min。

8. 取样和试验

(1)沥青混合料应按现行《公路工程沥青及沥青混合料试验规程》(JTG E20)的方法取样,以测定矿料级配、沥青含量。混合料的试样每台拌和机应每天进行 1 ~ 2 次取样,并按标准方法对表 310-4 规定项目进行检验。

(2)沥青路面施工压实质量检验采用压实度和空隙率双指标,并合理提高沥青混凝土的压实度,适当减少空隙率。

(3)施工过程中,当天沥青混合料最大理论密度以真空法试验仪测定值为准。压实的沥青路面应按现行《公路路基路面现场测试规程》(JTG E60)要求的方法钻孔取样,或用无核法沥青路面密度测试仪(PQI)测定其压实度。

(4)AC-20 的压实度采用试验室标准密度压实度和最大理论密度压实度进行两方面控制,并以合格率低的作为评定结果,不允许采用试验段密度进行控制。其中,试验室标准密度压实度应不小于 98% 。

(5)沥青路面的实际空隙率是个十分重要的指标,实际空隙率控制标准根据沥青路面防止水损害的需要和压实度标准确定。

(6)所有试验结果均应报监理人审批。所发生的一切费用由承包人自理。

309.05　质量检验

1. 基本要求

增加本小节第 1 条第(5)款,内容如下:

(5)沥青及沥青混合料的各项指标应符合图纸和施工规范要求。

删除本小节第 2 条,以下文代之:

2. 检查项目

检查项目及检验标准见表 309-13、表 309-14。

中面层试验检测项目及频率　　表 309-13

项次	检 查 项 目	规定值或允许值	检查方法和频率
1	压实度	试验室标准密度的 98% ,最大理论密度的 93%	按 JTG F80/1—2004 附录 B 检查,每 200m 测 1 处
2	厚度	设计值的 8%	施工时插入法量测松铺厚度及压实厚度

续上表

项次	检查项目		规定值或允许值	检查方法和频率
3	平整度	σ(mm)	1.0	平整度仪:全线每车道连续计算 *IRI* 或 σ
		IRI(m/km)	2.0	
4	弯沉(0.01mm)		符合设计要求	按 JTG F80/1—2004 附录 I 检查
5	渗水系数		80mL/min	渗水试验仪:合格率不小于90%
6	中线平面偏位		20	经纬仪:每200m测4断面
7	纵断面高程(mm)		±15	水准仪:每200m测4断面
8	宽度(mm)		±20	尺量:每200m测4断面
9	横坡(%)		±0.3	水准仪:每200m测4处

上面层试验检测项目及频率 表309-14

项次	检查项目		规定值或允许值	检查方法和频率
1	压实度		试验室标准密度的98%,最大理论密度的93%	按 JTG F80/1—2004 附录 B 检查,每200m测1处
2	厚度		设计值的-10%	每2 000m² 单点评定
3	平整度	σ(mm)	0.8	平整度仪:全线每车道连续计算 IRI 或 σ
		IRI(m/km)	2.0	
4	弯沉(0.01mm)		符合设计要求	按 JTG F80/1—2004 附录 I 检查
5	渗水系数		80mL/min	渗水试验仪:每200m测1处
6	抗滑	摩擦系数	符合设计要求	摆式仪:每200m测1处横向力系数测定车:全线连续,按 JTG F80/1—2004 附录 K 评定
		构造深度		砂铺法:第200m测1处
7	中线平面偏位(mm)		20	经纬仪:每200m测4断面
8	纵断面高程(mm)		±15	水准仪:每200m测4断面
9	宽度(mm)		±20	尺量:每200m测4断面
10	横坡(%)		±0.3	水准仪:每200m测4处

309.06 计量与支付

删除本小节第3条,以下文代之:

3. 支付子目

子目号	子目名称	单位
309-1	细粒式沥青混凝土	
-a	厚…mm 细粒式 SBS 改性沥青混凝土(AC-13)	m²
309-2	中粒式沥青混凝土	
-a	厚…mm 中粒式沥青混凝土(AC-20)	m²
-b	厚…mm 中粒式 SBS 改性沥青混凝土(AC-20)	m²

删除第 310 节，以下文代之：

第 310 节　SMA-13 上面层

310.01　范围

本节工作为在已建成并经监理人验收合格的中面层上，按照图纸和监理人指示铺筑 SMA-13 上面层，包括所需的设备、劳力和材料，以及施工、试验等全部工作。

310.02　材料

1. 粗集料

(1) 粗集料应洁净、干燥、表面粗糙、形状接近立方体，无风化，无杂质，有足够的强度、耐磨耗性。应选用反击式破碎机加工的碎石，禁止采用颚式破碎单机加工的碎石。

(2) 同种石质尽可能采用同型号破碎设备生产的碎石。进场后粗集料应隔离堆放且堆料场应硬化，同时进行各项指标的检验。

(3) 上面层的粗集料必需满足表 310-1 的质量要求，级配符合规范要求，且应满足表 310-2 的允许偏差。

SMA 上面层粗集料质量要求　　表 310-1

指　　标	要 求 值	试 验 方 法
集料视密度(g/cm^3)	≥2.6	T 0304
集料压碎值(%)	≤15	T 0316
坚固性(%)	≤12	T 0314
洛杉矶磨耗损失(%)	≤28	T 0317
集料吸水率(%)	≤2.0	T 0304
针片状含量(%)	<10	
其中粒径大于 9.5mm(%)	≤12	
其中粒径小于 9.5mm(%)	≤18	
磨光值(PSV)	≥42	T 0321
含 2 个或多个破裂面的颗粒(%)	100	T 0346
与沥青的黏附性(级)	5	T 0616
水洗法 <0.075mm 颗粒含量(%)	≤1	T 0311
软石含量(%)	≤3	T 0320

粗集料的颗粒组成的允许偏差 表 310-2

筛孔尺寸(mm)	16.0	13.2	9.5	4.75
颗粒组成的允许偏差(%)	±8	±8	±5	±5

(4)当按现行《公路工程沥青及沥青混合料试验规程》(JTG E20)规定的方法试验时,沥青与集料的黏附性不低于5级,否则,应掺加抗剥落剂。抗剥落剂的精确比例由试验确定。

2. 细集料

(1)上面层沥青混合料应采用机制砂,不能采用天然砂。

(2)机制砂应洁净、干燥、无风化、无杂物,且有适当的颗粒级配,同时要求与沥青有良好的黏附性能。

(3)细集料堆放时应严密覆盖。

(4)机制砂应在拌和厂采用1~3cm洁净碎石加工,级配满足表310-3。

(5)细集料的技术要求见表310-4。

机制砂通过各筛孔的质量百分率(%) 表 310-3

规格	公称粒径(mm)	9.5	4.75	2.36	1.18	0.6	0.3	0.15	0.075
S14	3~5	100	90~100	0~15	—	0~3	—	—	—
S15	0~5	100	90~100	60~90	40~75	20~55	7~40	2~20	0~10
S16	0~3	—	100	80~100	50~80	25~60	8~45	0~25	0~15

细集料试验项目及技术指标 表 310-4

项　目	单　位	技术指标	试验方法
含泥量	%	≤1	T 0333
坚固性(>0.3mm 部分)	%	≤12	T 0340
视密度	t/m^3	≥2.5	T 0328

3. 填料

(1)沥青混合料所用的矿粉应采用石灰岩或岩浆岩中的强基性岩石等憎水性石料经磨制而成,石料中不得含有泥土等杂质。

(2)要求矿粉干燥、洁净、能自由地从矿粉仓流出,坚决不得使用回收粉。严格控制0.075mm以下含量,允许偏差为±1%。

(3)矿粉应采用专用磨细设备工厂化进行加工,可委托水泥厂加工,也可在拌和场安装加工设备以洁净的1~3cm碎石加工。

(4)填料的技术要求见表310-5。

填料的技术要求　　表 310-5

项　　目		单　　位	规　范　值	试 验 方 法
表观密度		t/m^3	≥2.5	T 0352
亲水系数		—	<0.8	T 0353
外观		—	无团粒结块	
塑性指数		%	<4	T 0354
含水率		%	≤1.0	T 0354
加热安定性		—	实测记录	T 0355
粒度范围	<0.6mm	%	100	T 0351
	<0.15mm	%	90 ~ 100	
	<0.075mm	%	75 ~ 100	

(5)经监理人批准,采用水泥、石灰等作为填料时,其用量不宜超过集料总量的 2% 。

4. 沥青

(1)运到现场的每批沥青都应附有制造厂的证明和出厂试验报告,并说明装运数量、装运日期、订货数量等信息。

(2)沥青混凝土上面层应采用 SBS 改性沥青(基质沥青为 A-90 号),其技术指标应符合本规范第 318 节要求。

(3)承包人应在施工开始前 28d 将拟用的沥青样品和上述证明、试验报告提交监理人检验、批准。除监理人另有指示外,承包人不得在施工中以其他沥青替代。

(4)进场沥青每批都应重新进行取样和试验。取样和试验应符合现行《公路工程沥青及沥青混合料试验规程》(JTG E20)有关规定。

(5)不同生产厂家、不同标号的沥青应分开存放,不得混杂。沥青存放应有防水措施。

5. 纤维

(1)在 SMA 上面层的沥青混合料中应掺加纤维稳定剂。纤维稳定剂宜采用颗粒状木质素纤维。由于纤维的种类和型号对 SMA 混合料的性能影响较大,应根据试验确定种类和型号,经发包人批准后方可采购。

(2)纤维应架空存放在室内或有棚盖的地方,松散纤维在运输及使用过程中应避免受潮、结团。

(3)纤维稳定剂的添加比例以沥青混合料总量的质量百分率计算,且允许误差宜不超过 ±2% 。

310.03　SMA-13 改性沥青混合料组成设计

1. SMA-13 改性沥青混合料应采用小马歇尔试验方法进行设计。

2. 承包人应按目标配合比设计、生产配合比设计、生产配合比验证三个阶段进行沥青混合料的配合比设计。

3. SMA-13 改性沥青混合料的最大理论密度采用计算法,毛体积密度由表干法测定。

4. SMA-13 混合料小马歇尔试验技术要求见表 310-6,混合料性能检验指标见表 310-7。

SMA-13 混合料马歇尔试验配合比设计技术要求表 表 310-6

项　目	单　位	技术指标	试验方法
试件尺寸	mm	ϕ101.6×63.5	T 0702
空隙率	%	3~4.5	T 0708
击实次数		双面各击 75 次	T 0702
矿料间隙率 VMA	%	16.5≤VMA≤19	T 0708
粗集料骨架间隙率 VCA_{mix}		≤VCA_{DRC}	T 0708
稳定度	kN	≥8.0	T 0709
流值	mm		T 0709
谢伦堡沥青析漏试验的结合料损失	%	≤0.1	T 0732
肯塔堡飞散试验的混合料损失或浸水飞散试验	%	≤15	T 0733

SMA-13 改性沥青混合料性能检验指标 表 310-7

检验项目		要求值	试验方法
车辙试验动稳定度(次/mm)		≥5 000	T 0719
水稳定性	浸水马歇尔试验残留稳定度(%)	≥90	T 0709
	冻融劈裂试验残留强度比(%)	≥85	T 0729
低温弯曲试验破坏应变($\mu\varepsilon$)		≥2 800	T 0715
渗水系数(mL/min)		≤50	T 0730

5. 承包人应在 28d 前向监理人书面提交拟用的沥青混合料级配、沥青结合料用量及沥青混合料稳定度、流值、空隙率、动稳定度、残留稳定度等各项技术指标。在承包人提交目标配合比未经监理人批准前,不得进行生产配合比设计。

6. 当承包人建议改变料源时,应在材料生产前将新的目标配合比设计报告监理人审批。由此而发生的费用由承包人承担。

7. 在沥青混合料被批准前,不得进行下一道工序。未经监理人认可,批准的沥青混合料配合比和原材料品种不得更改。

310.04　施工要求

1. 施工设备

参见本规范第 307.04 小节第 2 条内容。

增加本条第(1)款 b 项(f)小项,内容如下:

f)拌和站应设置纤维添加装置。

2. 沥青混合料的拌和

本条第(1)~(5)款内容参见本规范第 307.04 小节第 2 条第(1)~(5)款。

(6)拌和时间。集料进入拌锅的同时,木质纤维素在 12s 内全部添加到拌锅内,并开始干拌,18s 后,依次加入沥青、矿粉,并拌和 40 ~ 45s,生产周期为 70 ~ 75s。拌和完成后抽样检查沥青含量和矿料级配,调整施工配合比与目标配合比间的偏差,对混和料进行取样试验,使矿料级配与沥青用量达到最佳值,确定沥青混合料的标准密度。工地试验室的马歇尔试验每天至少做一次(试件数量不少于 6 个),并对混合料的外观进行检查。沥青混合料的拌制时间以混合料拌和均匀,所有矿料颗料包括矿料充分烘干全部裹覆沥青结合料为准。

本条第(7) ~ (12)款内容参见本规范第 307.04 小节第 2 条第(7) ~ (12)款。

3. 沥青混合料运输

参见本规范第 307.04 小节第 4 条。

4. 沥青混合料的摊铺

(1)在中面层经监理人验收合格后,方可铺筑 SMA-13 上面层。

(2)每个作业面选用 3 台 ABG525 型或性能相当的摊铺机联机作业。

(3)沥青混合料由运料车将倒入转运车内并经充分拌和后,方可输入摊铺机受料斗。

(4)路面厚度及平整度一律用不小于 15m 的浮动基准梁自动找平装置或无接触自动找平装置来自动控制。自动找平装置要严格按照规程安装,安装误差不超过允许误差。

(5)摊铺机在摊铺时,应缓慢、均匀、连续不间断地摊铺,摊铺速度从摊铺开始至摊铺结束恒定。摊铺过程中不得随意变换速度或中途停顿。

(6)摊铺温度一般控制在 165 ~ 175℃之间。

(7)SMA-13 上面层应缓慢、均匀、连续不间断地摊铺,摊铺速度一般为 1 ~ 2m/min。

(8)摊铺过程中应随时检查宽度、厚度、平整度、路拱及温度,对不合格之处应及时进行调整。

(9)对外形不规则、路面厚度不同、空间受限以及人工构造物接头等摊铺机无法工作的地方,经监理人批准可以采用人工铺筑混合料。

5. 沥青混合料的碾压

本条第(1) ~ (3)款内容参见本规范第 307.04 小节第 6 条第(1) ~ (3)款。

(4)压路机碾压速度应均匀,碾压速度应符合表 310-8 规定。

压路机碾压速度(km/h)　　表 310-8

压路机类型	初压		复压		终压	
	适宜	最大	适宜	最大	适宜	最大
钢轮式压路机	1.5 ~ 2	3	2.5 ~ 3.5	5	2.5 ~ 3.5	5
振动压路机	1.5 ~ 2.5 (静压或振动)	3 (静压或振动)	3 ~ 4 (振动)	5 (振动)	2 ~ 3 (静压)	5 (静压)

(5)沥青混合料的碾压温度应符合表 310-9 要求,并应根据混合料种类、压路机、气温、层厚等情况经试压确定。初压、复压、终压应在尽可能高的温度下进行,严禁低温碾压。

压实机械组合和碾压温度　　表 310-9

碾压流程	机械组合	碾压温度(℃)
初压	11t 双钢轮压路机	≥150
复压	11t 双钢轮压路机	≥140
终压	13t 双钢轮压路机	>120

本条第(6)~(8)款内容参见本规范第 307.04 小节第 6 条第(6)~(8)款。

6. 气候条件

参见本规范第 307.04 小节第 7 条内容。

7. 接缝处理

参见本规范第 309.04 小节第 7 款内容。

8. 取样和试验

(1)沥青混合料应按现行《公路工程沥青及沥青混合料试验规程》(JTG E20)的方法取样,以测定矿料级配、沥青含量。混合料的试样每台拌和机应每天进行 1~2 次取样,并按标准方法对表 311-4 规定项目进行检验。

(2)沥青路面施工压实质量采用压实度和空隙率双指标检验。

(3)SMA-13 的压实度采用实验室标准密度压实度和最大理论密度压实度双指标进行控制,并以合格率低的作为评定结果。

(4)SMA-13 实际空隙率宜为 4%~6%,极小值 3%,极大值 8%。

(5)所有试验结果均应报监理人审批。

310.05 质量检验

1. 基本要求

参见本规范第 309.04 小节第 1 条内容。

2. 检查项目

SMA-13 上面层检查项目及检验标准见表 310-10。

上面层试验检测项目及频率　　表 310-10

项次	检查项目		规定值或允许值	检查方法和频率
1	压实度		试验室标准密度的 98%,最大理论密度的 94%	按 JTG F80/1—2004 附录 B 检查,每 200m 测 1 处
2	平整度	σ(mm)	0.7	平整度仪:全线每车道连续计算 IRI 或 σ
		IRI(m/km)	2.0	
3	弯沉(0.01mm)		符合设计要求	按 JTG F80/1—2004 附录 I 检查
4	渗水系数		300mL/min	渗水试验仪:每 200m 测 1 处
5	抗滑	摩擦系数	符合设计要求	摆式仪:每 200m 测 1 处;横向力系数测定车:全线连续,按 JTG F80/1—2004 附录 K 评定
		构造深度		砂铺法:第 200m 测 1 处

续上表

项次	检 查 项 目		规定值或允许值	检查方法和频率
6	厚度	代表值	总厚度:设计值 -5% 上面层:设计值 -10%	按 JTG F80/1—2004 附录 H 检查,双车道每 200m 侧 1 处
		合格值	总厚度:设计值 -10% 上面层:设计值 -20%	
7	中线平面偏位		20	经纬仪:每 200m 测 4 点
8	纵断面高程(mm)		±15	水准仪:每 200m 测 4 断面
9	宽度(mm)		±20	尺量:每 200m 测 4 断面
10	横坡(%)		±0.3	水准仪:每 200m 测 4 处

3. 外观鉴定

参见本规范第 309.05 小节第 3 条内容。

310.06　计量与支付

1. 计量

(1)SMA-13 混合料应按图纸所示或监理人指示的铺筑面积,经监理人检查验收合格,按不同厚度分别以平方米计量。除监理人另有指示外,超过图纸所规定的面积均不予计量。

2. 支付

(1)费用的支付,主要包括以下内容:

a. 承包人提供工程所需的材料、机具、设备和劳力等。

b. 原材料的检验、混合料设计与试验,以及经监理人批准的按规范所要求的试验路段的全部作业。

c. 铺筑前对下承层的检查和清扫、材料的采备(不含沥青材料费用)、拌和、运输、摊铺、压实、整型、养护及切割等。

d. 质量检验所要求的检测、取样及试验等工作。

(2)按上述规定计量,经监理人验收并列入工程量清单的以下支付子目的工程量,将以合同单价支付。此项支付包括一切为完成本项工程所必需的全部费用。

3. 支付子目

子 目 号	子 目 名 称	单 位
310-1	沥青玛蹄脂碎石混合料	
-a	SMA-13 厚…mm 改性沥青混凝土	m^2

第312节　水泥混凝土路面

删除本小节，以下文代之：

312.02　材料

1. 水泥、粗集料、细集料、掺合料、水、钢筋、接缝材料及其他材料均应符合规范和设计图纸要求。

2. 铣削型钢纤维的用量及技术要求。

(1)作为基层用的铣削型钢纤维混凝土其钢纤维的用量为每立方米混凝土50kg。

(2)钢纤维的技术指标。

a. 单丝钢纤维的抗拉强度应不小于600MPa。

b. 钢纤维的长度。钢纤维的最短长度宜长于粗集料公称最大粒径的1/3，最大长度不宜大于粗集料公称最大粒径的2倍。

c. 钢纤维的弯曲韧性。90%的钢纤维应能经受沿直径3mm钢棒弯折90°不断裂。

d. 钢纤维杂质。钢纤维表面不得有油污、锈斑及其他不利于水泥黏结的杂质，钢纤维内的粘连片、铁屑、锈屑及杂质的总质量不应超过钢纤维总质量的1%。

312.16　计量与支付

删除本小节第3条，以下文代之：

3. 支付子目

子　目　号	子 目 名 称	单　　位
312-1	普通水泥混凝土面板	
-a	厚…mm	m^2
312-2	钢筋	
-a	HPB300	kg
-b	HRB400	kg
312-3	铣削型钢纤维水泥混凝土面板	
-a	厚…mm	m^2

第313节　培土路肩、中央分隔带回填土、土路肩加固及路缘石

313.05　计量与支付

删除本小节第1条，以下文代之：

1. 计量

（1）培土路肩按压实后经监理人验收合格的工程数量以立方米为单位计量；

（2）中央分隔带压实后的回填土种植土按实际完成并经监理人验收合格的工程数量以立方米为单位计量；5% 石灰土和二灰稳定碎石回填按压实后经监理人验收合格的工程数量以立方米为单位计量。

a. 回填种植土应符合本技术规范第 702 节有关技术要求。

b. 5% 石灰土和二灰稳定碎石质量应符合本技术规范第 303 和 305 节相关技术要求。

c. 压实后的二灰稳定碎石铺筑完毕后，应及时进行现浇混凝土封闭层施工。

（3）水泥混凝土加固土路肩经验收合格后，按实际完成并经验收合格的数量，以立方米为单位计量，加固土路肩的混凝土立模、摊铺、振捣、养生、拆模、预制块预制铺砌、接缝材料、ϕ50mm 横向排水管、挡土墙顶部现浇混凝土路肩内侧纵向盲沟及其他有关加固土路肩的杂项工作均属承包人的附属工作，不另行计量。

（4）路缘石按图纸所示的尺寸进行现场量测，经验收合格以立方米为单位计量；埋设缘石的基槽开挖与回填、夯实以及混凝土垫层或水泥砂浆垫层等有关杂项工作均属承包人的附属工作，均不另行计量。

删除本小节第 3 条，以下文代之：

3. 支付子目

子　目　号	子 目 名 称	单　　位
312-1	培土路肩	m^3
313-2	中央分隔带回填土及混凝土硬化	
-a	培种植土	m^3
-b	二灰稳定碎石	m^3
-c	5% 石灰土	m^3
-d	混凝土硬化	m^3
313-3	现浇混凝土加固土路肩	
-a	C…现浇混凝土	m^3
313-4	混凝土预制块加固土路肩	
-a	C…混凝土预制块	m^3
313-5	路缘石	
-a	C…混凝土预制块路缘石	m^3

第 314 节　路面及中央分隔带排水

删除本小节，以下文代之：

314.01　范围

本节工作为路面和中央分隔带排水工程，包括纵、横、竖向排水管、渗沟、盲沟、集水管、集水槽、集水井、窨井和路肩排水沟带等构造物的施工及有关的作业。

314.02 材料

增加本小节第4条第(4)款,内容如下:

4. 排水管要求如下。

(4)HDPE 排水管应符合图纸和现行国家有关标准的规定。

314.03 施工要求

删除本小节第4条第(1)~(4)款,以下文代之:

4. 集水槽

(1)中央分隔带超高路段应按图纸规定位置准确定位后,在开挖路槽的同时,开挖集水槽及横向排水管基坑。

(2)位于涵洞、通道处的小型集水槽按图纸规定尺寸、配筋集中预制,并按图纸所示安装。

(3)衔接于横向排水管的集水槽按图纸规定高程、尺寸立模现浇、横向排水管管节嵌入集水井壁内,并严格按图纸或监理人批准的方法做好防水处理。

(4)集水槽钢筋混凝土预制盖板尺寸、规格应按图纸规定加工,并按图纸所示安装。

增加本小节第7条,内容如下:

7. 集水井

(1)路肩排水集水井按图纸规定位置准确定位后,在开挖集水沟基槽的同时,开挖集水井;集水井严格按图纸或监理人批准的方法做好防水处理,并与集水沟预制块间勾缝密实,缝宽均匀,线条顺直。

(2)集水槽钢筋混凝土预制盖板尺寸、规格应按图纸规定加工,并按图纸所示安装。

314.05 计量与支付

1. 计量

增加本小节第1条第(1)款f、g项,内容如下:

f. 防渗土工布按面积以平方米计量。

g. 集水槽按不同尺寸以处计量。

删除本小节第1条第(2)款b、c项,以下文代之:

b. 现浇混凝土集水井,据图纸所示(不分断面形式),按照实际完成,并经监理人检查验收合格的数量,按混凝土强度等级分别以座为单位计量。钢筋混凝土集水井盖板和其他相关作业包含在现浇混凝土集水井报价中,不另行计量。

c. 所用砂砾垫层或基础材料、填缝材料以及地基平整夯实与回填等均含入相关子目的单价之中,不另行计量与支付。

增加本小节第1条第(6)、(7)款,内容如下:

(6)路面边部排水,根据图纸所示,按照实际完成,并经监理人检查验收合格的数量,分别按下列项目计量:

a.路面边部横向排水管按不同材料、不同直径分别以米计量。

b.路面边部纵向盲沟按不同尺寸,按长度以米计量。

(7)超高路段排水,根据图纸所示,按照实际完成,并经监理人检查验收合格的数量,分别按下列项目计量:

a.现浇混凝土窨井,据图纸所示(不分断面形式),按照实际完成,并经监理人检查验收合格的数量,按混凝土强度等级分别以座为单位计量。井盖(井箅子)包含在报价中,不另行计量。

b.横向排水管,按不同材料、不同直径分别以米计量。由于施作排水管而需要的土石方开挖、地基处理(如果有)、基础浇筑、隔水层、出水口端墙及帽石、混凝土包封等一切与此有关的工作均作为承包人应做的附属工作,不另计量与支付。

删除本小节第3条,以下文代之:

3.支付子目

子目号	子目名称	单位
314-1	中央分隔带排水	
-a	防渗土工布	m^2
-b	渗沟(…cm×…cm)	m
-c	ϕ…cmPVC横向排水管	m
-d	集水槽(…cm×…cm)	处
314-2	路面边部排水	
-a	路面边部横向排水管(ϕ…cm)	m
-b	路面边部纵向盲沟	m
314-3	超高路段排水	
-a	C…混凝土集水槽盖板	m^3
-b	C…现浇混凝土窨井	座
-c	ϕ…cm横向排水管	m
314-4	路肩排水沟	
-a	C…现浇混凝土集水井	座
341-5	拦水带	
-a	沥青混凝土拦水带	m
-b	水泥混凝土拦水带	m

本章增加第315~318节,内容如下:

第315节　OGFC排水性沥青面层

315.01　范围

本节工作为在已建成并经监理人验收合格的中面层上,按照图纸和监理人指示铺筑

OGFC 排水性沥青面层,包括所需的设备、劳力和材料,以及施工、试验等全部工作。

315.02 材料

1. 沥青及 TPS 添加剂

沥青采用 A-90 号基质沥青,技术指标应符合规范要求。

TPS 与沥青的掺加剂量比为 12∶88。选用前应进行沥青及 TPS 添加剂配伍性试验,确定合适的沥青品种。

OGFC 排水性混合料用 TPS 的性能指标见表 315-1。

OGFC 排水性沥青混合料用 TPS 性能指标 表 315-1

序号	主要指标	性能特征
1	主要成分	热塑性弹性体,溶解性、黏着性改良
2	形状、外观	2mm 左右,颗粒状,淡黄色
3	相对密度(g/cm^3)	0.96
4	单位体积质量(g/cm^3)	0.6
5	添加量	TPS∶基质沥青 = 12∶88(根据需要可增加添加量)

2. 粗集料

排水性沥青混合料的粗集料应洁净、表面粗糙、形状接近立方体。粗集料由 16 ~ 9.5mm、9.5 ~ 4.75mm 两档料组成。OGFC 排水性混合料用粗集料技术指标见表 315-2。

OGFC 排水性沥青混合料用粗集料技术指标 表 315-2

序号	技术指标		单位	规范值	建议值
1	毛体积相对密度	16 ~ 9.5mm	—		≥2.6
		9.5 ~ 4.75mm	—		≥2.6
2	表观相对密度	16 ~ 9.5mm	—	≥2.6	≥2.6
		9.5 ~ 4.75mm	—		≥2.6
3	压碎值		%	≤26	≤15
4	磨光值		PSV	≥42	≥42
5	坚固性		%	≤12	≤12
6	洛杉矶磨耗值		%	≤28	≤28
7	针片状颗粒含量		%	≤12	≤10
			%	≤18	≤10

3. 细集料

排水性沥青混合料用采用石灰岩机制砂,规格为 2.36 ~ 0mm。细集料技术指标见表 315-3。

OGFC 排水性沥青混合料用细集料技术指标　　表 315-3

序号	技术指标	单　位	规范值	建议值
1	表观相对密度	—	≥2.5	≥2.5
2	砂当量	%	≥60	≥60
3	坚固性	%	≥12	≥12
4	亚甲蓝值	g/kg	≤25	≤25
5	棱角性	s	≥30	≥30

4. 填料

填料采用 10 ~ 20mm 石灰岩碎石磨细的矿粉和钙质消石灰粉。矿粉、消石粉技术指标见表 315-4、表 315-5。

OGFC 排水性沥青混合料用矿粉技术指标　　表 315-4

序号	技术指标	单　位	规范值	建议值
1	表观相对密度	—	≥2.5	≥2.5
2	亲水系数	—	<1	<1
3	塑性指数	%	<4	<3
4	含水率	%	≤1	≤1
5	0.075mm 通过率	%	75 ~ 100	75 ~ 100

OGFC 排水性沥青混合料用消石灰粉技术指标　　表 315-5

序号	技术指标	单　位	试验值	建议值
1	表观相对密度	—	2.751	≥2.5
2	有效钙镁含量	%	57.2	≥55
3	含水率	%	0.1	≤1
4	0.075mm 通过率	%	93.1	90 ~ 100

5. 添加剂

聚酯纤维的技术指标见表 315-6。

OGFC 排水性沥青混合料用聚酯纤维的技术指标　　表 315-6

序号	检验项目	单　位	规范值
1	纤维直径	mm	0.010 ~ 0.025
2	长度	mm	4.5 ~ 7.5
3	抗拉强度	MPa	≥500
4	断裂伸长率	%	≥15
5	密度	g/cm^3	1.36 ~ 1.4
6	含水率	%	≤2
7	熔点	℃	≥250

在桥面铺装混合料中添加 0.1% 的聚酯纤维，规格为 6mm。聚酯纤维的添加工艺为：人工分装成小袋，直接投入拌缸。

315.03 设备

OGFC 排水性沥青路面施工设备配套见表 315-7。

OGFC 排水性沥青路面施工设备配套表 表 315-7

工序	机械设备名称		规格、产地、型号	单位	数量
拌和	沥青拌和楼		4000 型及以上	台	2
	TPS 添加设备		质量计量,自动添加	台	2
运输	自卸汽车		25t 以上	台	满足需要
摊铺	摊铺机		ABG525 型或同性能进口设备	台	2
碾压	初、复压	双钢轮振动压路机	11 ~ 13t 进口双钢轮振动压路机	台	4
	终压	双钢轮振动压路机	11 ~ 13t 进口双钢轮振动压路机	台	2

与其他沥青路面施工不同的是,OGFC 排水性沥青路面施工需在拌和楼设备上增加 TPS 添加设备。

315.04 配合比设计

OGFC 排水性沥青混合料的配合比设计采用马歇尔方法进行,并以空隙率和有效沥青膜作为配合比设计主要指标。排水性混合料原则上是通过析漏试验求得最大沥青用量,飞散试验求得最小沥青用量,从而确定混合料最佳沥青用量。

1. 排水性沥青混合料的级配范围。排水性沥青混合料的级配范围见表 315-8。

排水性沥青混合料的级配范围 表 315-8

结构	各筛孔(mm)的通过质量百分率(%)										
	19	16	13.2	9.5	4.75	2.36	1.18	0.6	0.3	0.15	0.075
OGFC-13		100	90 ~ 100	50 ~ 70	12 ~ 30	10 ~ 22	6 ~ 18	4 ~ 15	3 ~ 12	3 ~ 8	3 ~ 6
OGFC-16	100	90 ~ 100	70 ~ 90	45 ~ 70	12 ~ 30	10 ~ 22	6 ~ 18	4 ~ 15	3 ~ 12	3 ~ 8	3 ~ 6

2. 排水性沥青混合料的技术要求。排水性沥青混合料的技术要求见表 315-9。

排水性沥青混合料的技术要求 表 315-9

试验项目		单位	技术要求	备注
击实次数(双面)		次	50	T 0702
试件尺寸		mm	ϕ101.6 × 63.5	
空隙率		%	18 ~ 25	T 0708
连通空隙率	不小于	%	14	建议值

续上表

试验项目			单位	技术要求	备注
马歇尔稳定度	不小于		kN	5.0	T 0709
残留稳定度	不小于		%	85	建议值
冻融劈裂残留强度比	不小于		%	85	建议值
低温弯曲破坏应变	不小于		με	2 500	建议值
析漏试验	不大于	不加聚酯纤维	%	0.6	T 0732
		加聚酯纤维	%	0.5	
肯特堡飞散损失	不大于		%	20	T 0733
动稳定度	不小于		次/mm	5 000	建议值
渗水量	不小于		mL/15s	900	建议值
沥青膜厚度	不小于		μm	14	建议值

315.05 施工工艺

1. 层间黏结处理

由于排水性沥青混合料属于间断级配，其混合料中的粗集料与下承层的接触面属于“点点接触”，为了确保排水性路面的耐久性，层间黏结应牢固。层间污染的处理采用强力清扫车打毛、水车冲洗、道路清扫车吸尘、空压机表面吹净、洒布SBS乳化改性沥青等“五道工序法”。

(1)拉毛。用强力清扫车对结构层表面的尘土进行拉毛、同时对局部污染严重处，人工用钢丝刷进行处理。

(2)清洗。提前3~5d用洒水车将下承层严重污染路段清洗，使下承层水分提前蒸发、风干，并封闭交通。

(3)吸尘。用道路清扫车将灰尘吸出。

(4)吹净。用10m^3以上的大功率空压机将表面灰尘吹净。

(5)洒油。清扫完成并验收合格后，再洒布黏层油。

2. 混合料拌和

(1)原材料添加工艺

将粗、细集料按照生产配合比的设计用量加入到拌缸中，同时加入聚酯纤维(桥面使用)、消石灰、矿粉和TPS干拌，干拌时间为17s，之后加入基质沥青湿拌，湿拌时间为45s，每锅混合料拌和周期为75~80s。根据每盘混合料中聚酯纤维的添加量要求，提前分装成小包装，采用人工投放至自动添加设备中。

(2)混合料拌和要点

a. 为了严格控制级配，每天开机前，应对热仓料进行筛分，根据筛分结果分析，对矿料级配进行优化微调。

b. 在TPS、聚酯纤维投放和混合料装车处，安排有高度责任心的检测人员对混合料质量进行逐盘目测,发现有“淌油”或“发干”等异常现象,立即检查、废弃。

c.混合料动态检测。每天开机时对最先拌和的2盘混合料废弃,第2盘混合料开始装车使用。拌和正常后,按规定的取样方法检测混合料的级配和油石比,并将结果及时反馈给操作人员。

3.混合料运输

参见本规范第407.04小节第4条。

4.混合料摊铺

(1)采用2台摊铺机成梯队状全断面铺筑。采用高精度的非接触式平衡梁进行平整度和厚度控制。5cm厚的上面层松铺系数按1.1控制,松铺厚度为5.5cm。两台摊铺机的前后间距控制在3~5m内,搭接宽度控制在5~10cm内。

(2)摊铺机备足罐装煤气,以备熨平板加热。处理横向冷接缝时熨平板加热温度应大于130℃。

(3)摊铺速度应匀速、连续摊铺,严禁忽快忽慢。摊铺速度为1.8~2.2m/min。

(4)严禁将车辆的混合料洒落在摊铺机前,所有洒落的混合料及时清理出现场。

5.混合料碾压

(1)采用6台双钢轮压路机碾压。4台用于初、复压,1台用于平整度处理,1台用于终压收面。

(2)碾压遍数按4遍静压控制,碾压速度3~4km/h。不能过碾或少碾,每次重叠30cm。

(3)每台压路机配置2名机驾人员,实现连续作业。

(4)由于排水性沥青混合料的黏度极大,在碾压前应仔细清理压路机钢轮上的粘附物,防止粘轮,见图8-35。

(5)由于排水性沥青混合料对温度极为敏感,因此在进行桥面铺装施工时,混合料温度应比路基段高3~5℃,摊铺速度慢0.2m/min。

6.施工过程温度控制

施工过程中的排水性沥青混合料温度控制见表315-10。

排水性沥青混合料温度控制表 表315-10

工　序	温度下限(℃)	温度上限(℃)	检查方法和频率
沥青加热	160	170	温度计:每罐1次
矿料加热	180	195	接触式感温仪:每锅1次
混合料拌和	175	185	温度计:每车1次
混合料出厂	175	185	温度计:每车1次
混合料摊铺	160	175	温度计:1处/50m
混合料碾压	130	165	温度计:1处/50m
混合料终压	90	110	温度计:1处/100m
开放交通	第3天后	—	

7. 接缝处理

(1)基本要求

a. 桥面沥青铺装层的施工缝应强制预留在桥梁伸缩缝位置,在永久性伸缩缝安装时,按照设计宽度将施工缝切除。

b. 横向施工缝采用人工挖除,接缝前将黏层油涂抹在施工缝上,黏层油的水分未蒸发完,不得接缝。

c. 每天碾压接缝时,在已碾压成型的路面上至少铺一层彩条布和一层土工布,避免压路机污染成型路面。

d. 所有机械设备均要采取防漏油措施,并认真检查、防患、处理。

(2)施工缝处理步骤

a. 确定施工缝位置。

b. 在混合料的端头设置槽钢,防止混合料碾压推移。

c. 埋置好槽钢,等待压路机碾压。

d. 碾压成型并在混合料未完全冷却前,人工开挖横向施工缝,以便下次摊铺时与其搭接。

8. 交通管制

排水性沥青混合料施工过程及路面成型后,均应加强交通管制,路面成型第 3 天方可进行检测,并在交通管制情况下开放交通。

315.06　施工质量检测

1. 混合料生产过程室内试验项目

排水性沥青混合料生产过程室内试验项目见表 315-11。

排水性沥青混合料生产过程室内试验项目　　表 315-11

序号	检 查 项 目		规定值或允许偏差	检查方法和频率
1	马歇尔稳定度(kN)		≥5.0	马歇尔试验:每机、每天上午、下午各 1 次
2	空隙率(%)		18~25	
3	连通空隙率(%)		≥14	
4	残留稳定度(%)		≥85	
5	热料仓混合料级配(%)	13.2mm	±2	每天开机前 1 次
		4.75mm	±2	
		2.36mm	±2	
6	混合料级配(%)	13.2mm	±5	燃烧法:每天上午、下午各 1 次
		4.75mm	±4	
		2.36mm	±2	
		0.075mm	±2	
7	油石比(%)		±0.2	

续上表

序号	检 查 项 目	规定值或允许偏差	检查方法和频率
8	车辙试验动稳定度(次/mm)	≥5 000	每天1次
9	车辙试验最终变形量(mm)	≤3	
10	飞散试验质量损失量(%)	≤15	当料源或配合比变化时试验,且不能超过单幅5km
11	析漏试验(%)	不加纤维<0.6	
		添加纤维<0.5	
12	冻融劈裂强度比(%)	≥85	

2.施工过程的质量检测

(1)监理人员在料场现场检查矿料单粒级配。

(2)专人跟机检查并机作业的混合料布料情况。

(3)检测路面横向坡度。

3.施工过程质量控制与检查项目

排水性沥青路面施工过程质量控制与检查项目见表315-12。

排水性沥青路面施工过程质量控制与检查项目 表315-12

序号	检 查 项 目	规定值或允许偏差	检查方法和频率
1	温度(℃)	满足要求	满足要求
2	混合料外观	无流淌、均匀一致、无花白、无离析和结团成块现象	1次/每车
3	摊铺速度(m/min)	1.8~2.2	随时
4	摊铺外观	平整、无拖痕、无离析	随时
5	虚铺厚度(cm)	根据试验路检测结果确定	钢板尺:1处/20m
6	碾压遍数	根据试验路检测结果确定	1次/段

4.排水性沥青路面实测项目

排水性沥青路面实测项目见表315-13。

排水性沥青路面实测项目 表315-13

序号	检 查 项 目		规定值或允许值	检查方法和频率
1	压实度		试验室标准密度:≥98%,最大理论密度:≥77%	按JTG F80/1—2004附录B检查,双车道每200m检测1处
2	平整度(mm)		≤0.7	平整度仪:全线每车道连续检测
3	厚度	代表值	总厚度:设计值-5% 上面层:设计值-10%	按JTG F80/1—2004附录H检查,双车道每200m测1处
4	中线平面偏位(mm)		±20	经纬仪:每200m测4点
5	纵断面高程(mm)		±10	水准仪:每200m测4断面
6	宽度(mm)		±20	尺量:每200m测4断面
7	横坡(%)		±0.3	水准仪:每200m测4处

续上表

序号	检 查 项 目	规定值或允许值	检查方法和频率
8	弯沉(0.01mm)	符合设计要求	按JTG F80/1—2004附录I检查
9	空隙率(%)	18~25	钻孔取样:每1 000m单幅2处
10	连通空隙率(%)	≥14	钻孔取样:每1 000m单幅2处
11	渗水量(mL/15s)	≥900	渗水仪:每200m每车道1处

315.07　计量与支付

1.计量

OGFC排水性沥青面层混合料应按图纸所示或监理人指示的铺筑面积,经监理人检查验收合格,按不同厚度分别以平方米计量。除监理人另有指示外,超过图纸所规定的面积均不予计量。

2.支付

(1)费用的支付,主要包括以下内容:

a.承包人提供工程所需的材料、机具、设备和劳力等。

b.原材料的检验、混合料设计与试验,以及经监理人批准的按规范所要求的试验路段的全部作业。

c.铺筑前对下承层的检查和清扫、材料的采备(不含沥青材料费用)、拌和、运输、摊铺、压实、整型、养护及切割等。

d.质量检验所要求的检测、取样及试验等工作。

(2)按上述规定计量,经监理人验收并列入工程量清单的以下支付子目的工程量,将以合同单价支付。此项支付包括一切为完成本项工程所必需的全部费用。

3.支付子目

子 目 号	子 目 名 称	单　　位
315-1	OGFC排水性沥青面层	
-a	OGFC厚…mm排水性沥青面层	m^2

第316节　橡胶改性沥青玛蹄脂碎石上面层

316.01　范围

本节工作为在已建成并经监理人验收合格的中面层上,按照图纸和监理人指示铺筑橡胶改性沥青玛蹄脂碎石上面层。它包括所需的设备、劳力和材料,以及施工、试验等全部工作。

316.02 材料

1. 粗集料

(1)粗集料应经过水洗(加工时水洗)、洁净、干燥、表面粗糙、形状接近立方体,且无风化、无杂质,并有足够的强度、耐磨耗性。应选用反击式破碎机加工的碎石,禁止采用颚式破碎单机加工的碎石。粗集料应采用碎石整形机进行整形后方可使用。

(2)同种石质尽可能采用同型号破碎设备生产的碎石。进场后粗集料应搭棚隔离堆放且堆料场应用混凝土硬化,同时进行各项指标的检验。

(3)上面层的粗集料应满足表 316-1 的质量要求,级配符合规范要求,且应满足表 316-2 的允许偏差。

(4)应掺加抗剥落剂,使集料与沥青的黏附性达到 5 级,以提高水稳性。

上面层粗集料质量要求 表 316-1

项次	指　标	规范值	要求值	试验方法
		SMA-13 上面层		
1	集料视密度(g/cm^3)	≥2.60		T0304
2	集料压碎值(%)	≤26	≤15	T0316
3	坚固性(%)	≤12		T0314
4	洛杉矶磨耗损失(%)	≤30		T0317
5	集料吸水率(%)	≤3.0		T0304
6	针片状含量(%)	≤18	≤15	
7	其中粒径大于 9.5mm(%)	≤15	≤10	
8	其中粒径小于 9.5mm(%)	≤20	≤12	
9	磨光值(PSV)	≥40	≥42	T0321
10	与沥青的黏附性(级)	≥4	≥5	T0616
11	含两个或多个破裂面的颗粒(%)	>100		T0346
12	水洗法 <0.075mm 颗粒含量(%)	≤1		T0310
13	软石含量(%)	≤3	≤2	T0320

粗集料的颗粒组成的允许偏差 表 316-2

项次	筛孔尺寸(mm)	26.5	19.0	16.0	13.2	9.5	4.75
1	颗粒组成的允许偏差(%)	±8	±8	±6	±6	±5	±5

2. 细集料

(1)橡胶沥青混合料上面层应采用机制砂。

(2)机制砂应与粗集料为相同母岩,应洁净、干燥、无风化、无杂质,且有适当的颗粒级配,同时要求与沥青有良好的黏附能力。

(3)机制砂采用制砂机在拌和厂加工,加工设备应搭建大棚,防止扬尘污染。原材料应是洁净的 9.5 ~ 19mm 的碎石。

(4)细集料堆放时应采取搭棚存放,级配满足表 316-3。

(5)细集料的技术要求见表 316-4。

机制砂通过各筛孔的质量百分率(%)　　表 316-3

项次	规　格	公称粒径(mm)	筛孔尺寸(mm)							
			9.5	4.75	2.36	1.18	0.6	0.3	0.15	0.075
1	S14	3 ~ 5	100	90 ~ 100	0 ~ 15		0 ~ 3			
2	S15	0 ~ 5	100	90 ~ 100	60 ~ 90	40 ~ 75	20 ~ 55	7 ~ 40	2 ~ 20	0 ~ 10
3	S16	0 ~ 3	—	100	80 ~ 100	50 ~ 80	25 ~ 60	8 ~ 45	0 ~ 25	0 ~ 15

细集料试验项目及技术指标　　表 316-4

项次	项　　目	单　　位	技 术 指 标	试 验 方 法
1	含泥量(小于 0.075mm 的含量)	%	≤1	T 0333
2	坚固性(>0.3mm 部分)	%	≤12	T 0340
3	视密度	t/m^3	≥2.5	T 0328
4	砂当量	%	≥60	T 0334
5	亚甲蓝值	g/kg	≤25	T 0349
6	棱角性(流动时间)	s	≥30	T 0345

3. 填料

(1)沥青混合料的填料应采用石灰岩或岩浆岩中的强基性岩石等憎水性石料经磨细得到的矿粉,原石料采用 5 ~ 10mm 石灰岩碎石,且不得含有泥土等杂质。

(2)矿粉要求干燥、洁净、能自由地从矿粉仓流出,坚决不得使用回收粉。严格控制 0.075mm 以下含量,其允许偏差为 ±1%。矿粉掺配时,引进粉胶比进行控制,公称最大粒径为 13.2 ~ 19mm 的密级配沥青混合料宜为 0.8 ~ 1.2。

(3)填料要求采用专用磨细设备进行现场加工。

(4)填料的技术要求见表 316-5。

填料的技术要求　　表 316-5

项次	项　　目		单　　位	规　范　值	试 验 方 法
1	表观密度		t/m^3	≥2.5	T 0352
2	亲水系数		—	<1	T 0353
3	外观		—	无团粒结块	
4	塑性指数		%	<4	T 0354
5	含水率		%	≤1.0	T 0354
6	加热安定性		—	实测记录	T 0355
7	粒度范围	<0.6mm	%	100	T 0351
		<0.15mm	%	90 ~ 100	
		<0.075mm	%	75 ~ 100	

(5)经监理人批准,采用水泥、石灰等作为填料时,其用量不宜超过集料总量的2%。

4. 沥青

(1)橡胶沥青采用现场加工生产,沥青中外掺沥青用量20%的40目(0.425mm)斜交胎胶粉。沥青混凝土上面层应采用橡胶沥青(基质沥青为A-90号),沥青技术指标应符合本规范第318节要求。

(2)橡胶沥青的加工温度宜控制在180~190℃之间,当掺量较大时,加工温度可适当提高,但不应高于210℃,其加工搅拌时间控制在45~60min之间,并及时检测橡胶沥青的技术指标。

(3)橡胶沥青原则上应在24h内使用完毕,如需临时储存时,应将橡胶沥青温度降至145~155℃范围储存,储存时间不超过1d。再次使用前应检测橡胶沥青的指标是否满足技术要求,如不满足应废弃或重新加工至满足要求。

(4)承包人应于施工开始前28d将拟用的沥青样品和上述证明及试验报告提交监理人检验、批准。除监理人另有指示外,承包人不得在施工中以其他沥青替代。

(5)进场沥青每批都应重新进行取样和试验。取样和试验应符合现行《公路工程沥青及沥青混合料试验规程》(JTG E20)的规定。

5. 橡胶粉

(1)橡胶粉现场储存时间一般不超过180d,并应储存在通风、干燥的仓库中,采取有效的防淋、防潮措施及消防措施。

(2)橡胶粉的质量控制:在橡胶粉厂派驻监理人员,从收料、加工、检验等各个环节严格把关,并随机进行不少于3次的橡胶粉外委专业机构抽检检验,从源头上确保橡胶粉质量。

(3)橡胶粉的物理技术指标与化学技术指标分别符合表316-6、表316-7,橡胶粉的级配宜符合表316-8。

路用橡胶粉的物理技术指标表 表316-6

项次	项　目	相对密度	水分(%)	金属含量(%)	纤维含量(%)
1	技术标准	1.10~1.30	<1	<0.01	<0.05

路用橡胶粉的化学指标表 表316-7

项次	检测项目	灰分(%)	丙酮抽出物(%)	碳黑含量(%)	橡胶烃含量(%)	天然橡胶含量(%)
1	技术要求	≤8	≤16, ≥6	28~38	≥42	≥40

路用橡胶粉的级配要求 表316-8

项次	筛孔尺寸(mm)	2.36	2.0	1.18	0.6	0.3	0.15	0.075
1	质量通过百分率(%)	100	98~100	45~75	2~20	0~15	0~3	0

6. 添加剂

(1)高模量添加剂添加量为沥青混合料质量的0.3%。

(2)高模量添加剂应储存在通风、干燥的仓库中,采取有效的防淋、防潮措施及消防措施。

(3)高模量添加剂由各承包人选择品牌并申报，由监理人组织有关专家评审，未经评审准入的高模量添加剂不得投入使用。

316.03　橡胶沥青混合料组成设计

(1)橡胶沥青混合料应采用小马歇尔试验方法进行设计。

(2)承包人应按目标配合比设计、生产配合比设计、生产配合比验证三个阶段进行沥青混合料的配合比设计。配合比设计的各个阶段都应进行小马歇尔试验。其混合料的矿料级配范围应满足表316-9要求。

橡胶沥青混合料的矿料级配范围表　　表316-9

ARSMA-13类型	通过下列筛孔(mm)的质量百分率(%)									
	16	13.2	9.5	4.75	2.36	1.18	0.6	0.3	0.15	0.075
	100	90~100	50~75	20~34	15~26	14~24	12~20	10~16	9~15	8~12

(3)橡胶沥青混合料的最大理论密度采用计算法，毛体积密度由表干法测定。采用压实度与现场空隙率双指标控制，试验室标准密度应控制不小于98%；以最大理论密度控制时橡胶沥青现场空隙率不大于7%。

(4)橡胶沥青混合料小马歇尔试验技术要求见表316-10，混合料性能检验指标见表316-11。

橡胶沥青混合料马歇尔试验配合比设计技术要求　　表316-10

项次	试验指标	单位	规范值	要求值
1	击实次数(双面)	次	75	75
2	试尺件尺寸	mm	ϕ101.6×63.5	ϕ101.6×63.5
3	空隙率	%	3~5	3~5
4	稳定度MS　不小于	kN	8	7
5	流值FL	mm	1.5~4	2~5
6	矿料间隙率VMA　不小于	(%)	14	16.5
7	沥青饱和度VFA	(%)	65~75	70~85

橡胶沥青混合料性能检验指标　　表316-11

项次	检验项目		规范值	要求值	试验方法
1	车辙试验动稳定度(次/mm)		≥2 400	≥6 000	T 0719
2	水稳定性	浸水马歇尔试验残留稳定度(%)	≥85	≥90	T 0709
		冻融劈裂试验残留强度比(%)	≥80	≥85	T 0729
3	低温弯曲试验破坏应变(με)		≥2 500	≥2 500	T 0715
4	渗水系数(mL/min)		≤100	≤50	T 0730

(5)承包人应在28d前向监理人提交拟用的沥青混合料级配、沥青结合料用量及沥青混合料稳定度、流值、空隙、空隙率、动稳定度、残留稳定度等各项技术指标作出书面详细说明。在承包人提交目标配合比未经监理人批准前,不得进入生产配合比设计。

(6)如果承包人建议改变料源时,应在材料生产前,把新的目标配合比设计报告监理人审批。审批新的工地拌和料级配时应做试验,每一次评价至少需要14d时间。由于这些变化而产生的所有费用都应由承包人支付。

(7)在沥青混合料未被批准之前,不得进行下一步工序。未经监理工程认可,批准的沥青混合料配合比和原材料品种不得更改。

316.04 施工要求

1.橡胶沥青设备。

(1)橡胶沥青加工设备应具备快速升温装置、溶胀罐、成品罐、进口胶体磨(或高速剪切机主要用于分散胶粉)。

(2)橡胶沥青加工设备应靠近沥青拌和机,并具备大功率沥青输送泵。

2.高模量添加剂宜采用专用添加设备添加,使用前应对添加量进行标定。

3.添加高模量剂的橡胶沥青混合料的干拌时间延长15s,使集料与高模量添加剂拌和均匀,再喷入橡胶沥青、矿粉,连续搅拌。一个循环周期大约60s。

4.橡胶沥青与集料的加热及拌和温度见表316-12。

橡胶沥青与集料的加热及拌和温度 表316-12

项次	沥青品种	橡胶沥青加热温度(℃)	集料温度(℃)	混合料出厂温度(℃)	混合料储存温度(℃)	混合料废弃温度(℃)
			间歇式拌和机			
1	橡胶沥青	175~180	180~195	175~185	储存过程温度降低不超过5℃,不超过10h	<165℃ >195℃

5.橡胶沥青路面开放交通应在2~3d后。

6.橡胶沥青混合料的碾压温度应符合表316-13要求,并应根据混合料种类、压路机、气温、层厚等情况经试压确定。初压、复压、终压应在尽可能高的温度下进行,严禁低温碾压。桥面压实应使用振荡压路机。

压实机械组合和碾压温度 表316-13

项次	碾压流程	机械组合	碾压温度(℃)
1	初压	双钢轮振动压路机	>165
2	复压	双钢轮振动压路机	>150
3	终压	双钢轮振动压路机	>90

316.05 质量检验

1.基本要求

参见本规范第309.05小节第1条。

2. 检查项目

上面层检查项目及检验标准见表 316-14。

上面层试验检测项目及频率　　表 316-14

<table>
<tr><th>项次</th><th colspan="2">检 查 项 目</th><th>规定值或允许值</th><th>检查方法和频率</th></tr>
<tr><td>1</td><td colspan="2">压实度</td><td>试验室标准密度的 98%，最大理论密度的 93%</td><td>按 JTG F80/1—2004 附录 B 检查，每 200m 测 1 处</td></tr>
<tr><td>2</td><td colspan="2">厚度</td><td>设计值 -10%</td><td>每 2 000m^2 单点评定</td></tr>
<tr><td rowspan="2">3</td><td rowspan="2">平整度</td><td>σ(mm)</td><td>0.7</td><td rowspan="2">平整度仪：全线每车道连续计算 IRI 或 σ</td></tr>
<tr><td>IRI(m/km)</td><td>2.0</td></tr>
<tr><td>4</td><td colspan="2">弯沉(0.01mm)</td><td>符合设计要求</td><td>按 JTG F80/1—2004 附录 I 检查</td></tr>
<tr><td>5</td><td colspan="2">渗水系数</td><td>80mL/min</td><td>渗水试验仪：合格率不低于 90%</td></tr>
<tr><td rowspan="2">6</td><td rowspan="2">抗滑</td><td>摩擦系数</td><td rowspan="2">符合设计要求</td><td>摆式仪：每 200m 处测 1 处
横向力系数测定车：全线连续，按 JTG F80/1—2004 附录 K 评定</td></tr>
<tr><td>构造深度</td><td>砂铺法：第 200m 测 1 处</td></tr>
<tr><td>7</td><td colspan="2">中线平面偏位(mm)</td><td>20</td><td>经纬仪：每 200m 测 4 断面</td></tr>
<tr><td>8</td><td colspan="2">纵断面高程(mm)</td><td>±15</td><td>水准仪：每 200m 测 4 断面</td></tr>
<tr><td>9</td><td colspan="2">宽度(mm)</td><td>±20</td><td>尺量：每 200m 测 4 断面</td></tr>
<tr><td>10</td><td colspan="2">横坡(%)</td><td>±0.3</td><td>水准仪：每 200m 测 4 处</td></tr>
</table>

3. 外观鉴定

(1)表面平整密实，无泛油、松散、裂缝、粗细集料集中等现象。

(2)表面无明显碾压轮迹。

(3)接缝紧密、平顺，烫缝不应枯焦。

(4)面层与路缘石及其他构造物衔接平顺，无积水现象。

(5)沥青面层内部及表面的水要排除到路面范围之外，路面无积水。

316.06　计量与支付

1. 计量

橡胶沥青混合料应按图纸所示或监理人指示的平均铺筑面积，经监理人验收合格，按不同厚度分别以平方米计量。除监理人另有指示外，超过图纸所规定的面积均不予计量。

2. 支付

(1)费用的支付，主要包括以下内容：

a. 承包人提供工程所需的材料、机具、设备和劳力等。

b. 原材料的检验、混合料设计与试验，以及经监理人批准的按照规范所要求的试验路段的全部作业。

c. 铺筑前对层面的检查和清扫、混合料的拌和、运输、摊铺、压实、整型、养护等。

d. 质量检验所要求的检测、取样和试验等工作。

(2)按上述规定计量,经监理人验收并列入工程量清单的以下支付子目的工程量,将以合同单价支付。此项支付包括一切为完成本项工程所需的全部费用。

3. 支付子目

子 目 号	子 目 名 称	单 位
316-1	橡胶改性沥青玛蹄脂碎石(AR-SMA-13)	
-a	厚…mm	m^2

第 317 节 预应力混凝土路面

317.01 范围

本节工作为在已建成并经监理人验收合格的基层上,按照图纸和监理人指示铺筑预应力混凝土路面,包括所需的设备、劳力和材料,以及施工、试验等全部工作。

317.02 材料

1. 水泥

水泥应采用普通硅酸盐水泥 P. O 42.5,水泥的质量应符合现行《通用硅酸盐水泥》(GB 175)和《道路硅酸盐水泥》(GB 13693)的有关规定,不得使用早强型水泥。

2. 集料

预应力混凝土路面使用的粗集料、细集料应符合现行《公路水泥混凝土路面施工技术细则》(JTG/T F30)的有关规定。

3. 水

水应符合现行《混凝土用水标准》(JTG 63)的有关规定。

4. 减水剂

掺加高效减水剂,以减少拌和用水量,提高施工和易性并保证混凝土拌和物摊铺振捣时间。

5. 混凝土配合比设计

混凝土的配合比设计应符合现行《公路水泥混凝土路面施工技术细则》(JTG/T F30)的有关规定。

6. 普通钢筋

预应力混凝土路面用普通钢筋可根据使用部位和功能按表 317-1 确定,也可根据施工实际情况确定。

钢筋等级及规格　　表317-1

部位和功能	钢 筋 等 级	钢筋直径(mm)	外　形
板端补强钢筋	HRB400	8	螺纹
纵向钢筋	HRB400	12	螺纹
箍筋	HPB300	6	光圆
支撑钢筋	HPB300	6	光圆

7. 预应力筋

预应力筋可选用无粘结预应力钢绞线或预应力钢丝,当采用无黏结预应力钢绞线时,其性能应符合现行《预应力混凝土用钢绞线》(GB/T 5224)的有关规定;当采用预应力钢丝时,其性能应符合现行《预应力混凝土用钢丝》(GB/T 5223)的有关规定。且预应力筋不应有死弯,当有死弯时应切断;预应力筋应通长,严禁有接头。

8. 滑动层

滑动层材料为粒径相近的中砂或细粒沥青混合料,上面覆盖厚聚乙烯塑料薄膜。中砂技术性质满足现行《公路水泥混凝土路面施工技术细则》(JTG/T F30)相关要求。细粒沥青混合料大部分颗粒集中在0.6~1.18mm粒径之间,细度模数约2.0。聚乙烯塑料薄膜应满足现行《塑料　拉伸性能的测定》(GB/T 1040)中对其拉伸强度的规定。选取聚乙烯塑料薄膜的规格为3丝。聚乙烯塑料薄膜在储存和运输程中要防止硬物挂刺,要保持聚乙烯塑料薄膜的完整性。如果在铺设时发现,已有破损,要使用胶带将破损的地方修复。

9. 缓凝胶黏材料

缓凝胶黏材料为预应力水泥混凝土路面专用材料,使用过程中应在相关技术人员的指导下进行。

10. 胀缝材料

预应力混凝土路面胀接缝材料宜采用塑胶、橡胶泡沫板或沥青纤维板。预应力混凝土路面填缝材料应优选耐老化性能好的树脂类、橡胶类或改性沥青类材料,包括常温施工式和加热施工式,其技术指标应符合现行《公路水泥混凝土路面施工技术细则》(JTG/T F30)的规定。

填缝时应使用背衬垫条。背衬垫条材料可采用聚氨酯、橡胶、微孔泡沫塑料等,其形状应为圆柱形,直径应比接缝宽度大2~5mm。

317.03　施工机具

1. 预应力筋相关机具

(1)锚具

当采用无黏结预应力钢绞线时,固定端采用挤压锚具,张拉端采用夹片锚具;当采用预应力钢丝时,固定端采用镦头锚具,张拉端采用夹片锚具,锚具的性能应符合现行《预应力筋用锚具、夹具和连接器应用技术规程》(JGJ 85)。

(2)镦头器

镦头器是用于预应力张拉中配合镦头锚使用,对预应力钢丝进行墩头的设备,其技术性能指标见表317-2。

镦头器技术性能指标　　表317-2

指　标	LD10-4、LD10-5、LD10-6、LD10-7	LD20-8、LD20-9
额定油压	35MPa	45MPa
镦头力	83kN	199kN
镦头活塞行程	6mm	12mm
夹紧活塞行程	12mm	20mm

(3)挤压机

挤压机是用于预应力张拉中配合挤压锚使用,对预应力钢绞线(ϕ12.7～15.2mm)进行挤压的设备,其技术性能指标见表317-3。

挤压机技术性能指标　　表317-3

额定挤压力	475kN
额定油压	50MPa
挤压缸面积	9 503.3mm^2
回程油压	10MPa

(4)预应力筋钢筋张拉机具

要求简易可靠,控制应力准确,能以稳定速度增大张力。选择张拉机具时,为保证设备、人身安全和张拉力准确,张拉机具的张拉力应不小于预应力筋张拉力的1.5倍;张拉机具的张拉行程不小于预应力筋伸长值的1.2倍。还应考虑张拉机具与锚固夹具配套使用。

2.模板

由于预应力筋为斜向交叉布置,张拉端一侧的模板需刻矩形槽,以保证预应力筋能通过钢模板。固定端一侧模板无须特殊布置。

3.拌和设备

混凝土拌和物可采用工厂生产或现场拌制。现场混凝土拌和机应采用强制式水泥混凝土搅拌机或搅拌站,混凝土拌和机具总功率应不低于20m^3/h。

4.运输机具

混凝土拌和物运输机具及运输要求应符合现行《公路水泥混凝土路面施工技术细则》(JTG/T F30)的有关规定。

5.摊铺成型设备

混凝土的摊铺成型可采用滑模摊铺机、三辊轴整平机或小型机具铺筑,所需的摊铺成型机应按现行《公路水泥混凝土路面施工技术细则》(JTG/T F30)的有关规定选用。

317.04　施工工艺

1.施工准备

(1)预应力混凝土路面面板施工前应由设计单位向施工单位进行技术交底。设计文件、图纸、资料应齐全。

(2)预应力混凝土路面面板施工前,其路基、基层及下封层的工程质量应符合现行《公路路基施工技术规范》(JTG F10)和《公路路面基层施工技术细则》(JTG/T F20)的有关规定。

(3)材料进场时应按相关规范的规定进行进场验收;预应力混凝土路面面板施工前,应检查所需材料的储量、性能,确保所有材料的数量和质量。

2. 立模

模板采用钢模板,模板底面与基层顶面紧贴,局部低洼处(空隙)事先用水泥砂浆铺平。模板安装完毕后检查接头处的高差和模板内侧是否有错位。模板要求稳固牢靠,不能松动,接头处的高差控制在 3mm 以内。

3. 滑动层铺设

滑动层设置在基层顶面,基层应平整无坑凹。铺设滑动层之前,先将基层表面清理干净。砂层铺撒厚度为 5 ~ 10mm,其上铺设聚乙烯塑料薄膜,聚乙烯塑料薄膜的搭接处用透明胶带黏合成整体,以防止渗水及滑动层材料的散失。

4. 预应力筋及普通钢筋下料

检查预应力钢筋、构造钢筋的规格尺寸和数量。无黏结预应力钢绞线或预应力钢丝及构造钢筋下料应使用机械切割,严禁使用电焊或者气割下料。预应力筋下料应尽量保持直度,弯曲度过大的应剔除。

5. 构造钢筋与板端补强钢筋布设

构造钢筋与板端补强钢筋的钢筋型号、钢筋尺寸及布置位置严格按照设计图纸要求。

6. 固定端锚具的安装

(1)镦头锚具的安装

当采用预应力钢丝时,固定端采用镦头锚锚固。固定端采用镦头锚具,镦头锚的安装方法是把镦头锚打圆的一端直接套在高强钢丝镦头的一端,然后将方形垫板套上,紧贴在镦头锚后部。

(2)挤压锚具的安装

当采用预应力钢绞线时,固定端采用挤压锚锚固,用挤压锚的操作方法是把预应力筋一端的护套层割掉约 10cm,然后擦掉预应力筋上的防腐油脂,将挤压簧套在钢绞线上,然后再套上挤压环,启动挤压机开始挤压。

用挤压机挤压固定端锚具时应注意,挤压前应擦掉预应力筋上的防腐油脂,挤压簧要塞入锚环中,塞入长度至少为锚环长度的 2/3。若挤压簧塞入长度不足,张拉时容易导致预应力筋滑丝。

7. 预应力筋的布置与校直

(1)将安装好固定端锚具的预应力筋双向交叉布置,一端安置于固定端纵向构造钢筋笼内部,并将垫板与钢筋笼焊接固定,同时人工将镦头的部位与镦头锚拉紧,不能出现松动现象;另一端预应力筋穿过张拉端纵向构造钢筋笼内部,并从事先加工好的三角盒中穿出,最终从张拉端模板的孔洞中伸出到模板外侧。

(2)按设计图纸双向交叉布置预应力筋,并在交叉位置上根据需要放置支撑钢筋架。

(3)预应力筋布置好后应进行校直,以保证预应力筋与路面纵向的夹角。可用线绳对其进行校直,并将校直好的预应力筋的交叉点位置(包括下部有支撑架和无支撑架两者)间隔用扎丝绑扎紧固。

8. 涂缓凝胶黏材料

在钢筋的所有工序完成后,给每根预应力筋涂抹缓凝胶黏材料,要求涂抹均匀,尤其是交叉部位与绑扎部位要特别注意涂抹到位。

9. 混凝土浇筑

(1)路面预应力混凝土浇筑应符合现行《公路水泥混凝土路面施工技术细则》(JTG/T F30)的有关规定。

(2)浇筑混凝土时,除应符合本规范上条的规定外,还应符合以下规定:

a. 预应力钢筋铺放、安装完毕后,应进行隐蔽工程验收,当确认合格后方可浇筑混凝土。

b. 混凝土浇筑时,宜用挖掘机、吊车或其他转运设备配合摊铺,严禁踏压碰撞预应力钢筋、构造钢筋以及支撑架。

c. 固定端及张拉端混凝土应振捣密实。

10. 拆模、养护

(1)预应力路面铺筑完成后应立即进行养护,可采用喷洒养护剂或保湿覆盖的方式。在雨天或养生用水充足的情况下,也可采用覆盖保湿膜、土工毡、土工布、麻袋、草袋、草帘等洒水养生方式,不宜使用围水养生方式。

(2)养护时间应根据混凝土弯拉强度增长情况而定,不宜小于设计弯拉强度的80%。一般养护天数宜为14~21d,高温天气不宜少于14d,低温天气不宜少于21d。

(3)混凝土板养护初期,严禁行人、车辆通行,在达到设计强度的40%后,行人方可通行。面板达到弯拉强度后,方可开放交通。

11. 张拉端锚具安装

在浇筑完路面并且拆模后,将夹片锚具安装在预应力筋上。

12. 预应力筋张拉

(1)预应力混凝土路面采用后张法施工。张拉用锚具、千斤顶与预应力筋配套。

(2)预应力筋的张拉除应符合现行《无粘结预应力混凝土结构技术规程》(JTG 92)的规定外。还应符合下列规定:

a. 张拉前进行张拉设备校验,提供给操作人员准确的张拉力。

b. 预应力筋的张拉顺序应从路面一端向另一端依次进行。采用两个千斤顶对称张拉。

c. 采用二次张拉工艺。第一次张拉宜在面板浇筑完成24h后,且混凝土强度不低于设计抗压强度的30%,第一次张拉力宜为$0.3\sigma_{con}$~$0.5\sigma_{con}$;第二次张拉在面板浇筑完成6~7d,且混凝土强度不低于设计抗压强度的75%后,第二次采用超张拉,张拉应力应为$1.05\sigma_{con}$,持荷2min,再卸荷至σ_{con}后锚固,或第二次张拉时直接张拉至$1.03\sigma_{con}$后锚固。

d. 预应力筋张拉时应详细填写施工记录。

13. 封锚

锚固后应切除过长的预应力筋,应采用机械方法裁剪,严禁采用电弧割断。预应力筋切断后露出锚具夹片外的长度不得小于 30mm,并用高强水泥砂浆进行封锚。

317.05　施工质量检测与验收

预应力混凝土路面施工质量控制、竣工验收管理与检查应严格要求。预应力混凝土钢筋工程及模板施工,应符合现行《公路水泥混凝土路面施工技术细则》(JTG/T F30)、《混凝土结构工程施工质量验收规范》(GB 50204)的有关规定。预应力混凝土面层质量评定按照现行《公路工程质量检验评定标准　第一册　土建工程》(JTG F80/1)进行。

1. 滑动层的施工质量检测与验收

(1)基本要求

a. 用于滑动层的砂应过筛处理,将大颗粒及泥块剔除,滑动层的铺设应平整均匀。

b. 聚乙烯薄膜的铺设应平整,不出现鼓包。

c. 滑动层的砂层不能太薄或太厚,滑动层的厚度应随时检查。

(2)实测项目

滑动层实测项目见表 317-4。

滑动层实测项目　　表 317-4

项次	检 查 项 目	规定值或偏差	检查方法和频率	权　值
1	细粒状材料厚度(mm)	±3	尺量,每 200m 每车道 2 处	2
2	细粒状材料宽度(mm)	±50	尺量,每 200m 测 4 点	1
3	聚乙烯薄膜宽度(mm)	±50	尺量,每 200m 测 4 点	1

(3)外观鉴定

滑动层表面平整无大颗粒及泥块。不符合要求时减 1 ~3 分。

2. 钢筋加工及安装

(1)基本要求

a. 钢筋、扎丝、规格和技术性能应符合国家现行标准规定和设计要求。

b. 钢筋平直,表面不应有裂皮和油污。

c. 钢筋安装时,应保证设计要求的钢筋根数。

(2)实测项目

钢筋安装实测项目见表 317-5,钢筋网实测项目见表 317-6。

钢筋安装实测项目　　表 317-5

<table>
<tr><th>项次</th><th colspan="2">检 查 项 目</th><th>规定值或偏差</th><th>检查方法和频率</th><th>权值</th></tr>
<tr><td>1</td><td colspan="2">箍筋间距(mm)</td><td>±10</td><td>尺量,每 50m 检查 5 ~10 个间距</td><td>2</td></tr>
<tr><td rowspan="2">2</td><td rowspan="2">钢筋骨架尺寸(mm)</td><td>长</td><td>±30</td><td rowspan="2">尺量,按 30% 抽查</td><td rowspan="2">1</td></tr>
<tr><td>宽或高</td><td>±10</td></tr>
<tr><td>3</td><td colspan="2">保护层厚度(mm)</td><td>±10</td><td>尺量,每 50m 沿模板周边检查 8 处</td><td>3</td></tr>
</table>

钢筋网实测项目 表 317-6

项次	检查项目	规定值或允许偏差	检查方法和频率	权值
1	网的长、宽(mm)	±10	尺量:全部	1
2	网眼尺寸(mm)	±10	尺量:抽查3个网眼	1
3	对角线差(mm)	15	尺量:抽查3个网眼对角线	1

(3)外观鉴定

钢筋表面无铁锈及焊渣。不符合要求时,减1~3分。

3. 预应力筋的加工和张拉

(1)基本要求

a. 预应力筋的各项技术性能应符合国家现行标准规定和设计要求。

b. 预应力钢丝或钢绞线应梳理顺直,不得有缠绞、扭麻花现象,表面不应有损伤。

c. 单根钢绞线不允许断丝,单根钢筋不允许断筋或滑移。

d. 预应力钢筋及构造钢筋下料应使用机械切割,严禁使用电焊互助气割下料。

e. 预应力钢筋下料中应尽量保持直度,弯曲度过大的应剔除。

f. 预应力筋张拉时混凝土强度和龄期应符合设计要求,严格按照设计规定的张拉顺序进行操作。

g. 预应力钢丝采用镦头锚时,镦头应头型圆整,不得有斜歪或破裂现象。

h. 千斤顶、油表、钢尺等器具应经检验校正。

i. 锚具应符合设计要求,按施工技术规范的要求经检验合格后方可使用。

j. 按设计要求浇筑封锚混凝土。

(2)实测项目

预应力筋网实测项目见表317-7,预应力钢丝、预应力钢绞线检测项目见表317-8。

预应力筋网实测项目 表 317-7

项次	检查项目	规定值或允许偏差	检查方法和频率	权值
1	网眼尺寸(mm)	±10	尺量:每10m抽查3个网眼	1
2	对角线差(mm)	15	尺量:每10m抽查3个网眼对角线	1

预应力钢丝、预应力钢绞线检测项目 表 317-8

项次	检查项目	规定值或允许偏差	检查方法和频率	权值
1	预应力筋位置允许偏差(mm)	±10	尺量:每50m抽查3处	1
2	预应力角度允许偏差(°)	±5	尺量:每50m抽查3处	1
3	张拉应力值	符合设计要求	查油表读数:全部	4
4	张拉伸长率	符合设计规定,无设计规定时±6%	尺量:全部	3

(3)外观鉴定

预应力筋表面应保持清洁,不应有明显的锈迹。不符合要求时,减1~3分。

4. 水泥混凝土面层的质量检查与验收

(1)基本要求

a. 基层质量应符合规定要求，并应进行弯沉测定，验算的基层整体模量应满足设计要求。

b. 水泥强度、物理性能和化学成分应符合国家标准及有关规范的规定。

c. 粗细集料、水、外掺剂及接缝填缝料应符合设计和施工规范要求。

d. 施工配合比应根据现场测定水泥的实际强度进行计算，并经试验，选择采用最佳配合比。

e. 路面拉毛或机具压槽等抗滑措施，其构造深度应符合施工规范要求。

f. 面层与其他构造物相接应平顺。

g. 混凝土路面铺筑后按施工规范要求养生。

(2)实测项目

水泥混凝土面层实测项目见表 317-9。

水泥混凝土面层实测项目　　表 317-9

<table>
<tr><th rowspan="2">项次</th><th rowspan="2" colspan="2">检 查 项 目</th><th colspan="2">规定值或允许偏差</th><th rowspan="2">检查方法和频率</th><th rowspan="2">权值</th></tr>
<tr><th>高速公路
一级公路</th><th>其他公路</th></tr>
<tr><td>1</td><td colspan="2">弯拉强度</td><td colspan="2">在合格标准之内</td><td>标准小梁法或钻芯劈裂法</td><td>3</td></tr>
<tr><td rowspan="2">2</td><td rowspan="2">板厚度(mm)</td><td>代表值</td><td colspan="2">-5</td><td rowspan="2">挖验或钻芯法，每 200m 每车道两处</td><td rowspan="2">3</td></tr>
<tr><td>合格值</td><td colspan="2">-10</td></tr>
<tr><td rowspan="3">3</td><td rowspan="3">平整度</td><td>σ(mm)</td><td>1.2</td><td>2.0</td><td rowspan="2">平整度仪：全线每车道连续检测，每 100m 计算 σ、IRI</td><td rowspan="3">2</td></tr>
<tr><td>IRI(mm)</td><td>2.0</td><td>3.2</td></tr>
<tr><td>最大间隙 h(mm)</td><td>—</td><td>5</td><td>3m 直尺：半幅车道板带每 200m 测 2 处 × 10 尺</td></tr>
<tr><td>4</td><td colspan="2">抗滑构造深度(mm)</td><td>一般路段不小于 0.7 且不大于 1.1；特殊路段不小于 0.8 且不大于 1.2</td><td>一般路段不小于 0.5 且不大于 1.0；特殊路段不小于 0.6 且不大于 1.1</td><td>铺砂法：每 200m 测一处</td><td>2</td></tr>
<tr><td>5</td><td colspan="2">相邻板高差(mm)</td><td>2</td><td>3</td><td>每条 2 点</td><td>2</td></tr>
<tr><td>6</td><td colspan="2">纵缝顺直度(mm)</td><td colspan="2">10</td><td>每 20m 拉线，每 200m 4 处</td><td>1</td></tr>
<tr><td>7</td><td colspan="2">中线平面偏位(mm)</td><td colspan="2">20</td><td>经纬仪：每 200m 测 4 点</td><td>1</td></tr>
<tr><td>8</td><td colspan="2">路面宽度(mm)</td><td colspan="2">±20</td><td>抽量：每 200m 测 4 处</td><td>1</td></tr>
<tr><td>9</td><td colspan="2">纵断高程(mm)</td><td>±10</td><td>±15</td><td>水准仪：每 200m 测 4 断面</td><td>1</td></tr>
<tr><td>10</td><td colspan="2">横坡(%)</td><td>±0.15</td><td>±0.25</td><td>水准仪：每 200m 测 4 断面</td><td>1</td></tr>
</table>

注：表中 σ 为平整度仪测定的标准差；IRI 为国际平整度指数；h 为 3m 直尺与面层的最大间隙。

(3)外观鉴定

预应力混凝土面层的外观鉴定包括以下内容：

a. 混凝土板的断裂块数，高速公路和一级公路不得超过评定路段混凝土板总块数的0.2%，其他公路不得超过0.4%。不符合要求时，每超过0.1%减2分。对于断裂板，应采取适当措施予以处理。

b. 混凝土板表面的脱皮、印痕、裂纹和缺边掉角等病害现象，对于高速公路和一级公路，有上述缺陷的面积不得超过受检面积的0.2%，其他公路不得超过0.3%。不符合要求时，每超过0.1%减2分。

c. 路面侧石直顺、曲线圆滑，越位20mm以上者，每处减1～2分。

d. 接缝填筑饱满密实，不污染路面。不符合要求时，累计长度每1 000m减2分。

e. 胀缝有明显缺陷时，每条减1～2分。

317.06 计量与支付

1. 计量

(1) 预应力混凝土路面应按图纸所示或监理人指示的铺筑面积，经监理人检查验收合格，以平方米计量。除监理人另有指示外，超过图纸所规定的面积均不予计量。

(2) 滑动层的费用已包含在支付子目317-1中。

(3) 预应力混凝土路面的钢筋、预应力钢丝按图纸要求设置，经监理人检查验收合格，以千克计量。

2. 支付

(1) 费用的支付，主要包括以下内容：

a. 承包人提供工程所需的材料、机具、设备和劳力等。

b. 原材料的检验、混合料设计与试验，以及经监理人批准的按规范所要求的试验路段的全部作业。

c. 铺筑前对基层的检查和清扫、材料的采备、拌和、运输、摊铺、压实、整型、养护及切割等。

d. 质量检验所要求的检测、取样及试验等工作。

(2) 按上述规定计量，经监理人验收并列入工程量清单的以下支付子目的工程量，将以合同单价支付。此项支付包括一切为完成本项工程所必需的全部费用。

3. 支付子目

子 目 号	子 目 名 称	单 位
317-1	预应力混凝土路面	
-a	水泥混凝土	m^2
317-2	钢筋	
-a	HRB400	kg
-b	HPB300	kg
317-3	预应力钢丝	kg

第318节 沥青及改性沥青

318.01 范围

本节沥青材料用于高速公路沥青路面结构层，规格为A级70号道路石油沥青、A级90号道路石油沥青、SBS改性沥青、SBR改性乳化沥青、橡胶沥青，规定了沥青材料的质量标准、技术要求、试验方法、检验规范及包装、标志、储存、运输等要求。

318.02 技术要求

1.沥青要求质量均匀、稳定。同一供货人不得提供不同厂家，不同产地的沥青。每一批沥青材料出厂时，都应附有产品质量合格证明文件（注明产品名称、代号、标号、运输与存放条件、使用方法、生产工艺和涉及健康、环保、安全等有关的资料）和厂家技术试验分析证明书[或各项技术指标检验的试验检测资料（含试验方法和结果）]，供货人应在沥青桶（罐）上注明项目名称、供货批次、供货时间等主要信息。

2.沥青材料应符合现行《公路沥青路面施工技术细则》（JTG F40）要求。基质沥青应进行四组分检测不少于3次，若组分存在明显偏差，即使指标合格，发包人有权退货。

3.SBS改性剂应与用于改性的基质沥青具有良好的配伍性和相容性。改性沥青厂家并应提供可靠的该品牌沥青改性的相关技术和服务以及近三年该品牌沥青SBS改性的信息资料。基质沥青应进行四组分检测不少于3次，若组分存在明显偏差，即使指标合格，发包人有权退货。

4.若作为橡胶沥青的基质沥青，拟供沥青应与橡胶粉具有良好的配伍性和相容性，并提供该品牌沥青相关技术资料。

5.沥青技术指标及要求既是评标的主要内容，又是中标后产品验收的依据。在沥青供应中发生第一次沥青指标抽检不合格情况时，按照招标文件规定处理，发生第二次沥青指标抽检不合格情况时，发包人有权单方终止合同，或将本标段中部分供应合同交由其他供货人或特殊分包人完成，原供货人无条件按照发包人规定的期限退场或接受指定分包，由此引起的责任及相关费用均由原供货人承担。

6.基质沥青质量控制。

（1）供货人应按照投标文件中响应的基质沥青品牌，只能从授权的生产商处采购沥青，禁止冒牌、贴牌、串牌供应，否则，发包人有权单方终止合同，没收所有履约担保，并将供货人及相关责任人列入信誉黑名单，同时保留依法起诉的权利。

（2）用于SBS改性的基质沥青应满足现行规范沥青技术指标要求。进场时，留样备份，并进行四组样检测，便于在供应过程中以此备份样与质量波动样进行对比分析。各项目应按照规范要求的频率和指标对基质沥青质量进行抽检,确保基质沥青质量符合要求。

7.改性沥青质量控制。

(1)工厂改性

改性加工厂应安装改性沥青生产过程动态质量监控系统,相关费用由供货人承担同时改性加工厂应提供添加剂不同剂量的改性沥青样本,以便不定期用改性剂检查仪检测其掺量。工厂生产的改性沥青应加强运输过程中防改性剂离析的控制措施。

a.改性剂掺量确定

根据改性沥青的性能要求及基质沥青的特点,通过配比试验确定改性剂的种类、型号及掺量,制定相应的技术标准,提供相应的改性沥青配比试验报告,作为改性过程的重要控制依据。同时,在改性过程中,要严格控制改性剂掺量,对改性后的沥青,委托有资质的单位进行改性剂含量检测,保证改性剂的掺量不少于要求。

沥青供货时采用指纹识别技术识别沥青,沥青指纹识别技术通过高分辨质谱仪,分析沥青中的极性组分的分子组成,形成指纹状的指纹红外光谱信息。通过供货样品与施工现场使用沥青的两种指纹图表信息认真对比,即可得知样品与现场使用的沥青指纹信息是否吻合。

(a)在发包人、中心试验室的监督下,供货人按照标准生产工艺提供质量合格的沥青,作为质量评定和指纹识别的标准样;

(b)供货期间按每2 000t的频次进行抽检,将运至工地现场的改性沥青与标准样进行比对。

b.改性沥青的加工

改性沥青加工中温度设定、溶胀、研磨、发育工艺及时间,应严格按照规范规程要求进行控制,并对每一批改性完成的沥青进行质量检测。并做好以下工作:

(a)根据工地生产情况,如改性沥青存放时间较长,使用前须取样进行常规性能验证检测,检测结果完全符合规范要求时,方可使用。

(b)改性设备一般应用胶体磨,并且将加工过程中溶胀、研磨、发育等工艺流程的时间进行明示,各环节工作温度应在监控室实时显示。

(c)加大对改性沥青性能指标的抽检频率,重点检测135℃运动黏度、针入度、软化点、延度、针入度比等关键指标。

(d)制定统一的生产及质量记录表格,当班操作手认真填写记录,并对每天的生产情况进行分析,及时消除质量隐患。

(e)改性沥青加工过程中各种材料添加应采用机械投放,禁止采用人工添加方式。

c.设备管理

(a)设备操作人员须经过严格岗前培训,持证上岗。

(b)制定规范操作规程,严格按照操作规程操作,加工现场应将操作步骤挂牌明示。

(c)开工前例行检查关键的仪表,如计量表、温度计、流量表等,每天停机后进行例行检查和保养,发现故障及时排除,确保设备随时处于良好运行状态。

d.改性沥青的质量控制要求

(a)人员和技术要求

ⓐ改性沥青厂家和施工单位应在试验室配备两名有相关资质、能够承担改性沥青检测任务的试验人员,同时中心试验室或监理单位派驻现场人员,对改性沥青的生产进行全程监控。

ⓑ发包人、中心试验室将加大对改性厂家改性沥青的抽检和外委试验频率,质量评定时,须包括改性剂掺量检测内容。

(b)设备要求

ⓐ存储罐数量应保证改性设备维修时满负荷正常施工的要求,并配备搅拌设施。

ⓑ改性厂家和施工单位工地试验室、中心试验室应配备下列检测仪器:

沥青软化点仪、低温延度仪、针入度仪、旋转黏度仪、电子天平(200g 和 2 000g)、冰箱干燥箱、旋转薄膜烘箱、电热煲、小型改性沥青剪切机和荧光显微镜等。

以上设备需要的辅助试验设施应严格按照现行《公路工程沥青及沥青混合料试验规程》(JTG E20)对应配备齐全。

(2)现场改性

采用现场改性时,沥青供货人负责采购基质沥青,在沥青拌和站将基质沥青按照相关程序交付路面施工承包人,由路面施工承包人负责进行改性,有关产品的所有权及风险也同时转移给路面施工承包人。

改性加工厂应安装改性沥青生产过程动态质量监控系统,相关费用路面由施工承包人承担,同时改性加工厂应提供添加剂不同剂量的改性沥青样本,以便不定期用改性剂检查仪检测其掺量。

a. 生产工艺

(a)基质沥青应按规范进行检测,确认基质沥青的品质符合项目要求的标准。

(b)符合质量标准的基质沥青,通过流量计准确计量(计量精度为 ±0.15%),按工艺要求的数量通过快速换热器瞬间升温至 180℃并送入混融罐(每罐 9.2t,共 4 个),同时加入 2% 的抽出油,并启动搅拌。

(c)按工艺要求的数量准确计量 SBS 改性剂,并通过气力输送机加入基质沥青中混融(约 15min)。

(d)按工艺要求人工加入稳定剂(准确为基质沥青的千分之 2.5),并搅拌 5min。

(e)经充分反应的物料(改性沥青半成品)通过胶体磨一次性研磨(每罐研磨时间约 15min),使其充分细化和高度分散。

(f)经细化和分散合格的改性沥青送入熟化罐在 180℃熟化约 60min。

(g)按工程项目的质量标准对改性沥青成品进行检测,确认产品合格,不合格的予以废弃。

b. 现场改性时,改性剂掺量确定、设备管理、改性沥青的质量控制要求参照工厂改性有关要求,结合现场实际情况确定。

318.03　取样和试验方法

1. 每批进场沥青均应由发包人指定有检测资格的试验单位重新进行取样和试验,用以确定每一个批次的沥青质量，试验方法按现行《公路工程沥青及沥青混合料试验规程》(JTG E20)执行，其试验结果将作为沥青材料品质合格的最终依据。对同一批次生产的沥青，可随机单桶取样，也可多桶混合取样；对不同批次生产的沥青，应根据桶数按表318-1规定或按总桶数的立方根数随机选取沥青桶数进行现场抽检。所有取样应在监理工程师在场情况下进行。

沥青样品选取表 表318-1

沥青桶总数(桶)	选取装(桶)	沥青桶总数(桶)	选取数(桶)
2~8	2	217~343	7
9~27	3	344~512	8
28~64	4	513~729	9
65~125	5	730~1 000	10
126~216	6	1 001~1 331	11

2. 基质沥青在运抵改性沥青厂后，供货人应出具本批沥青的数量、采购合同、沥青出厂检验报告、SGS检验报告、中国口岸商检报告等资料并留存备查。对到场基质沥青，严格按照《公路工程沥青及沥青混合料试验规程》(JTG E20)执行，要求进行沥青各项指标和四组分检测，经抽检各项指标全部满足合同和规范要求，方可准许卸入项目专用储存罐，四组分参考指标见表318-2。

沥青四组分指标表 表318-2

项　目	百分比(%)
沥青质	6~12
胶质	19~29
芳香分	32~50
饱和分	13~30

3. 驻厂监理监督、见证供货人完成总监办、管理处对沥青材料外委检验的取样、送样，对样品进行签认，对沥青供应商按规定进行的取样试验、留样进行旁站、监督、见证、签认。

4. 供货人应为监理工程师的试验与取样提供方便，试验费用的支付按本技术规范第6.2条规定执行。

318.04 检验规则

1. 沥青材料出厂时，应附有产品质量合格证明文件(含试验方法和结果)，并附产品说明书，注明产品名称、代号、标号、运输与存放条件、使用方法、生产工艺和涉及健康、环保、安全等有关的资料。

2. 对于供应的国产石油沥青，发包人将采取下列但并不局限于此的措施，以保证石油沥青的品牌、产地和质量：

(1)供货人在沥青出厂前应通知发包人预计装车时间、数量、车牌号(如果发包人认为有必要，将派代表监装和查验)。

(2)每一批沥青运至工地后,发包人将抽检化验,指标完全满足要求时方可使用。供货人无条件配合发包人不定期随机化验抽检沥青技术指标。抽检沥青试验费用由供货人承担。

3. 对于供应的进口石油沥青,发包人将采取下列但并不局限于此的措施,以保证石油沥青的品牌、产地和质量:

(1)供货人在装船前应通知发包人预计装船时间、数量、船名、装货港、卸货港(如果发包人认为有必要,发包人将派代表监装和查验)。

(2)装船后通知发包人海运提单数量,到卸货港时间,提交海运提单、品质、数量、生产厂商检验证书传真件。

(3)到卸货港后,通知发包人代表前往拍照,以确认所到货物与预先通知的一致。并由供货人和发包人代表共同取样封存备查。

(4)通关、检验完毕后卸货,将承运车牌号、装货数量记录在案备查。

(5)须向发包人代表提供海运提单、报关单、海运记录、保险单,国外独立权威机构出具的品质、数量证书,原产地证明(中英文),中国商检品质、数量证书的扫描件(加盖供货人公章)。同时提供正本供发包人代表对照审核。

(6)每一批沥青运至工地后,发包人将抽检化验,指标完全满足要求后方可使用。供货人无条件配合发包人不定期随机化验抽检沥青技术指标。同时发包人有权利要求供货人提供每一批次沥青四组分试验报告,费用由供货人承担。

4. 沥青到达入关港口后,供货人应向中华人民共和国进出口商品检验局申请品质和数量的检验,其出具的“检验情况通知单”作为货物的质量和数量的重要依据。进口道路石油沥青一旦到达我省港岸,沥青供应商应在第一时间以书面形式通知发包人取样,同时提供本批进口沥青的数量、到达时间、采购合同、沥青出厂检验报告、SGS 检测报告、中国口岸商检报告等资料。发包人取样代表在查阅各种文件后,认为沥青符合有关文件的要求后才能取样,并监督泵入项目专用油罐。如果发现不符合要求,发包人有权不取样,并不允许该沥青泵入项目专用油罐。采取循环取样、送样试验方法,取样应分成若干份,一部分封存留样,一部分供检测使用。所取样品应尽快送国内权威的具有检测资质的单位检测,检测结果合格后方能使用。

5. 在接到发包人通知 10d 内,供货人应向各路面施工承包人、监理人以及发包人指定的有关检测机构分别送一定数量的沥青样品,用于试验检测和配合比试验(该样品应是投标所报品牌的石油沥青)。如果发包人对其他样品需要,供货人应按照要求提供。送样样品注明材料名称、产地、标号、送样人等信息。

6. 供货人应按发包人或监理工程师的要求,在制造、加工地点或交货验收地点对沥青材料进行检查、量测和检验。供货人应根据监理工程师的选择和要求提供一切正常需要的手段,按照现行《公路工程沥青及沥青混合料试验规程》(JTG E20)进行检验。

318.05　包装、标志、储存、运输、交接

1. 包装

不管采用何种形式的包装,都应注明产品名称、产品商标、生产厂名、批号、生产日期、

保质期和检验员代号、规格、体积、重量。至改性加工场的沥青包装材料由供货人自行清理回收，所有权属供货人；至路面施工现场的桶装沥青由路面施工承包人脱桶，包装材料由路面施工承包人清理回收，所有权属招标人。

2. 标志

道路石油沥青应有明显标志，其内容包括产品商标、生产厂名、批号、生产日期、保质期和检验员代号。

3. 储存

(1)沥青应按品种、标号分开存放。道路石油沥青应储存在干燥通风的条件下，产品应远离热源，保持清洁，严禁与有机溶剂等相接触。

(2)除长期不使用的沥青可放在自然温度下存储外，石油沥青在储罐中的储存温度不应低于130℃，并不得高于170℃。桶装沥青应直立堆放，加盖苫布。道路石油沥青在储存过程中应有良好的防水措施，避免雨水或加热管道蒸汽进入沥青。

4. 运输

沥青在运输时应采用沥青专用设备，严禁不同产地、品牌、规格、型号的沥青由同一辆运输车混合交叉运输。不得与其他物资混装，注意防火防水，且不能与其他有害物质相接触，同时在装卸时尽量避免破损，不得有雨水等渗入。运输车辆配置全球卫星定位系统(GPS)，可以随时通过网络得知运输车辆所处的位置，以及离项目现场的距离，以此保障运输环节的畅通实施。

运到现场的每批沥青都应附有制造厂的证明和出厂试验报告，并说明装运数量、装运日期、订货数量等。

5. 交接

沥青交货时，路面施工承包人应提供储罐和完善的接卸设施并配合送货人员及时将所送沥青卸完。因路面施工承包人原因造成不能按时卸货(超过24h)，路面施工承包人承担由此造成的损失并支付停滞台班费；造成最终无法卸货，由路面施工承包人负责承担损失费用。若交接时发现沥青桶破损、残缺导致路面施工承包人拒绝交接的沥青应退回给沥青供货人。

散装沥青产品在卸完产品交付即告完成，有关产品的所有权及风险也应同时转移给路面施工承包人。

318.06 计量与支付

1. 计量

以实际到达指定沥青拌和场，并经质量抽检合格的沥青产品净质量(净质量为沥青材料质量扣除包装物后的质量)进行计量，以吨为计量单位。在验收合格后，由发包人、监理人、路面施工承包人、沥青材料供货人四方联合开具收料单作为沥青供货结算凭证。

现场改性时，改性沥青加工数量以改性后合格的改性沥青重量为计量依据。若沥青改性不合格，改性加工费用不予计量，此外，路面施工承包人应承担改性不合格所使用的基质沥青费用。

路面施工承包人实际使用的沥青(包含改性沥青)数量应以监理人批复的沥青混合料施工配合比进行计算,超用的沥青(包含改性沥青)数量由路面施工承包人承担。

2. 支付

按上述规定计量,每一计量单位(改性沥青以成品改性沥青进行计量),将以合同单价支付。此项支付已包括沥青材料的出厂价,各种运输费、装卸费、港口费、杂费、货物损失费、保险费、各种税费(含增值税、关费及进口环节税)、试验费、管理费、利润等全部费用。对于改性沥青,此项支付包含了沥青改性加工、改性沥青生产过程动态质量监控系统费用等一切费用。

3. 支付子目

子　目　号	子 目 名 称	单　　位
318-1	A 级 70 号道路石油沥青	t
318-2	改性沥青(现场改性)	
-a	A 级 90 号道路石油沥青(基质沥青)	t
-b	SBS 改性加工	t
-c	SBR 改性加工	t
-d	橡胶沥青加工	t
318-3	改性沥青(工厂改性)	
-a	SBS 改性沥青(基质沥青为 A 级 90 号道路石油沥青)	t
-b	SBR 改性沥青(基质沥青为 A 级 90 号道路石油沥青)	t
-c	橡胶改性沥青(基质沥青为 A 级 90 号道路石油沥青)	t

第 400 章　桥梁、涵洞

第401节　通　　则

401.02　一般要求

删除本小节第3条,以下文代之:

3. 复测

承包人应在开工前对桥梁中心位置桩、三角网基点桩、水准基点桩及其他测量资料进行核对、复测。若桩志不足或不符合要求,应按《公路桥涵施工技术规范》(JTG/T F50—2011)第3章“施工准备和施工测量”有关要求重新补测,并将复测或补测结果报监理人认可。

承包人应对桥梁中心桩、水准基点桩等控制标志妥善保护,直至工程竣工验收。

增加本小节第9~11条,内容如下:

9. 每个墩台施工完成后应及时进行编号,编号应符合下列规定:

(1)编号应在靠施工便道一侧的墩、台身上进行标注。

(2)编号沿路线里程增长方向自起点桥台、墩身到终点桥台,从0开始,1、2、3……连续进行编号。

(3)墩、台身上编号的外圆圈直径应为400mm,采用蓝底白字,中文字体为印刷黑体,规格为100mm×150mm,采用反光贴纸贴在距梁底3m处(距离可根据桥梁高度适当调整)。

10. 拼宽桥台钻孔桩施工,钻孔平台布置尺寸应尽可能少侵占路基边坡和桥下通道,桥台锥坡拆除时应采取切实有效的措施(如打设钢板防护等),确保原有桥头路基稳定。钻孔结束后,应尽早进行台身施工、台后和台前填筑以及桥下通道的施工。

11. 行车维护管理。

(1)承包人在施工时若需要部分封道,应在2d前向监理人提出书面报告,制定相应的确保安全、畅通的技术措施,应取得监理人和发包人的批准。经与交警、路政部门联系,并办理必要的手续之后,方可进行施工。

(2)承包人要成立相应的交通管理组织,配足交通维护人员,设置规范的标志,建立管理制度,做到24h值班。并取得交警的支持,配合交警做好交通管理工作,确保施工、行车两不误。

401.04　桥梁荷载试验

增加本小节第5条,内容如下:

5. 桥梁荷载试验按如下频率进行:

(1)特大桥、大桥、特殊结构桥梁及对工程质量有异议的桥梁应逐座检测。

(2)中桥抽查桥梁总座数的10%。同一标段内相同结构的桥梁若属同期施工,且采用的施工工艺、材料均相同时,可减少荷载试验数量。

(3)每座桥梁荷载试验孔数应不少于2跨,其中,一跨应选择荷载效应对结构使用最为不利的跨。对于一座桥梁分为几个标段施工的,各标段按一座独立桥梁抽检。当一座桥梁采用不同跨径或不同结构形式时,应按总跨数的10%且不少于2跨的频率进行抽检。

(4)连续刚构桥荷载试验应选择边跨和相邻跨,超高墩应测试墩底弯矩。

删除本节第401.07小节,以下文代之:

401.07 桥梁监控

1. 高墩大跨、技术复杂桥梁在施工期间,除承包人应做好监控与量测工作外,还应协助和配合桥梁专业监控与量测单位,对桥梁施工中的重要环节过程进行监测与控制,以保证施工过程中结构处于安全状态,确保桥梁线形和内力符合设计要求。

2. 桥梁施工监控与量测单位由发包人选择具有相应资质的单位承担。

3. 现场施工过程中各阶段监测数据传递与反馈路线要求如下:

(1)施工控制文件发送路线:桥梁监控单位控制文件→监理人签收→承包人执行→监理人监督执行。

(2)施工监测数据反馈路线:承包人测量数据表→监理人签字确认→桥梁监控单位对数据进行计算分析。

4. 承包人根据监理人批准的施工组织设计和分阶段工作计划,制订各个工序详细的计划安排和施工方案,并及时将施工进度情况通知监理人,由监理人通知控制单位到场监测。

5. 开工前,承包人应提交挂篮的结构图纸、挂篮重量(理论重量、实测重量)、挂篮前后支点反力及挂篮弹塑性变形值、加载试验曲线等资料;提交边跨现浇段支架构造图;提交在挂篮和现浇段支架上施工临时设备(包括模板及附属物)、工具材料和人员的重量及分布状态;提供各构件预制、现浇尺寸和混凝土数量,提供其他施工荷载的位置和数量,对桥面施工荷载进行控制;提供龄期为7d、28d的混凝土强度试验及其他规范规定或监理工程师认为需要的试验。当原材料发生变化时需重新进行试验。

6. 承包人应配合进行梁段挠度、轴线位移、桥墩沉降测点埋设,并负责应力、温度测点埋设的现场保护工作。在施工过程中,承包人应组织专门测量人员与监控单位各自独立完成梁段变形和中轴线位置测量,测试结果由监理人签发至监控单位。若双方测量结果有出入,要及时查找原因,重新测定出正确数据。

7. 在施工期间,承包人应确保对称施工,特别是大悬臂阶段,应确保主要施工机具的数量及位置与施工步骤安排相同;将备用施工机具及材料集中堆放在0号、1号块范围内,减少临时荷载对高程影响。

8. 监控单位负责控制方案的编制,发包人组织专家及相关单位进行论证,按批准方案对施工进行全面有效的监控;在施工过程中,应根据各梁段实测数据,对立模高程误差、施工荷载误差、预应力张拉误差、混凝土弹性模量误差、温度影响、徐变误差、测量误差及计算图式的影响进行分析,并对计算模型进行修正。

9. 在现场监控开始前，监控单位应对设计施工图进行复核计算，根据设计施工图及承包人提供的施工方案及资料，对结构进行全过程模拟计算，得出各施工节段的理论预报值。

10. 监控单位应利用桥梁专用软件计算各阶段的挠度变化及受力特征，并根据实际施工荷载做合理调整，用以指导施工。在施工过程中，监控单位对主梁控制高程、基础沉降、控制截面应力和温度进行跟踪监测，同时与理论计算结果进行对比分析，如发现偏差较大，应提请暂停施工，查明原因后提出纠偏措施，并给出修正后的下阶段施工预报值。

11. 监控单位应在每阶段挂篮就位前24h前提供立模高程和各截面预留位移，监理人及时组织对立模高程和预留位移进行复核；监控单位每月月底向发包人提交阶段性监控成果报告，交工后提供最终监控报告，及时归档，以便运营期间监测使用。

12. 在监控工作开始前，监控单位应建立模型，对桥梁结构进行施工监控全过程仿真计算，具体要求如下：

(1)施工控制参数的选取。施工控制计算参数主要来源两方面：

a. 来源于施工设计图纸，对施工设计图纸进行深入的分析，把握桥梁结构计算模型的坐标，依据图纸对桥梁结构构件进行面积和重量计算。

b. 另一方面来源于设计、施工(加工)、监理等单位，通过对设计图纸的深入理解，向有关单位收集计算的实际参数。影响施工控制计算的参数有：

(a)混凝土主梁重量的误差；

(b)混凝土配合比及弹性模量影响；

(c)桥面施工荷载的误差；

(d)混凝土徐变及收缩参数的不确定引起的应力重分布；

(e)永存预应力影响；

(f)临时荷载的不确定性影响；

(g)环境温度的影响因素等。

在实际施工过程中，如果以上参数与前期计算取用参数不同，需要对前期计算得到的控制参数结果进行修正，以保证结构施工的结果能够与设计吻合。上述参数应通过试件或试块试验、现场测试等手段选取。

(2)设计施工图复核计算分析。在施工控制开始前，根据施工图及施工方案(考虑分阶段挂篮悬臂浇筑、预应力张拉、体系转换等工况)，对结构进行全过程模拟计算，计算分析采用桥梁专用软件进行，并采用另外一种结构计算软件建模复核。主要计算分析内容包括以下几个方面：

a. 施工全过程模拟计算；

b. 临时结构复核计算；

c. 主跨预拱度设置计算；

d. 预应力损失长期效应影响计算分析；

e. 对桥梁结构在施工过程中的应力按规范要求进行验算；

f. 对使用阶段桥梁结构的应力、变形以及承载能力进行验算；

g. 从构造方面核查预应力钢筋和普通钢筋的布置是否满足规范要求。

(3)施工过程仿真模拟计算。根据承包人提供的施工技术方案,对结构进行全过程模拟计算,主要内容有:

a. 各梁段挂篮前移定位后的结构内力、应力和挠度;

b. 各梁段浇筑混凝土后的结构内力、应力和挠度;

c. 各梁段张拉预应力后的结构内力、应力和挠度;

d. 合龙段临时连接后的结构内力、应力和挠度;

e. 合龙段浇筑混凝土后(未凝固,假定为荷载)的结构内力、应力和挠度;

f. 合龙段浇筑混凝土后(已凝固,成为结构)的结构内力、应力和挠度;

g. 二期恒载施加后的结构内力、应力和挠度。

(4)立模高程的确定及调整。在悬臂施工过程中,梁段立模高程应在设计高程的基础上预抬高,抵消施工及运营过程中产生的各种变形(挠度)。计算公式如下:

$$H_{\mathrm{lm}i} = H_{\mathrm{sj}i} + \Sigma f_{1i} + \Sigma f_{2i} + f_{3i} + f_{4i} + f_{5i} + f_{gl} + \Delta$$

式中:$H_{\mathrm{lm}i}$——i 位置的立模高程(主梁上某确定位置);

$H_{\mathrm{sj}i}$——i 位置的设计高程;

Σf_{1i}——由梁段自重在 i 位置产生的挠度总和;

Σf_{2i}——由张拉各预应力在 i 位置产生的挠度总和;

f_{3i}——混凝土收缩、徐变在 i 位置引起的挠度;

f_{4i}——施工临时荷载在 i 位置引起的挠度;

f_{5i}——二期恒载在 i 位置引起的挠度;

f_{gl}——支架变形值;

Δ[❶]——预抛高值,一般中跨跨中为 $L/1\ 000$(L 为中跨跨径),其余各点按余弦曲线变化;边跨最大悬臂端为 $L/4\ 000$,其余各点按余弦曲线变化。

其中,支架变形值是根据支架加载试验,综合各项测试结果而得。而 Σf_{1i}、Σf_{2i}、f_{3i}、f_{4i}、f_{5i} 五项在计算分析的结果中可以得到。

初始的几个节段立模高程按理论值确定,当理论值与实测值基本一致后,按理论值及测量结果调整立模定位高程。

13. 桥梁监控过程中主要有两方面工作:线形监测和应力监测,此外,为了修正计算模型,确保计算结果与现场情况吻合,还需要测试温度场、混凝土弹性模量及重度。

(1)线形监测

a. 测量控制网

监控单位进场后,承包人应提供施工测量控制网点布置资料,监控人员根据承包人现场建立的桥位平面控制网和高程控制网点,设立监控平面和高程控制点。监控人员在监控过程中及时对平面和高程控制基准点进行复测。

b. 基础沉降监测

为了测量各施工工况中基础的累计沉降和不均匀沉降值,在承台每个角布设一个测

❶为经验调节值,学术界对此持不同意见。

点，承包人应按要求设置，测点采用 ϕ20mm 钢筋，钢筋伸出承台顶3cm左右，端部加工磨圆并涂上红油漆。采用精密水准仪进行测量，测量精度在 ±2mm 以内，在各测点放置标尺，观测沉降观测点的高程变化。

c. 桥墩偏位

施工时应严格控制墩身的竖直度或斜度，应采用全站仪分别由两名操作手独立测量控制桥墩线形，每节段立模前和混凝土浇筑后，在无太阳强光照射、无大风等干扰条件下，测定墩身纵向、横向中线位置，偏差应不大于10mm。曲线连续刚构桥应在横向曲线外侧预设偏位移，在高墩施工时应预留横向偏位，预留值需由监控单位采用桥梁专用计算软件计算确定。

d. 主梁高程

主梁每个节段上下游梁底各设一个测点，梁底测点供底板定位使用，在主梁浇筑完成后，将测点引至梁顶，梁顶测点采用 ϕ20mm 钢筋伸至入腹板内1.0m，焊接在腹板内竖向钢筋上，并伸出梁顶表面3.0cm左右，在后续施工过程中应认真保护。高程测量一般应在早晨日出之前气温相对稳定时进行。监控单位须对以下工况梁顶、梁底的全部测点的高程进行测量：

(a)挂篮定位后；

(b)浇筑本节段混凝土后；

(c)张拉本节段预应力钢筋后。

e. 轴线测量

为了确保施工过程中桥梁轴线位置准确，需要对桥梁轴线进行监测。对于曲线连续刚构桥，应在横向曲线外侧设预偏位移，在悬臂浇筑时，应预留横向偏位，预留值由监控单位根据计算软件计算及现场量测结果确定。轴线测量测点设置在箱梁悬臂段前端顶面横向中心位置，测点采用 ϕ20mm 钢筋焊接在顶板主筋上，并伸出梁顶表面3.0cm左右。监控单位须对以下工况桥梁轴线进行测量：

(a)挂篮定位后；

(b)浇筑本节段混凝土后；

(c)张拉本节段预应力钢筋后。

f. 截面尺寸测量

根据误差分析理论，混凝土超方对悬臂施工桥梁线形及内力影响较大。为了防止混凝土超方，应对每一节段梁截面进行测量。量测方法为在每一节悬浇段悬臂端采用钢卷尺测量，量测内容包括截面高度、顶板、底板和腹板厚度等，测量精度应控制在2mm以内。

(2)应力监测

a. 测试断面布设

根据刚构桥结构特点和施工过程控制要求，防止结构在施工过程中产生非正常应变和变形，确保结构在施工及运营期间受力状况良好，对桥梁关键截面应力状态进行实时跟踪监测。桥墩及主梁应力测试断面布置见表401-2。

桥墩及主梁应力测试断面布置　　表 401-2

序号	应力测试断面	传感器埋设	测 试 应 力
1	桥墩墩底	竖向,应变计	截面正应力
2	桥墩墩顶	竖向,应变计	截面正应力
3	边跨支点位置	腹板中央,应变花	支点剪应力
4	边跨 $L/2$	纵向,应变计	截面正应力
5	箱梁根部(0 号、1 号截面)	纵向,应变计	截面正应力
6	中跨(次中跨)$L/4$、$3L/4$	腹板中央,应变花	截面剪应力
7	合龙段截面	纵向,应变计	截面正应力
……	……	……	……

b. 应力监测方法

采用智能型温度振弦式混凝土应变计配合振弦式数据采集仪进行测试。

c. 测点埋置方法、要求和保护

按照拟定的应力测点位置,将埋置式应变计按预定的测试方向用细扎丝固定在结构钢筋的下面或侧面,在混凝土浇筑过程中,振捣棒应避开传感器,以免振捣时传感器方向改变或将测试导管损坏,同时应注意保护测试导线。若发生应变计、传感器和导线损坏情况,承包人应及时通知监控单位,采取补救措施。对结构各部位应变计导线绑扎及引出结构要求如下:

(a)主梁下缘的应变计导线沿结构竖向钢筋向上每隔 0.5m 绑扎一道,在转弯处需绑扎牢固,至引出桥面板顶面,露在混凝土外面的测试导线用护套保护。

(b)主梁上缘的应变计导线沿结构钢筋向上引出桥面板顶面,在转弯处需绑扎牢固,露在混凝土外面的测试导线用护套保护。

(c)传感器、应变计导线及测量仪器应制作钢箱予以保护、供电,以保证整个施工过程中均可观测。成桥后,钢箱应放在桥梁外侧护栏处,便于进行永久性监测。

d. 控制截面应力监测

根据施工顺序,确定桥墩及主梁应力监测的工况为:

(a)桥墩施工阶段:桥墩施工关键节点;

(b)0 号块施工阶段:0 号混凝土浇筑后;

(c)箱梁悬臂浇筑阶段:节段挂篮就位后、混凝土浇筑后、预应力钢筋张拉完成后;

(d)桥梁合龙阶段:临时支撑锁定后、混凝土浇筑后、预应力束张拉后;

(e)特殊工况:二期恒载施加后、施工过程中桥面荷载有较大变化时;

(f)运营期间监测。

(3)温度监测

桥梁结构处于一个变化的温度场中,由于环境温度变化,使得桥梁截面应力和主梁高程时刻发生变化,导致测量结果不确定。通过对环境温度监测,对计算模型进行修正,计算温度对桥梁结构的影响,确保桥梁线形准确;同时,通过对环境温度监测,确定桥梁合理的合龙时间。

环境温度包括季节温差和日照温差两部分。日照作用会引起主梁顶、底板产生温度差,使主梁发生挠曲,同时,墩身两侧的温度差,使得墩身不均匀膨胀产生偏位。日照温差的影响应通过定时观测,按温差结果对计算模型进行修正,调整立模高程。对于季节温差,应采集各节段环境温度,输入计算模型,分析其对挠度产生的影响,并进行修正。

桥梁合龙前 1 周内应 24h 不间断测试温度,确保合龙时间选择在一天中温度最低而且相对稳定的时刻。

(4)混凝土弹性模量和重度测试

混凝土弹性模量测试应选取现场同体养生试件,分别测定混凝土试件在 3d、7d、14d、28d、60d 龄期的弹性模量值,得到完整的 E-t 曲线,为主梁预拱度修正提供数据。

混凝土重度的测定也应采用现场取样,在试验室用常规方法测定。

14. 提交监控成果

根据桥梁监控进程,监控单位按以下要求提交报告,详见表 401-3。

桥梁监控报告提交要求汇总表 表 401-3

序号	报告提交形式	说　明
1	桥梁监控细则	根据桥梁监控方案的评审意见,对方案修改和完善,并据此编制桥梁监控细则,于监控工作开始前 15d 提交监理人
2	施工监控全过程仿真计算分析报告	建立施工监控计算分析模型进行计算,编制施工监控全过程仿真计算分析报告,于监控工作开始前 15d 提交监理人
3	施工监控预报	在各块段挂篮就位前 24h,向监理人提交立模高程
4	预警通知书	在出现数据不正常并可能会对结构产生不利影响时,由监控单位分析原因后,及时向承包人和监理人发出预警通知,并立即通知发包人
5	监控月报	每月一份,详细说明与监控工作有关的所有情况,包括测量结果分析等,月底提交监理人
6	监控补充文件	如设计或施工方案有变化而导致监控方案改变,在各方协商一致后提供
7	最终报告	在主桥合龙后一个月内完成

增加本节第 401.08～401.11 小节,内容如下:

401.08 桩基检测

桥梁桩基应采用超声波按 100% 频率进行无破损完整性检测,并按 3% 频率钻芯取样抽检。对超声波检测有疑问的应钻芯取样验证,钻芯时不得将桩基预留钢筋扳倒。桩基检测应由具备资质的单位承担,检测单位应独立、公正、科学地做好桩基检测工作,并对签认出具的《桩基质量检测评定报告》终身负责。对检测不合格的桩基,承包人应及时处理到位,由检测单位进行复检。桩基处理及复检费用由承包人承担。

401.09 支座检测

桥梁梁板架设完成并完成体系转换(如设计要求)及项目通车试运营一年后,由具备支座检测资格的单位对全部支座逐一检测、拍照编号,并出具检测报告和影像资料,以便运营养护期间参考使用。存在问题的支座,承包人应及时更换处理,处理完毕后由检测单位进行复检。支座更换处理及复检费用均由承包人承担。

刚构—连续组合梁桥及连续梁桥解除临时支座并完成体系转换后,对支座逐一进行检测,相关要求同上。

401.10 预应力孔道压浆检测

后张法预应力混凝土应采用循环智能压浆系统,孔道压浆应采用专用压浆料或专用压浆剂配制的浆液进行压浆。孔道压浆后由具有相应资格和检测经验的单位采用超声无损检测法对压浆密实度进行检测,检测频率按预制梁板数量的1% ~3%进行抽检,现浇梁、梁板架设后预应力体系转换及刚构悬浇梁段按波纹管总数的1% ~3%进行抽检。

401.11 计量与支付

1. 计量

(1)跨铁路、公路、管道、杆线、河渠、水库等交叉施工协调费用由发包人估定,以暂估价的形式按总额计入工程总价内。协调费包括给产权单位缴纳的各类产权费、监管费、安全费、补偿费、措施费、规费等,承包商在施工过程中所产生的安全防护措施费由承包商自行承担,报价包含在相关子目中。

(2)地质钻探及取样试验按实际完成并经监理人验收合格后,分不同钻径以米计量。

(3)桥梁荷载试验、桩基检测、支座检测、预应力孔道压浆检测由发包人另行招标实施,桥梁施工单位做好相应配合工作。

2. 支付

(1)按上述规定计量,经监理人验收列入了工程量清单的地质钻探及取样试验支付子目其每一计量单位将以合同单价支付。此项支付已包括了为完成钻探取样所需的全部材料、劳力、设备、试验及成果分析等的全部费用,是对完成钻探及取样试验的全部偿付。

(2)401-1 根据签订的相关协议支付。

3. 支付子目

子目号	子目名称	单位
401-1	跨铁路、公路、管道、杆线、河渠、水库等施工协调费(暂估价)	总额
401-2	地质钻探及取样试验(暂定工程量)	
-a	70mm 直径	m
-b	110mm 直径	m

第402节　模板、拱架和支架

402.04　模板、拱架和支架的制作与安装

删除本小节第2、8条，以下文代之：

2. 承包人开始制作模板、支架之前，应按图纸要求和《公路桥涵施工技术规范》(JTG/T F50—2011)第5.3节及第5.4节规定编制本工程拟采用模板、支架的制作以及安装的技术要求，并报请监理人批准。在开始制作模板之前，承包人的模板设计图应通过监理人的评审。

8. 支架应稳定、牢固，应能抵抗在施工过程中可能发生的偶然冲撞或振动。支架立柱安装前，应对现有场地基础采用20cm厚的混凝土进行硬化处理，且设置垫木或钢板来分布和传递压力，确保支架底座有足够的承载力，以保证浇筑混凝土后不发生超过图纸规定的允许沉降量，采用钢管满堂支架要设置足够数量的纵、横剪刀撑，并严格按照梁体和模板重量1.2倍的恒载进行预压，消除非弹性变形。

增加本小节第13～21条，内容如下：

13. 所有用于桥梁工程的模板应为新模板。现浇箱梁所用模板应采用厚度不小于12mm的新镜面竹胶板、木胶板或大块钢模板制作，并应能保证梁体表面光洁美观；预制梁、现浇箱梁端头模板应采用钢模板；悬浇箱梁（连续刚构）挂篮的外模板应采用大块整体钢模，内模板可采用钢木组合模板；用于桥墩、盖梁、梁体等大体积外露部位的模板应为定型钢模板，其他部位应为大块钢模板；预制箱梁内模所用定型钢模板应采用厚度不小于3mm的钢板制作。所有外模钢模板应采用钢板厚度不小于6mm的原平面钢板制作，且应经过铣边处理。钢模板进场前应先进行拼装，验收合格后用油漆打上拼装顺序号。

14. 圆柱墩、方柱墩模板按一模到中系梁位置或到顶进行配置。

15. 防撞护栏的模板应采用整体式钢模，具有足够的强度和刚度。模板交角处应采用倒圆角处理，使其线形平顺。单片模板长度应综合考虑桥面竖曲线及梁体上拱等因素，使施工缝间距均匀一致美观，并有利于断缝的设置，模板长度宜为2～2.5m（匝道1.25m），以保证纵向线形顺适。护栏模板的安装应按模板试拼的编号进行，模板之间的接缝应采用双面胶粘贴于模板接缝处，模饭与桥面之间的接缝应采用橡胶条等材料进行填缝。支模时应在顶部和底部各设一道对拉螺杆，或采用其他固定模板的装置，同时应在模板内设置内支撑，待混凝土浇筑至此位置时，拆除此支撑。

16. 模板安装使用的对拉杆应外套PVC管，保证对拉杆的拆卸和重复使用。模板开孔时应采用机械钻孔，且应布置规则、整齐，不得采用焊割或氧割。安装模板时，应设临时支撑固定，严禁将模板系于结构钢筋上。

17. 模板使用前或拆模后应指派专人打磨，并涂刷专用脱模剂，同一结构脱模剂应采用同一品种。脱模剂采用喷雾器进行喷涂，脱模剂要喷涂均匀，不得出现油滴、油堆和污

染物,喷涂后用塑料薄膜附着,涂刷后用塑料薄膜附着,不得使用废机油和柴油代替脱模剂。

18. 在大体积混凝土结构倒角等容易产生气泡的部位,应在模板表面粘贴混凝土透水模板布,以减少混凝土表面气泡、砂线、砂斑,同时可提高混凝土的表面强度和耐磨度。

19. 模板不得与上下爬梯(扶梯)连接,避免引起模板震动和变形。

20. 空心墩内支架应符合下列规定:

(1)施工中应根据桥墩内部空间尺寸,设置钢结构的内侧施工平台,内侧支架平台应有足够的强度、刚度和稳定性。支撑于墩内隔板上的内侧施工平台应对桥墩隔板(或顶板)的施工荷载标准进行验算。

(2)内侧施工平台应高出混凝土面 6 ~ 7m,平台支架四周与墩身内壁间应留出 0.5m 左右的间隙,用于拆除、提升内模。在钢支架上应搭设多层操作平台,用于内模安装、拆除,钢筋安装,混凝土浇筑等作业。

21. 空心薄壁墩爬升模板的制作与安装

(1)薄壁空心墩宜选用液压爬模方法进行施工。模板采用车间组拼、现场安装,利用爬架上设置的模板悬挂及纵、横向调节系统进行模板的闭合、调位及脱模,操作便捷,效率高。爬架采用液压爬升,可加快工程进度,利于保证整体工期。

(2)为保证埋设位置无误,应在模板上对预埋锚锥精确定位。主墩墩身外模采用定型钢模,直接在设计位置开孔。

(3)内模采用悬吊系统,采用组合钢模拼装成大块模板,模板拆除并清理维护后,直接提升模板至下节段。标准节段内模直线段采用组合钢模。内模设置竖向[8 背楞,2[14a 围檩,围檩间距与外模相匹配。定型倒角模板与组合小钢模横背采用钢板连接,定型倒角模板设置松紧螺杆,通过调节螺杆来实现与组合钢模面板接缝的严密。

(4)墩身内操作平台分上下两层。下层平台为混凝土修饰平台、模板安装平台、混凝土浇筑过程中模板检查平台。上层平台为混凝土浇筑内操作平台、钢筋绑扎内操作平台。下层平台采用预埋锚锥方式安装,上层平台借助内模系统搭设。平台设置人洞,人洞处设置上下爬梯,做好安全防护。

402.05 模板、拱架和支架的拆卸

删除本小节第 8 条,以下文代之:

8. 模板、支架拆除时的技术要求,应符合图纸要求及《公路桥涵施工技术规范》(JTG/T F50—2011)第 5.5 节的有关规定。

增加本小节第 9 ~ 11 条,内容如下:

9. 拆模不宜过早,尤其在昼夜温差大于 15℃时,应延迟 1 ~ 2d,且尽量在升温阶段拆模,确保混凝土结构内外温差控制在 20℃以内。

10. 模板、支架应按拟定的程序进行卸落,分几个循环卸完,卸落量开始应小,以后逐渐增大。纵向应对称均衡卸落,横向应同时卸落。卸落时应满足下列要求:

(1)卸落前应在卸架装置上画好每次卸落量的标记,卸落时应设专人用仪器观测变化

情况,并详细记录。

(2)梁式桥上部结构支架宜从跨中向支座依次循环卸落;悬臂梁应先卸挂梁及悬臂的支架,再卸无铰跨内的支架。

11. 模板和支架的拆除顺序和方法应按设计和施工方案进行:设计未规定时,应遵循先支后拆、后支先拆的原则,自上而下进行,且先拆非承重模板,后拆承重模板。

402.06　质量检验

增加本小节第 3 条,内容如下:

3. 爬升模板制作、安装时的允许偏差应符合表 402-4 的规定。

爬升模板制作、安装时的允许偏差　　表 402-4

项　目	质 量 标 准	检测工具与方法
(一)制作		
1. 大模板		
外形尺寸	-3mm	钢尺测量
对角线	±3mm	钢尺测量
板面平整度	<2mm	2m 靠尺,塞尺检测
直边平直度	±2mm	2m 靠尺,塞尺检测
螺孔位置	±2mm	钢尺测量
螺孔直径	+1mm	量规检测
2. 爬升支架		
截面尺寸	±3mm	钢尺测量
全高弯曲	±5mm	钢丝拉绳测量
立柱对底座的垂直度	1%	挂线测量
螺孔位置	±2mm	钢尺测量
螺孔直径	+1mm	量规检测
(二)安装		
1. 螺栓与螺栓孔		
墙面预留螺栓孔位置	±5mm	钢尺测量
穿墙螺栓孔直径	±2mm	钢尺测量
2. 模板		
拼缝缝隙	<3mm	塞尺测量
拼缝处平整度	<2mm	靠尺测量
垂直度	<3mm 或 1%h	2m 靠尺测量
高程	±5mm	钢尺测量
3. 爬升支架		
高程	±5mm	钢尺测量
垂直度	<3mm 或 1%H	挂线坠
4. 锚固螺栓		
紧固扭矩	40~50N·m	0~150N·m 扭力扳手测量

第403节　钢　　筋

403.03　试样及试验

1.一般要求

删除本小节第1条第(1)款,以下文代之:

(1)钢筋应按现行《金属材料　拉伸试验　第1部分:室温试验方法》(GB/T 228.1)、《钢及钢产品　力学性能试验取样位置及试样制备》(GB/T 2975)、《金属材料　弯曲试验方法》(GB/T 232)及《焊接接头冲击试验方法》(GB/T 2650)、《焊接接头拉伸试验方法》(GB/T 2651)的规定进行屈服点、抗拉强度、延伸量和冷弯试验及焊接性能试验,或经监理人批准,采用相应的国际标准。

403.04　钢筋的储存、加工与安装

删除本小节第2条,以下文代之:

2.钢筋应平直、无局部弯折,成盘的钢筋和弯曲的钢筋均应用调直机调直,严禁拉伸调直。

3.钢筋的截断及弯曲。

删除本小节第3条第(2)~(4)款,以下文代之:

(2)钢筋应按图纸所示的形状一次弯曲成型,所有钢筋均应采用数控钢筋弯箍机、数控钢筋弯曲机进行冷弯。部分埋置于混凝土内的钢筋,不得就地冷弯。

(3)主钢筋的弯曲及标准弯钩应按图纸及现行《公路桥涵施工技术规范》(JTG/T F50)的规定执行。

(4)箍筋的端部应按图纸规定设弯钩,并符合现行《公路桥涵施工技术规范》(JTG/T F50)规定。弯钩直线段长度,一般结构不小于$5d$,抗震结构不应小于$10d$(d箍筋直径)。

4.钢筋安设、支承及固定。

删除本小节第4条第(3)款,以下文代之:

(3)桩基、方柱、圆柱墩钢筋骨架及盖梁、预制和现浇上部构造、防撞墙等钢筋骨架立面的保护层垫块均采用圆轮型定位混凝土垫块,混凝土垫块半径等于混凝土保护层厚度,垫块固定钢筋穿过垫块圆心焊接在主筋上;对于桩基及圆形墩柱钢筋骨架的垫块,应每隔2m左右设置一道,每道沿圆周对称设置并不少于4块;对于方柱墩的钢筋骨架,垫块位置设置纵横向间距均不得大于1m;对于盖梁、预制和现浇上部构造、防撞墙的钢筋骨架,垫块位置设置纵横向间距不得大于1m,垂直方向间距不得大于0.3m。对于盖梁、预制和现浇上部构造钢筋骨架的底面保护层垫块,均采用圆柱形混凝土垫块,垫块位置设置纵横向间距不得大于1m。垫块混凝土的骨料粒径不得大于10mm,其配合比按照第410节办理,

强度应与相邻的混凝土强度一致。不得用卵石、碎石、碎砖、金属管及木块等作为钢筋的垫块。

增加本小节第4条第(8)~(12)款,内容如下:

(8)梁板顶面应预埋桥面铺装层钢筋网定位钢筋,预埋时应严格控制定位钢筋的高程,钢筋网净保护层厚度应控制在设计值±5mm范围内,已安装好的钢筋网片上禁止车辆行驶和施工人员踩踏,防止钢筋网下沉。

(9)钢筋交叉点应双丝绑扎结实,必要时电焊焊牢,扎丝绑扎时丝头朝结构内弯,防止丝头进入混凝土保护层,产生锈蚀。

(10)预埋钢筋应增设临时定位钢筋等辅助措施进行定位,必要时可采用劲性骨架,保证其定位准确、牢固。防撞护栏预埋钢筋应与梁体钢筋焊接固定。

(11)混凝土浇筑后,对外露时间较长的预留(埋)钢筋,应选择合适的防锈方式进行保护,如包裹、涂刷防锈漆等。

(12)安装箱梁腹板和底板、顶板钢筋时,应将腹板和底板、顶板钢筋连接牢固,且应采用焊接方式。顶板底层横向钢筋应采用通长钢筋。

403.05 钢筋接头

1. 一般要求

增加本小节第1条第(4)款,内容如下:

(4)高墩、薄壁空心墩等钢筋需要现场进行竖向连接的部位,应采用镦粗直螺纹、滚轧直螺纹或套筒挤压连接等机械连接的方式。直径超过25mm以上的钢筋连接应优先选用套筒机械连接。

2. 焊接接头

删除本小节第2条第(3)款,以下文代之:

(3)钢筋的纵向焊接,应采用闪光对焊;缺乏闪光对焊条件时,可采用电弧焊(帮条焊、搭接焊)。钢筋焊接接头应符合现行《钢筋焊接及验收规程》(JGJ 18)的规定。

4. 钢筋机械连接接头(简称"机械接头")

(1)一般规定

删除本小节第4条第(1)款a、c项,以下文代之:

a. 常用钢筋机械接头(套筒挤压接头、锥螺纹接头、镦粗直螺纹头等),应符合现行《钢筋机械连接技术规程》(JGJ 107)的规定。

c. 钢筋机械接头的抗拉强度及变形性能应分别符合《钢筋机械连接技术规程》(JGJ 107—2010)表3.0.5及表3.0.7的规定。

403.06 钢筋骨架和钢筋网

删除本小节第3、4条,以下文代之:

3. 钢筋骨架的焊接拼装应在坚固的工作台上进行,操作应按《公路桥涵施工技术规范》(JTG/T F50—2011)第4章第4.4.4条规定执行。

4. 钢筋网的焊接应按《公路桥涵施工技术规范》(JTG/T F50—2011)第4章第4.4.5条规定执行。若采用定型钢筋焊接网时,其技术要求、试验方法、检验规则及质量证明书等应符合现行《钢筋混凝土用钢 第3部分:钢筋焊接网》(GB/T 1499.3)规定。

增加本小节第5条,内容如下:

5. 梁、板钢筋骨架应在专用绑扎台座上进行加工,绑扎台座底部设钢筋定位模架,加工完成后由龙门架整体起吊入模。钢筋骨架绑扎台座两侧按设计钢筋间距采用5cm×5cm角钢贯通设置箍筋定位梳子板,同时在台座两侧贯通设置标准化钢筋、波纹管定位模具,确保钢筋间距和波纹管位置准确无误。桩基础、圆柱墩钢筋笼采用数控钢筋笼滚焊机进行机械加工,薄壁空心墩竖向钢筋绑扎时使用简易定型骨架"钢筋定位梳子板"定位。

403.07 质量检验

删除本小节第2条,以下文代之:

2. 焊接接头的检查和允许偏差

钢筋焊接接头或焊接制品(焊接骨架、焊接网)质量检验应按现行《混凝土结构工程施工质量验收规范》(GB 50204)及《钢筋焊接及验收规程》(JGJ 18)的规定执行。

3. 钢筋机械接头的检查和允许偏差

删除本小节第3条第(1)款,以下文代之:

(1)承包人应将机械连接技术提供单位按《钢筋机械连接技术规程》(JGJ 107—2010)附录B规定进行的接头型式检验报告,送交监理人备查。

删除本小节第3条第(2)款c项,以下文代之:

c.3根接头试件的抗拉强度均符合《钢筋机械连接技术规程》(JGJ 107—2010)表3.0.5的规定;对于Ⅰ级接头,试件抗拉强度尚应大于或等于钢筋抗拉强度实测值的0.95倍;对于Ⅱ级接头,应大于0.90倍。

删除本小节第3条第(3)款b项,以下文代之:

b. 当3个接头试件的抗拉强度均符合《钢筋机械接头技术规程》(JGJ 107—2010)表3.0.5中相应等级的要求时,该验收批次为合格。

403.08 计量与支付

1. 计量

增加本小节第1条第(4)~(7)款,内容如下:

(4)梁底三角垫层预埋钢板的费用已包含在相应的工程子目中,不单独计量。

(5)预制及现浇箱梁顶板预埋的桥面铺装钢筋网定位钢筋在403-3上部结构钢筋子目中计量。预应力孔道定位钢筋不单独计量。

(6)桥梁伸缩缝安装时,对由于伸缩缝结构变化,或为了确保伸缩缝锚固牢固而按照路基桥梁工程监理人指示补植的锚固钢筋,对伸缩缝安装承包人予以单独计量与支付。

(7)转体结构中下转盘、上转盘、撑脚、支撑型钢骨架以及刚构桥劲性骨架所用钢材以千克为单位,按不同型号在403-5项下相应子目中计量。

删除本小节第3条,以下文代之:

3. 支付子目

子目号	子目名称	单位
403-1	基础钢筋(灌注桩、承台、支撑梁、桩顶系梁等)	
-a	光圆钢筋(HPB300)	kg
-b	带肋钢筋(HRB400)	kg
403-2	下部结构钢筋(含墩台身、柱间系梁、盖梁、耳背墙、挡块、垫石等)	
-a	光圆钢筋(HPB300)	kg
-b	带肋钢筋(HRB400)	kg
403-3	上部结构钢筋(含桥面铺装及预埋定位钢筋、防撞护栏钢筋、梁板底部三角垫层钢筋等)	
-a	光圆钢筋(HPB300)	kg
-b	带肋钢筋(HRB400)	kg
-c	冷轧带肋钢筋网(CRB550)	kg
403-4	附属结构钢筋(含枕梁、搭板、踏步等)	
-a	光圆钢筋(HPB300)	kg
-b	带肋钢筋(HRB400)	kg
403-5	转体施工钢材	
-a	Q235钢材	kg
-b	Q345钢材	kg

注:附属结构包括缘石、人行道、防撞墙、桥头搭板、枕梁等构造物,其所用钢筋均列入403-4项内。

第404节 基础挖方及回填

404.02 施工要求

2. 开挖

增加本小节第2条第(11)、(12)款,内容如下:

(11)基坑防护设置双横杆钢管防护栏,栏杆柱打入地面深度不少于50cm,防护栏埋设距基坑边缘不小于50cm,立柱间距不大于3m;当基坑周边采用板桩时,钢管可打在板桩外侧。防护栏应挂设安全警示标志。

(12)黄土沟壑区桥梁墩台边坡开挖须和桥头防护、排水设计统一考虑,严禁乱挖和桥下弃土，以免桥下排水系统无法实施。桥梁下部及桥台施工与桥头防护、排水同步进行，避免施工期水毁威胁墩台安全。

3. 回填

增加本小节第3条第(5)款，内容如下：

(5)结构物后背回填还应符合《公路桥涵施工技术规范》(JTG/T F50—2011)第14.4.2条的相关规定。

增加本小节第4条，内容如下：

4. 围堰的设置应符合设计图纸、现行《公路桥涵施工技术规范》(JTG/F F50)及交通运输部《高速公路施工标准化技术指南 第四分册 桥梁工程》第4.4节的相关要求。

第405节 钻孔灌注桩

405.02 一般要求

增加本小节第4~7条，内容如下：

4. 桥梁钻孔灌注桩实地放线确定桩位后，承包人应对设计图纸上标示的地面高程与实际地面高程进行详细复核，如差异较大时，应及时报告监理人，由发包人、设计单位、监理单位和承包人四方现场确定桩长和桩顶高程。

5. 钻孔桩施工时，钻机需设工程标示牌，标明所施工桥名、墩台及桩位编号、护筒顶高程、设计桩长、桩径及桩底高程等。

6. 钻孔桩施工应设置泥浆循环系统，防止泥浆外溢污染环境；沉淀池和泥浆池应分开设置，并设置防护栏和安全警示标志。制浆材料堆放处应有防水、防雨和防风措施，弃渣泥浆应及时外运，沉淀池和泥浆池废弃后应回填处理。

7. 水上桩基施工时，可利用相邻桩护筒作为循环池，多余应用罐车抽取后排放，排放应符合环保要求，不得污染水源。

405.03 材料及水下混凝土

2. 水下灌注混凝土(导管灌注混凝土)应符合下列要求：

删除本小节第2条第(3)、(8)款，以下文代之：

(3)粗集料的最大粒径不应大于导管内径的1/6~1/8和钢筋最小净距的1/4，同时不得大于37.5mm。

(8)坍落度应符合《公路桥涵施工技术规范》(JTG/T F50—2011)第8.2.10条第3款相关要求。

增加本小节第 4 条,内容如下:

4. 声测管的质量应符合设计要求及现行《低压流体输送用焊接钢管》(GB/T 3091)的规定。

405.04　钻孔

删除本小节第 2 条第(1)款,以下文代之:

(1)钢护筒在普通作业场合及中小孔径的条件下,应采用厚度不小于 6mm 厚的钢板卷制;在深水、复杂地质及大孔径等条件下,应采用厚度不小于 10mm 的钢板卷制。必要时,可在护筒上下端和接头外侧焊加劲肋,增加其刚度。

405.05　固孔

删除本小节第 4 条,以下文代之:

4. 泥浆的配合比和配制方法应通过试验确定,其性能应与钻孔方法、土层情况相适应。泥浆的性能指标应按照《公路桥涵施工技术规范》(JTG/T F50—2011)第 8.7.3 条有关规定执行。施工时除相对密度和黏度应进行试验外,如果监理人要求,其他指标也应予以抽检。

405.08　钻孔检查及允许偏差

删除本小节第 3 条,以下文代之:

3. 钻孔应符合表 405-2 的允许偏差。

钻孔灌注桩检查项目　　表 405-2

<table>
<tr><th>项次</th><th colspan="3">检 查 项 目</th><th colspan="2">规定值或允许偏差</th><th>检查方法和频率</th></tr>
<tr><td>1</td><td colspan="3">混凝土强度(MPa)</td><td colspan="2">在合格标准内</td><td>按 JTG F80/1—2004 附录 D 检查</td></tr>
<tr><td rowspan="3">2</td><td rowspan="3">桩位(mm)</td><td colspan="2">群桩</td><td colspan="2">100</td><td rowspan="3">全站仪或经纬仪:每桩检查</td></tr>
<tr><td rowspan="2">排架桩</td><td>允许</td><td colspan="2">50</td></tr>
<tr><td>极值</td><td colspan="2">100</td></tr>
<tr><td>3</td><td colspan="3">孔深(m)</td><td colspan="2">不小于设计</td><td>测绳量:每桩测量</td></tr>
<tr><td>4</td><td colspan="3">孔径(mm)</td><td colspan="2">不小于设计</td><td>探孔器:每桩测量</td></tr>
<tr><td>5</td><td colspan="3">钻孔倾斜度(mm)</td><td colspan="2">1% 桩长,且不大于 500</td><td>用测壁(斜)仪或钻杆垂线法:每桩检查</td></tr>
<tr><td rowspan="2">6</td><td rowspan="2">沉淀厚度(mm)</td><td colspan="2">摩擦桩</td><td colspan="2">符合设计规定,设计未规定时按施工规范要求</td><td rowspan="2">沉淀盒或标准测锤:每桩检查</td></tr>
<tr><td colspan="2">支撑桩</td><td colspan="2">不大于设计规定</td></tr>
<tr><td>7</td><td colspan="3">钢筋骨架底面高程(mm)</td><td colspan="2">±50</td><td>水准仪:测每桩骨架顶面高程后反算</td></tr>
<tr><td rowspan="4">8</td><td rowspan="4" colspan="3">清孔后泥浆指标</td><td>相对密度</td><td>1.03 ~ 1.10</td><td rowspan="4">符合设计规定,设计未规定时按施工规范要求</td></tr>
<tr><td>黏度</td><td>17 ~ 20Pa · s</td></tr>
<tr><td>含砂率</td><td><2%</td></tr>
<tr><td>胶体率</td><td>>98%</td></tr>
</table>

405.09 钢筋骨架

增加本小节第5~8条,内容如下:

5.桩基钢筋笼起吊时,应采取双机抬吊的方式起吊,避免桩基钢筋笼底部挤压变形。

6.钢筋骨架应每隔2.0~4.0m设置临时十字加劲撑,以防变形。

7.每节骨架均应有半成品标志牌,标明品名、钢筋产地、规格型号、检验状态、使用部位、报告编号。

8.每吊放一节钢筋骨架应拆除一节临时十字加劲撑并拍照存档,作为资料保存。拍照时现场旁站监理应举牌站在钢筋骨架旁,拍照、范围应包括钢筋骨架、旁站监理和钢筋骨架吊装合格牌。合格牌尺寸应为500mm×500mm,合格牌内容见表405-3。

钢孔灌注桩钢筋骨架隐蔽检查合格牌 表405-3

桥　　名	××××大(中、小)桥
桩位编号	第××跨左(右)-××
本节钢筋骨架长	×××m
钢筋骨架节数	第×××节/共×××节
日期、时间	××××年××月××日××时××分
旁站监理签字	×××

405.10 灌注水下混凝土

删除本小节第8、9条,以下文代之:

8.混凝土应连续灌注。桩顶以下5m范围灌注时,应始终保证导管内混凝土具有足够的压力,灌注的混凝土顶面高程应高出桩顶设计高程0.5~1m,以保证桩顶高程以下的全部混凝土均应达到设计强度要求。

9.桩顶超灌部分混凝土在接桩前应凿除,桩头凿除采用环切法工艺。即按照设计桩顶高程位置先沿桩周环向进行预切缝,环向切缝应保持在一个水平面上,切缝后再由外向内凿除桩头,确保桩顶混凝土平整密实,无松散层,钢筋混凝土保护层无劈裂现象。否则,应向下凿至混凝土新鲜面。

增加本小节第11条,内容如下:

11.水下混凝土应采用混凝土搅拌运输车运输。

405.11 质量检验

删除本小节第2、3、7条,以下文代之:

2.公路工程桩基应采用超声波无破损检测法进行100%的完整性检测,且应符合现行《公路工程基桩动测技术规程》(JTG/T F81-01)的规定。由于承包人原因引起的无法进行超声波检测而采取的其他检测方式所发生的费用由承包人承担。

3. 桥梁钻孔灌注桩应按不低于桩基数量 3% 的频率进行钻孔取芯。对超声波检测存在缺陷的桩基应增加钻孔取芯,经检验合格,取芯费用应予以计量,否则,取芯费用由承包人承担。

7. 钻孔灌注桩检查项目及检查方法按以下要求执行:

(1)基本要求。

a. 桩身混凝土所用的水泥、砂、石、水、外掺剂及混合材料的质量和规格应符合有关规范的要求,按规定的配合比施工。

b. 成孔后应进行清孔,测量孔径、孔深、孔位和沉淀层厚度,确认满足设计或施工技术规范要求后,方可灌注水下混凝土。

c. 水下混凝土应连续灌注,严禁桩身存在夹层和断桩。

d. 嵌入承台的锚固钢筋长度不得低于设计规范的最小锚固长度要求。

e. 凿除桩头混凝土后,钢筋笼内外混凝土面应基本平整。不得损坏钢筋保护层混凝土。

(2)检查项目及检查方法见表 405-2。

(3)外观鉴定。

a. 桩的质量无缺陷;

b. 桩顶面应平整,桩柱连接处应平顺且无局部修补。

8. 严格桩基成品中间交验程序,重点检查桩位、桩柱结合处。若发现桩基偏位超限,施工单位应对存在偏位超限的桩基进行分析,确定处理方案。

删除本节第 405.13 小节内容,以下文代之:

405.13　计量和支付

1. 计量

(1)钻孔灌注桩以实际完成,并经监理人验收合格后的数量,按不同桩径(不分陆地桩和水中桩)的桩长,以米为单位计量。计量应自图纸所示或监理人批准的桩底高程至承台底或系梁底。对于墩柱与桩基连为一体的柱式墩台,如无承台或系梁时,则以桩位处地面线为分界线,地面线以下部分为灌注桩桩长,若图纸有标识的,按图纸标识为准。未经监理人批准,由于超钻而深于所需的桩长部分,将不予计量。

(2)开挖、钻孔、清孔、钻孔泥浆、护筒、混凝土、破桩头,以及必要时在水中填土筑岛、搭设工作台架及浮箱平台、栈桥等其他为完成工程的子目,作为钻孔灌注桩的附属工作,不另行计量。

(3)钢筋在第 403 节中计量,列入 403-1 子目内。

(4)混凝土桩基预埋的声测管按实际完成,并经监理人验收合格后,以千克为单位,在 405-3 子目内计量。

(5)监理人要求钻取的芯样,经检验,如桩基质量合格,按照现场取回的混凝土芯样长度,以米为单位,列入 405-2 子目内计量。

2. 支付

(1)按上述规定计量,经监理人验收的列入工程量清单的以下工程子目的工程量,其每一计量单位,将以合同单价支付。此项支付包括材料、劳力、设备、运输等及其他为完成钻孔灌注桩所必需的所有费用,是对完成工程的全部偿付。

(2)灌注桩完工且7d强度和超声波无破损检测合格后,可支付所涉及子目的90%,28d强度合格并提交无破损检测报告后,支付剩余的10%。

(3)桩基混凝土28d强度不合格的,承包人自行承担返工处理,并承担返工处理及复检的相关费用,直到合格为止,再支付剩余的10%。

3.支付子目

子目号	子目名称	单位
405-1	钻孔灌注桩(ϕ…m)	
-a	ϕ…m钻孔灌注桩	m
405-2	钻取混凝土芯样	m
405-3	声测管	kg

删除本章第406节,以下文代之:

第406节　桩底后压浆

406.01　范围

本节工作包括桥梁桩基后压浆管道及阀门安设、制浆、压浆以及按图纸规定、监理人指示的有关桩基后压浆的其他作业。

406.02　一般要求

1.桩底后压浆应采用压浆量与压浆压力双控,以压浆量控制为主,压力控制为辅,相应的技术标准应按《公路桥涵施工技术规范》(JTG/T F50—2011)第8.5节的有关规定执行。承包人进场后应对后压浆设计要求仔细阅读,实施过程中若发现地质水文条件与设计资料不符,应及时告知设计单位和监理人,以便及时变更,确保桩底后压浆质量。

2.桩底后压浆过程中,若发现异常,应立即停止,及时报告监理人,并做好详细记录。

3.桩基后压浆应在监理人全程旁站下施工,当压浆量和压浆压力均满足设计规范相关要求后,在监理人签字认可的情况下,方可终止压浆。

406.03　材料及设备

1.材料

(1)压浆所采用水泥的强度等级应不低于42.5MPa。所用材料应符合本规范第410节相关要求。

(2)桩底后压浆应利用预留的声测管进行压浆。

(3)施工前应进行水泥浆液配合比设计。水灰比应为 0.6 ~ 0.8。未添加外加剂的水泥浆液应检验的项目包括:泌水率、稠度、凝结时间、强度。添加了外加剂的水泥浆液除了检验以上项目以外,还应增加检验稳定性。泌水率最大不得超过 3%。

2. 设备

(1)后压浆施工机具进场后应进行调试和检查,仪器、仪表等应进行检验和标定。

(2)压浆泵及输浆管性能应与浆液浓度相适应,容许工作压力应大于最大设计压浆压力的 1.5 倍,并应有足够的排浆量和稳定的工作性能,保证浆液流动畅通,有足够的排浆量,不发生沉淀堵塞。

(3)压浆泵和压浆孔口处均应设置抗震压力表和压浆阀,进行压浆流量和压力的实测。压浆阀应采用单向阀;压力表量程应大于最大设计压浆压力 1.3 倍,精度应不低于 2.5 级。压力表应按规定进行标定,严禁使用不合格的压力表和已损坏的压力表。

(4)冬季施工时应做好压浆管路的防寒保暖工作。

(5)一切施工准备工作全部就绪后,应对搅拌机、压浆泵等设备进行试运转,以防在施工过程中发生故障。同时应对压浆管路及高压阀等进行耐压试验,以防压浆过程中出现漏水、漏浆现象。

(6)正式压浆前应先进行注水,以便检查整个后压浆系统是否处于正常工作状态。

406.04 施工要求

1. 后压浆系统安装

(1)压浆管与钢筋笼应采用铁丝绑扎固定,确保牢固、均匀。要求桩端压浆管绑扎在加筋箍内侧,靠近钢筋笼主筋,并用铁丝牢固均匀绑扎固定,固定绑扎点为每道加筋箍处。压浆管的布置应能保证压浆的均匀性,且应有 3 个及以上回路,并应便于安装和保护。

(2)压浆管的上端应高出桩顶(或工作面)0.5m;桩端压浆导管底端应伸出钢筋笼底端 0.35m。

(3)压浆阀安装时应采用结实严密的缠裹材料进行缠裹保护,确保在正常压浆压力作用下压浆阀能够顺利打开。

(4)钢筋笼下放到位后,将钢筋笼加焊两根悬挂筋在孔口上穿杠固定,钢筋安放高程与设计高程一致,以确保桩端压浆阀位置准确。混凝土灌注过程中应将两根钢筋笼高程钢筋固定焊接在护筒上,防止桩基钢筋笼上浮。

(5)安设后压浆系统时应填写现场检查记录表。

2. 制浆

(1)水泥浆液的搅拌时间:使用普通搅拌机时,应不少于 3min;使用高速搅拌机时,应不少于 30s。

(2)冬季压浆时,水泥浆液的温度应不小于 5℃,拌和料不能含雪、冰和霜。冬季施工若采用热水制浆,水温不得超过 40℃。

(3)炎热季节施工时应采取防热措施,浆液温度不能超过 40℃。

(4)水泥浆液从拌制至使用的最长保留时间应由试验来确定,一般不应超过 4h。

(5)浆液在使用前应过滤。

3. 压浆

(1)桩身混凝土灌注后应及时采用高压水冲洗压浆管,疏通压浆通道。

(2)压浆工作应在桩身混凝土强度达到设计强度的75%后且在桩身的超声波检测工作结束后进行。

(3)压浆量应不小于设计压浆量,压浆终止压力应不小于设计要求。

(4)桩基桩底压浆时,同一根桩中的全部压浆管应同时均匀压入水泥浆,并应随时监测桩顶的位移和桩周土层的变化情况。在压浆10m范围内不得进行其他钻孔桩的施工作业。

(5)压浆过程及终止压浆的浆液排量应结合地质情况根据试验确定,一般压浆过程浆液排量应控制在75L/min以内,终止压浆时浆液排量不大于30L/min。

(6)桩底后压浆的施工应记录压浆的起止时间、压浆量、压浆压力及桩的上抬量。

(7)实施压浆时应制作水泥浆试件,并进行强度试验。

406.05 质量检验

1. 原材料试验应符合相关规范要求。

2. 压浆终止压力不小于设计压力,不大于10MPa,且压浆量不小于设计要求。

3. 水泥浆温度不小于5℃,不大于40℃,且浆液水灰比符合设计要求。

406.06 计量与支付

1. 计量

桩底后压浆按照设计要求,以实际完成并经监理人验收合格,分不同桩径以根为单位在406-1项下相应子目中计量。

2. 支付

按上述规定计量,经监理人验收的列入工程量清单的以下工程子目的工程量,其每一计量单位将以合同单价支付。此项支付包括材料、劳力、设备、运输等及其他为完成桩基后压浆施工必需的所有费用,是对完成工程的全部偿付。

3. 支付子目

子目号	子目名称	单位
406-1	桩底后压浆	
-a	桩径≤1.2m	根
-b	1.2m<桩径≤1.5m	根
-c	1.5m<桩径≤2.0m	根
-d	2.0m<桩径≤2.4m	根

第 408 节 桩的垂直静荷载试验

408.02 试桩及试验要求

1. 试验要求

删除本小节第 1 条第(3)款,以下文代之:

(3)试验应按《公路桥涵施工技术规范》(JTG/T F50—2011)附录 E 进行。承包人应向监理人提交拟采用的荷载装置的详图请求批准。荷载装置应分级逐渐施加,使荷载传递均匀,无冲击,而不致使试桩震动。如批准的方法需用拉桩(锚桩),可行的话,这些拉桩应与永久性桩同一形式和同一直径,且设在永久性的桩位上。

408.05 试桩成果及试桩的挖移或截断

删除本小节第 1 条,以下文代之:

1. 承包人应在试桩试验完成后,在监理人规定时间内,按《公路桥涵施工技术规范》(JTG/T F50—2011)附录 E 及监理人要求,向监理人提交每根试桩完备的记录及数据分析。

删除本小节内容,以下文代之:

408.06 计量与支付

桩的检验荷载试验、桩破坏荷载试验检测单位由发包人单独招标确定。承包人应做好相关配合工作。

第 410 节 结构混凝土工程

410.02 集料

2. 细集料

删除本小节第 2 条第(3)款,以下文代之:

(3)细集料的技术指标、分区及级配范围应符合《公路桥涵施工技术规范》(JTG/T F50—2011)表 6.3.1 及表 6.3.4 的要求,试验应按现行《公路工程集料试验规程》(JTG E42)进行。

3. 粗集料

删除本小节第 3 条第(1)~(4)款,以下文代之:

(1)粗集料应采用质地坚硬、洁净、级配合理、粒形良好、吸水率小的碎石或卵石,其级配范围应符合《公路桥涵施工技术规范》(JTG/T F50—2011)表6.4.3的规定。C40及C40以上的混凝土,应采用碎石。

(2)粗集料应根据混凝土最大粒径采用连续两级配或连续多级配,不得采用单粒级或间断级配配制。

(3)粗集料的技术指标应符合《公路桥涵施工技术规范》(JTG/T F50—2011)表6.4.1的规定。

(4)粗集料最大粒径应不超过结构物最小边尺寸的1/4和钢筋最小净距的3/4;当设置两层或多层钢筋时,不得超过钢筋最小净距的1/2。混凝土实心板的粗集料最大粒径不得超过板厚的1/3,且不得超过37.5mm。用混凝土泵运送混凝土时的粗集料最大粒径,除应符合上述规定外,对碎石,不应超过输送管内径的1/3;对于卵石,不应超过输送管内径1/2.5。

410.04 水泥

删除本小节第2条,以下文代之:

2.承包人在其整个合同段工程中使用的所有水泥均应满足102.06小节第1条第(7)款的相关规定,且应实行严格的采购凭证管理制度和工地供应凭证管理制度,以便随时核查。同一结构物(部位)应使用同一品牌水泥。

增加本节第8条,内容如下:

8.大体积混凝土选用水化热低、初凝时间长的水泥,以降低混凝土的总发热量,延缓混凝土硬化时放热峰值的出现。

410.05 外加剂及混合材料

1.外加剂

删除本小节第1条第(2)~(4)款,以下文代之:

(2)所采用的外加剂应按《公路桥涵施工技术规范》(JTG/T F50—2011)第6.6节相关规定执行。

(3)所采用的外加剂,必须是经过有关部门检验并附有检验合格证明的产品,其质量应符合现行《混凝土外加剂应用技术规范》(GB 50119)的规定。使用前应复验其效果,使用时应符合产品说明及本规范关于混凝土配合比、拌制、浇筑等各项规定以及外加剂标准中的有关规定。

(4)不同品种的外加剂应分别存储,做好标记,在运输与存储时不得混入杂物和遭受污染。

(5)大体积混凝土应使用外加剂减少水泥用量,以减少总发热量,如木质素磺酸钙、糖蜜塑化剂、MF减水剂、AF型减水剂等常用外加剂。

删除本小节第2条,以下文代之:

2.混合材料

（1）所采用的混合材料应按《公路桥涵施工技术规范》（JTG/T F50—2011）第6.7节相关规定执行。

（2）大体积混凝土宜掺加粉煤灰取代部分水泥，以减少总发热量，同时改善混凝土的和易性、增强可泵性。

410.06　混凝土配合比设计

1.一般要求

删除本小节第1条第（1）、（4）款，以下文代之：

（1）不同级别的混凝土应由承包人进行配合比设计，墩柱、系梁、盖梁、预制梁板及现浇上部结构、防撞护栏用混凝土的配合比应按高性能混凝土进行设计。

（4）混凝土中掺用外加剂的应用技术应符合现行《混凝土外加剂应用技术规范》（GB 50119）有关环境保护的规定。

2.普通混凝土配合比设计

删除本小节第2条第（1）款，以下文代之：

（1）普通混凝土配合比，应按现行《普通混凝土配合比设计规程》（JGJ 55）通过计算、试配和调整确定。

删除本小节第2条第（8）款g项，以下文代之：

g.每立方米混凝土的含碱量，对一般桥涵不宜大于3.0kg/m^3，对特大桥、大桥和重要桥梁不宜大于1.8kg/m^3。

3.特殊要求混凝土的配合比设计

（1）泵送混凝土

删除本小节第3条第（1）款c、g项，以下文代之：

c.泵送混凝土细集料应采用中砂，其通过0.3mm筛孔的颗粒含量不应小于15%，砂率应控制在35%～45%范围内。

g.泵送混凝土的最小水泥用量应为280～300kg/m^3。

（2）抗渗混凝土

删除本小节第3条第（2）款b项，以下文代之：

b.粗集料的最大粒径不应大于37.5mm，其含泥量不得大于1.0%，泥块含量不得大于0.5%。

（4）大体积混凝土

删除本小节第3条第（4）款c项，以下文代之：

c.大体积混凝土应掺用可降低混凝土早期水化热的外加剂和掺合料，外加剂应采用缓凝剂、减水剂；掺合料应采用粉煤灰、矿渣粉。

增加本小节第3条第（6）款，内容如下：

（6）高性能混凝土

高性能混凝土的原材料选用和配合比设计应按照《公路桥涵施工技术规范》（JTG/T F50—2011）第6.15节相关规定执行。

410.08　混凝土拌和

2.拌和

删除本小节第2条第(2)、(10)款,以下文代之:

(2)用于项目建设的混凝土搅拌设备均应为经监理人批准的强制式拌和设备,具备自动称量控制混合料的配合比、水灰比以及自动控制进料(各种集料、水泥、水)和出料的功能,并能自动控制混合料的拌和时间。混凝土拌和设备的计量系统应经计量部门认证,并定期检查;搅拌设备经大修、中修或迁移至新的地点后,也应进行检定,并建立规范可查的检定、检修台账;混凝土生产单位应每月自检一次。所有搅拌设备都应始终保持良好的状况,对于任何不符合上述规定的及有缺陷的拌和设备,不得用于混凝土的拌和,应撤出工地。

承包人在其拌和站管理中,对原材料的进场和成品混凝土的出厂均应建立详细的记录,以备监理人随时核查。

(10)除非监理人批准,混凝土不得使用自落式拌和设备拌和,更不得采用人工拌和。

增加本小节第2条第(11)、(12)款,内容如下:

(11)混凝土拌和还应按《公路桥涵施工技术规范》(JTG/T F50—2011)第6.9节第6.9.2~6.9.5条相关规定执行。

(12)混凝土拌和设备应安装远程监控系统,随时将拌和设备的工作状况及配合比执行情况上传监理人。

410.09　混凝土运输

删除本小节第2、5条,以下文代之:

2.除小型预制构建外,项目其他结构部位用混凝土均应采用混凝土搅拌车运输。

5.混凝土的运输除以上规定,还应按《公路桥涵施工技术规范》(JTG/T F50—2011)第6.10节有关规定执行。

410.10　混凝土浇筑

1.一般要求

增加本小节第1条第(11)~(13)款,内容如下:

(11)加强混凝土施工工艺控制,严格控制混凝土坍落度,严禁混凝土表面出现水波纹、蜂窝、麻面等影响外观质量的情况。

(12)混凝土浇筑前,应将上一道工序混凝土接触面凿毛,清理杂物并用水冲洗后才能浇筑混凝土。

(13)严禁对混凝土进行随意修饰,确因混凝土表面存在缺陷且不影响主体结构质量时,应报监理人同意后方可进行修饰,修饰前应拍照存档,修饰材料应保证其色泽与结构一致。经修饰后的混凝土竣工验收质量评定等级最高为合格。

2. 泵送混凝土

删除本小节第 2 条第(1)、(4)款，以下文代之：

(1)泵送混凝土在浇筑之前应进行配合比及规定的预备试验并经监理人书面批准。混凝土泵送施工工艺见现行《混凝土泵送施工技术规程》(JGJ/T 10)有关规定。

(4)泵机开始工作后，中途不得停机，如非停机不可，停机时间不得超过 15min，炎热气候不能超过 10min。停机期间应每隔一定时间泵动几次，防止混凝土凝结堵塞管道。

3. 大体积混凝土的浇筑

删除本小节第 3 条第(4)款，以下文代之：

(4)应根据冷却效率的影响因素，设计冷却管降温系统，以降低混凝土内部水化热。各层间进、出口应各自独立、分别供水，以便根据实际测量数据，相应调整各层水循环速度和进水温度。中心竖管为进水管，角部竖管为出水管。

增加本小节第 3 条第(6)款，内容如下：

(6)应在大体积混凝土内分层分部位预埋温度传感原件，测取混凝土内部各位置在混凝土硬化过程中的温度。预埋层距宜为 50 ~ 70cm，层内每 3m 设一布置点。从混凝土浇筑 10h 开始观察至 96h，水化热峰值出现时段宜每小时测温 1 次，通过调整进管水温和水速，以达到混凝土内外温差不大于 20℃。

410.11　各类结构的混凝土浇筑

1. 基础及墩、台

(4)高桥墩的施工应符合下列规定：

删除本小节第 1 条第(4)款 e 项，以下文代之：

e. 墩柱拆模后检查无缺陷应及时用薄膜严密裹覆墩柱混凝土表面，并在桥墩(柱)顶部放置容积不小于 200L 的容器，并设置补水设备循环补水，容器底连接一根设有渗水眼的软管，环形缠绕墩顶，自动喷淋养生，7d 后由承包人和监理人共同用回弹仪检测强度，达到设计要求后可停止养生。

增加本小节第 1 条第(4)款 h ~ n 项，内容如下：

h. 高墩应采用泵送混凝土施工，坍落度宜控制在 12 ~ 18cm 之间，单个高墩范围应采用一个厂家同型号同批次的水泥，保证色泽一致。混凝土正式浇筑前，先在地面做小断面 2m 高度的试验柱，检验混凝土配合比的施工性能和人工振捣工艺，满足要求后再进行正式施工。

i. 混凝土施工应避开高温时段，分层、均匀、对称浇筑，插入式振实。每次浇筑顶面和模板，横缝应在同一位置，以减少接缝痕迹。0 号块托架预埋钢板位置应准确，焊接牢靠。墩底实心段四个面应分别设向外的泄水管。

j. 实行脱模签字认可工作制。在每节脱模时应有施工技术员和监理工程师在场，脱模后立即检查混凝土的质量，经检查符合要求后签字认可。有质量问题时，应由施工单位提出处理补救方案，经监理工程师批准后实施。

k. 墩身四周应按设计留有足够通气孔,位置应准确,并定期测量内外温度。若内外温差大于20℃,可加大通气孔直径。通气孔应设在每浇筑层段的相同位置。

l. 高墩不宜冬季施工。若因工期原因应冬季施工,应制订可靠的蓄热保温方案,经专家组充分论证后才能实施。

m. 对于墩高大于30m的桥墩,每个墩位应设置一台附着式塔吊和载人电梯。

n. 高桥墩的作业平台应符合下列规定:

(a)高墩施工在模板外侧应设置带防护栏杆的施工平台,栏杆外侧至模板底部应设置封闭的安全网。施工平台应成环形,满铺木板,并覆盖薄钢板。应在固定位置设置人孔供人员上下,作业平台上严禁堆放钢筋、大型机具等重物。

(b)采用满布式支架的作业平台,其搭设高度应与桥墩施工高度相同,支架每5~10m高度应与桥墩连接固定。

(c)当桥墩为单墩时,人员上下脚手架可安装在桥墩横向一侧便于施工的位置;当桥墩为双墩时,人员上下脚手架可安装在两墩之间。脚手架安装完成后应全面检查各接头和扣件是否拧紧、与桥墩连接是否牢固、脚手架是否垂直后方可使用。

7. 栏杆及护栏(防撞墙)

增加本小节第7条第(6)~(13)款,内容如下:

(6)防撞护栏施工前,应对防撞护栏的预埋钢筋进行复检,对缺、漏、错位的钢筋采取措施整改到位后方可进行施工。护栏钢筋与预埋钢筋的焊接应满足规范要求。

(7)混凝土防撞护栏应在梁体合龙连续化完成,桥面铺装完成后进行施工,施工时应严格控制防撞护栏的高程和线形,优化路基、桥梁之间护栏的结构形式和线形,做好顺畅衔接。

(8)混凝土防撞护栏钢管扶手采用喷塑法进行防锈处理。

(9)护栏应采用坍落度较小的高性能混凝土浇筑。同一跨内的单侧护栏应一次性浇筑,混凝土浇筑时采用分层浇筑,分层厚度不应超过200mm,加强振捣,保证混凝土表面密实光洁。

(10)对护栏曲面部位的混凝土,应勤布料,多振捣,一次性布料不宜过多,以利于气泡逸出,减少混凝土表面气泡,保证表面密实。

(11)浇筑至顶面时,应派专人按控制高程准确抹平,并做二次压平收光处理,保证护栏成型后,顶面光洁,线形顺畅。

(12)桥梁伸缩缝处护栏的伸缩缝宽度应满足设计要求。

(13)桥梁外侧防撞护栏采用外包式,翼缘板处预留16cm与防撞护栏同步进行二次浇筑,应选用适宜的模板和施工工艺,采取有效措施,确保外侧模板的支立、拆除和混凝土浇筑顺利进行。

8. 预制构件

增加本小节第8条第(10)~(13)款,内容如下:

(10)预制梁(板)时,应在桥两侧梁(板)翼板下增设滴水槽,避免雨水顺梁(板)身流下,污染梁体。

(11)在预制梁顶面,应严格按照设计文件要求预埋桥面铺装层钢筋网定位钢筋,并严格控制铺装层钢筋高程定位和保护层厚度。

(12)箱梁预制施工中,应在外模顶部设置定位钢筋架防止内模上浮,确保顶板厚度。

(13)预制梁翼缘板、两端、横隔板端头等混凝土衔接面均应按施工缝的要求进行凿毛处理。凿毛后的混凝土表面应冲洗干净。

增加本小节第 9 ~ 10 条,内容如下:

9. 桥面整体化

(1)端(中)横梁、湿接缝(铰缝)施工

a. 预制梁端、翼板、预应力空心板梁的铰缝区混凝土在浇筑 7d 后及时安排凿毛。

b. 梁、板就位后,湿接缝、横隔板应及时浇筑。

c. 不论设计图纸是否明示,湿接缝的环形钢筋应封闭焊接成环,与预埋钢筋接触面采用单面焊标准焊接牢固。

d. 湿接头底模的设置应考虑拆除方便,模板底部应采用可调节螺杆或吊模等支撑方式。

e. 浇筑端(中)横梁、湿接缝混凝土时,应严格按设计要求的浇筑顺序进行,保证后浇混凝土与既有混凝土顺接,不应出现错台。

f. 铰缝应采用细石混凝土,且应采用插入式振动器振捣密实,严禁人工插捣。

g. 端(中)横梁、湿接缝应按设计对浇筑温度的要求选择浇筑时段,混凝土应采用收缩补偿混凝土,并应按照设计预应力张拉次序要求分段浇筑混凝土。

(2)负弯矩预应力施工与体系转换

a. 负弯矩预应力施工前应做好孔道封口保护。

b. 在梁端连续段混凝土强度达到设计要求后,方可穿束进行负弯矩预应力施工,穿束前应对预留孔道用通孔器或其他可靠方法进行检查。

c. 张拉负弯矩钢束时,严禁随意切断张位槽口处的纵、横向钢筋。

d. 预应力筋的张位顺序应符合设计要求,设计未规定时,可按先张拉短束、后张拉长束的顺序进行。张拉应在混凝土的强度和弹性模量达到设计值的 85% 以上时方可进行。

e. 预应力孔道压浆应按第 411.10 小节相关规定执行。

f. 锚具和垫板接触处的混凝土残渣等应清除干净,方可浇筑封端混凝土。

g. 应按设计规定的顺序拆除临时支座,完成体系转换。

10. 支座垫石

(1)墩台施工完成后应尽快施工支座垫石。

(2)支座垫石施工应采用四角可调节高度的定型钢模。

(3)支座垫石施工之前,应做好支座垫石位置处混凝土的凿毛工作。

(4)应计算复核支座垫石的设计高程(尤其是弯、坡、斜桥),调节定型钢模四角顶面高程,严格控制支座垫石顶面高程,保证其在规范允许的误差范围之内。

(5)用于盆式支座的支座垫石,应按盆式支座底板地脚螺栓的间距及规格预留螺孔,预留螺孔直径宜应为地脚螺栓直径的 3 倍($3d$),深度应为地脚螺栓长度 $L+50$mm。

(6)在施工过程中,应严格控制支座垫石位置处预埋钢筋网片的数量与预埋质量。

(7)支座垫石混凝土浇筑前,应采用水充分湿润支座垫石位置处,施工中应采取可靠措施保证混凝土振捣密实,同时应做好垫石混凝土表面的收浆抹面工作,保证表面平整。

(8)支座垫石应采用细石混凝土进行施工,混凝土的强度应满足设计要求。

(9)支座垫石在收浆抹面结束后应采用潮湿土工布覆盖,滴灌养护时间应不少于7d。若在冬期施工支座垫石时,应对混凝土采取严格的保温措施。

(10)支座垫石不得出现露筋、空洞、蜂窝及裂缝,预埋钢板(如有)不应出现悬空现象。对有裂缝、高程或几何尺寸偏差超过允许值,以及混凝土强度不满足要求的支座垫石,现场应一律作返工处理,不得进行修补或加固。

410.13 片石混凝土和小石子混凝土

1.片石混凝土

删除本小节第1条第(2)~(5)款,以下文代之:

(2)填充片石的数量不得超过混凝土体积的20%,片石厚度应为150~300mm。

(3)片石的抗压强度等级应符合设计规定,设计未规定时,小桥涵的墩台、基础应不低于MU30,大、中桥的墩台和基础以及轻型桥台应不低于MU40。

(4)片石应清洗干净并完全饱水,应在浇筑时的混凝土中埋入一半左右。当气温低于0℃时,不得埋放片石。

(5)片石应均匀放置于刚浇筑的混凝土上,其净距不小于150mm,片石表面离开墙、墩、台及基础的表面距离不得小于150mm。片石不得接触钢筋或预埋件。

增加本小节第1条第(6)、(7)款,内容如下:

(6)混凝土应采取分层浇筑的方式,每层混凝土的厚度不应超过300mm,大致水平,分层振捣,边振捣边加片石。

(7)片石混凝土浇筑前,承包人应将片石一次性拉运至施工现场,并堆码整齐,经监理人验收数量后方可进行浇筑作业。

410.16 混凝土养生

1.一般要求

增加本小节第1条第(8)~(16)款,内容如下:

(8)墩柱、桥台、盖梁、梁板等混凝土工程,特别是大型现浇混凝土工程,在开始施工前,承包人应根据现场实际分类制订详细的养生方案。

(9)墩柱、系梁混凝土浇筑完成后,应立即进行覆盖喷淋或滴漏养生。

(10)薄壁空心墩墩身混凝土采用在墩身周边包裹透水土工布并结合自动喷淋洒水(在底节模板底部周边设置喷淋水管)的方法进行养生。

(11)预制梁板浇筑后梁体侧壁应用土工布包裹,利用预埋的蒸汽养生管道接喷淋水管,采用加压水对梁体进行喷淋养生,顶板使用土工布并加铺3cm厚海绵保湿养生。每片梁设喷管不得少于 4 条,其中顶部 1 条,内部、侧面各 1 条;喷管总长较梁体长 lm,喷头间距为 0.5m。

(12)现浇梁、预制梁的湿接头、湿接缝混凝土及桥面铺装混凝土采用土工布加 3cm 厚海绵覆盖保湿养生。

(13)混凝土的养生时间一般不应少于 7d,且回弹强度不少于设计强度的 90%。当气温低于 5℃时,应采用蒸汽养生。

(14)梁板预制场应设置智能养生系统。

(15)凡预应力构件应根据预应力张拉需要在现场留存同条件养生试件用来指导预应力施工。

(16)大体积混凝土浇筑完成后,应用覆盖法和洒水法结合养生不小于 7d 或用"温度·小时"法确定养生时间;要注意覆盖保温,加强养生;遇气温骤降的天气应注意保温,以防裂缝。

410.18　寒冷气候的混凝土施工

删除本小节第 3 条,以下文代之:

3. 混凝土拌和时,各类材料的温度应满足拌和所需的温度。为满足拌和温度,材料可分别加热。首先应考虑水,再为集料,水泥只保温,不得加热。材料加热的温度,按《公路桥涵施工技术规范》(JTG/T F50—2011)第 24.2 节第 24.2.5 条第 3 款办理。

410.19　质量检验

1. 一般要求

增加本小节第 1 条第(5)款,内容如下:

(5)所有结构混凝土工程均实行强度回弹交验制度,只有混凝土实体回弹强度满足设计和规范要求的结构物才能认定为合格。

2. 原材料质量

删除本小节第 2 条第(1)款,以下文代之:

(1)水泥:对进场的同厂家、同品质、同编号、同生产日期的水泥,袋装不超过 200t 为一批、散装不超过 500t 为一批验收,每批至少取样一次,按现行《水泥胶砂强度检验方法(ISO 法)》(GB/T 17671)、《水泥压蒸安定性试验方法》(GB/T 750)、《水泥标准稠度用水量、凝结时间、安定性检验方法》(GB/T 1346)、《水泥细度检验方法　筛析法》(GB/T 1345)的规定做胶砂强度(3d、7d、28d)、安全性、凝结时间、细度等项目试验。若对水泥品质有怀疑时,可委托有关单位做组成材料分析试验。

4. 混凝土检查

增加本小节第 4 条第(4)款,内容如下:

(4)高性能混凝土的质量除按混凝土的相关规定进行常规检验外,还应对其耐久性质量进行检验,具体要求应按《公路桥涵施工技术规范》(JTG/T F50—2011)第 6.16 节第

6.16.7条有关规定执行。

7. 梁、板(现浇)质量检验

删除本小节第7条第(3)款c项,以下文代之:

c. 混凝土表面不得出现受力裂缝,非受力裂缝宽度不得大于设计图纸及相关规范的规定。当非受力裂缝宽度超过设计规定时,或设计未规定裂缝宽度超过0.15mm时,应按照第410.15小节要求处理。

增加本小节第7条第(3)款f项,内容如下:

f. 预应力梁板的存放时间不应大于90d。当存放的梁板跨中反拱度超过设计规定值时,应报告监理人采取必要措施处理。

410.20 计量与支付

1. 计量

增加本小节第1条第(5)~(11)款,内容如下:

(5)桩顶系梁在410-1子目计量与支付,柱间系梁在410-2-c子目计量与支付;对于桩顶系梁还应计入桩顶上的圆柱部分混凝土,柱间系梁按图纸所示只计入横向连接部分混凝土。

(6)设计为悬臂施工的连续梁所设置的墩顶临时固结钢筋混凝土结构,结构混凝土在410-2子目中计量、钢筋在403-2子目中计量,临时固结结构的拆除费用包含在相应子目中,不另行计量。

(7)对于预制梁的现浇混凝土部分,作为上部结构现浇整体化混凝土,按不同混凝土等级,以立方米为单位,在410-5子目中计量。

(8)墙式护栏、组合式护栏、通透式护栏及波形梁护栏基座以米为单位计量,隔离墩以个为单位计量。组合式护栏顶部钢管扶手以米为单位计量,钢管扶手喷塑、弯柱、连接螺栓等均作为混凝土护栏钢管扶手的附属工作,不另行计量。紧迫器按设计图纸所示位置、尺寸预埋,其费用包含在护栏基座混凝土中,不单独计量;波形梁护栏除紧迫器以外,立柱、波形钢板不作为路基承包人的工作内容。护栏钢筋在403-3子目中计量。

(9)桥头踏步、混凝土急流槽的砂砾垫层或基础材料、挖基及回填等作为相应工程子目附属工作,不单独计量。

(10)对于大体积混凝土、悬浇箱梁等,为防止水化热而增设的冷却水管作为混凝土的附属工作,不单独计量。

(11)影响桥梁梁体现浇施工的山体开挖土石方应在第200章相应子目中计量。

删除本小节第2条,以下文代之:

2. 支付

(1)按上述规定计量,经监理人验收的列入了工程量清单的以下支付子目的工程量,其每一计量单位,将以合同单价支付。此项支付包括材料、劳力、设备、试验、运输、安装及其他为完成混凝土工程所必要的费用,是对完成工程的全部偿付。

(2)所有结构混凝土工程浇筑完成,且7d强度满足要求后可计量支付所有涉及子目的 90%。28d 强度满足要求且剩余工作全部完成后，支付剩余的 10%。如果 28d 强度不满足要求，承包人应按监理人指令，自费返工处理至符合设计图纸及相关规范要求后，再支付剩余的 10%。

删除本小节第 3 条，以下文代之：

3. 支付子目

子 目 号	子 目 名 称	单　位
410	结构混凝土	
410-1	基础混凝土(含支撑梁、桩顶系梁、承台)	
-a	C…混凝土基础	m^3
-c	C…片石混凝土扩大基础	m^3
410-2	混凝土下部结构(含墩台、台帽、柱间系梁、盖梁、挡块、支座垫石)	
-a	桥台	
-a. 1	C…混凝土台身	m^3
-b	桥墩	
-b. 1	C…柱式墩	m^3
-b. 2	C…空心墩	m^3
-c	墩台帽(含耳背墙、垫石、挡块、柱间系梁)	
-c. 1	C…混凝土	m^3
410-3	现浇混凝土上部结构	
-a	C…现浇混凝土箱梁	m^3
410-4	预制混凝土上部结构	
-a	C…混凝土	m^3
410-5	上部结构现浇整体化混凝土	
-a	C…混凝土	m^3
-c	C…钢纤维补偿收缩混凝土	m^3
410-6	现浇混凝土附属结构	
-a	C…混凝土	m^3
410-7	预制混凝土附属结构	m^3
410-8	混凝土防撞护栏	
-a	墙式护栏	m
-b	组合式护栏	m
-c	通透式护栏	m
-d	组合式护栏扶手	m
-e	隔离墩	个
-f	防抛网(含基座)	m
-g	栏杆组件	m

续上表

子目号	子目名称	单位
410-9	混凝土波形梁护栏底座	
-a	C…混凝土波形梁护栏底座	m

注:子目号410-8、410-9混凝土附属结构包括缘石、人行道、防撞墙、桥头搭板、枕梁等,按其种类及混凝土等级分列子目。

第411节　预应力混凝土工程

411.03　材料

1. 钢材

删除本小节第1条第(1)、(4)款,以下文代之:

(1)预应力混凝土的钢筋应符合下列现行标准:

a.《钢筋混凝土用钢　第2部分:热轧带肋钢筋》(GB 1499.2);

b.《预应力混凝土用钢丝》(GB/T 5223);

c.《预应力混凝土用钢绞线》(GB/T 5224)。

(4)用于预应力混凝土结构中的高强精轧螺纹钢筋,其力学性能和表面质量应符合现行《预应力混凝土用螺纹钢筋》(GB/T 20065)的规定,高强精轧螺纹钢筋还应按现行《预应力混凝土用螺纹钢筋》(GB/T 20065)的规定作抽样检查。

删除本小节第2条,以下文代之:

2. 混凝土、水泥浆及后张孔道压浆材料

(1)混凝土及水泥浆用的材料,应符合本技术规范第410节规定,水泥用量不应超过500kg/m^3,特殊情况下最大不应超过550kg/m^3。

(2)后张孔道压浆材料。

a. 后张法预应力混凝土孔道压浆应采用循环智能压浆系统,压浆材料应采用专用压浆料或专用压浆剂配制的浆液,压浆料或压浆剂应工厂化加工制造,禁止现场称量配制。后张预应力孔道压浆浆液所用原材料应符合《公路桥涵施工技术规范》(JTG/T F50—2011)第7.9.2条的规定。

b. 采用压浆材料配制的浆液,其性能应符合《公路桥涵施工技术规范》(JTG/T F50—2011)第7.9.3条的规定。

3. 预应力钢筋孔道

(2)金属螺旋管

删除本小节第3条第(2)款a、b项,以下文代之:

a. 金属波纹管应采用厚度不小于0.3mm的镀锌冷轧薄钢带卷制,并附有出厂合格证书,其性能和质量应符合现行行业标准的规定。

b. 金属螺旋管进入施工现场时，除应按出厂合格证和质量保证书核对类别、型号、规格及数量外，还应按现行《预应力混凝土用金属波纹管》(JG 225)的规定对其外观、尺寸、集中荷载下的径向刚度、荷载作用后的抗渗漏、抗弯曲渗漏等进行检验，自制的孔道也应进行上述检验。所有金属螺旋管应按《公路桥涵施工技术规范》(JTG/T F50—2011)第7.4.3条规定取样、检验，其质量符合要求后，方可使用于工程中，严禁使用不合格产品。

411.04　预应力钢材的搬运、存放和保护

3. 保护

增加本小节第3条第(3)~(5)款，内容如下：

(3)预应力筋的加工和截断应在专用的操作平台上进行，防止污染。

(4)不得在钢绞线原材料存放场地及已穿钢绞线的梁端部附近进行电焊作业，防止焊渣溅落到钢绞线上；严禁采用有效的钢绞线作为电焊机的接地线。

(5)预应力筋的切割应采用砂轮锯，严禁采用电弧进行切割。

411.06　预应力钢筋孔道的安装和成形

2. 波纹管的安装

删除本小节第2条第(3)款，以下文代之：

(3)在钢筋绑扎过程中，应根据设计的位置精确定位波纹管和锚垫板位置。应将锚垫板安装在模板上，锚垫板孔应与管道同轴线，其端面应与管道轴线垂直，不得错位。锚垫板下应设置配套的螺旋钢筋，波纹管应用U形或井字形定位筋固定，直线段每0.8m设置一道，曲线段按0.4m设置一道，避免孔道在浇筑混凝土过程中产生移位。所有管道均应在每个顶点设排气孔，需要时在每个低点设置排气孔。波纹管与普通钢筋位置发生冲突时，普通钢筋应避让波纹管。

增加本小节第2条第(5)款，内容如下：

(5)预应力孔道安装时，应制作标准的波纹管定位模具，确保波纹管位置符合要求。浇筑混凝土之前，圆形波纹管应预穿芯棒，扁波纹管应穿入数根小芯棒，防止波纹管在浇筑时挤压变形、漏浆，芯棒应在浇筑过程中进行小范围抽动并在混凝土初凝后及时抽出。焊接钢筋时，应在管道上铺盖湿布，防止因焊渣灼穿管壁而发生漏浆、堵管。

411.07　预应力混凝土的浇筑

1. 一般要求

删除本小节第1条第(2)款d、h、i项，以下文代之：

d. 简支梁梁体混凝土应水平分层、一次浇筑完成。梁体混凝土体积较大时，可采用第410.10小节第1条第(3)款内所述的方法浇筑。浇筑箱形梁段混凝土时，应尽可能一次浇筑完成；梁身较高时也可分两次或三次浇筑；梁身较低时可分为两次浇筑。分次浇筑

时,应先底板及腹板根部,其次腹板,最后浇顶板及翼板,注意事项可参照《公路桥涵施工技术规范》(JTG/T F50—2011)第16章有关规定执行。

h. 混凝土养护时,对为预应力钢束所留的孔道应加以保护,严禁将水和其他物质灌入孔道,防止金属管生锈。养护的注意事项可参照《公路桥涵施工技术规范》(JTG/T F50—2011)第6章及第24章有关规定执行。

i. T梁混凝土的浇筑应采用斜向分段、水平分层等方法一次浇筑完成,不应设施工缝。对T梁马蹄部位应增设附着式振动器。

删除本小节第2条,以下文代之:

2. 预应力混凝土刚构桥施工

(1)挂篮要求

a. 在预应力混凝土梁施工前56d,承包人应将施工组织设计(包括拟采用施工工艺、施工控制、施工挂篮的说明、图纸、静力及变形计算等资料)报请监理工程师审查批准,未获批准前不得施工。

b. 挂篮所使用的材料应是可靠的,有疑问时应进行材料力学性试验。挂篮出厂前应按设计图纸进行试拼,对结构焊缝应做超声波探伤检查并记录。挂篮试拼后,应进行荷载试验。荷载试验中,应用高精度水准仪测量挂篮的竖向变形,为施工预拱度提供数据。

挂篮主要设计参数应符合图纸要求及《公路桥涵施工技术规范》(JTG/T F50—2011)第16.5.1条的规定。

c. 挂篮使用前应做静载试验,试验方案应报监理人审批。加载重量应为最重梁段重量的1.2倍,加载应采用液压千斤顶或堆载法。应检验应力和变形是否满足要求,同时通过静载试验使销、栓孔密贴,消除挂篮的非弹性变形,并测定挂篮自身的弹性变形。绘制荷载—挠度关系曲线图,作为梁段立模高程参考。

d. 承包人应根据工期进度安排,尽早设计制作挂篮,挂篮图纸和计算资料应报监理人审批。挂篮宜采用自锚平衡,结构形式应首选桁架式,不宜采用斜拉式。挂篮总重量不应大于最重梁段重量的0.4倍,最大变形小于20mm,主桁架抗倾覆安全系数不小于2.5,自锚固系统安全系数宜不小于2.5。

e. 挂篮后锚固利用竖向预应力筋时不少于4根,并在连接处设置十字铰。若挂篮后锚固位置与设计竖向预应力筋位置不一样时,联系设计单位适当调整竖向预应力筋或另预埋精轧螺纹钢筋,预埋深度应不小于1.5m。

f. 挂篮外模应用整块钢模板,内模采用大块钢模,内模应与框架连接成整体结构,不得采用拆拼方法施工。底板与腹板拐角处应采用特制钢模或木模,确保不漏浆。内外模板应伸入前一梁段不少于30cm,并在前一梁段预留孔穿拉杆固定模板,确保浇筑过程中挂篮的稳定性,支模前应对前一梁段端头混凝土进行凿毛处理。

g. 挂篮设计时应考虑竖向预应力筋的优先张拉,至少保证在挂篮移走前张拉一半数量的竖向预应力筋。

h. 挂篮支撑平台除要有足够的强度外,还应有足够的平面尺寸,以满足梁段的现场作业需要。挂篮底模后端和两边侧模后端应设置梁体质量检查维修通道,以便检查梁体的混凝土质量。

i. 在 0 号块、1 号段顶面，应平衡、对称地按顺序拼设挂篮，校正空间位置。

j. 挂篮前移应用千斤顶缓慢平稳推进，推移时应在后端设保险绳，到位后应立即安装主桁架后锚固系统。挂篮应同步行走，行走时应检查后钩板、滑道与梁体锚固件的安全。五级以上大风时，应停止挂篮行走。承包人应制定详细的挂篮安全操作规程，对挂篮上人员数量和堆放机具、材料应有明确规定，始终保持挂篮平衡。

k. 如梁与桥墩非刚性连接，悬臂浇筑梁体混凝土时，应按图纸要求预埋墩身与梁体临时固结的预应力钢筋。并在墩顶按图纸规定安装支座，支座安装应符合《公路桥涵施工技术规范》(JTG/T F50—2011)第 22.2 节的规定。

(2)0 号块施工

a. 根据连续刚构桥结构尺寸特点，为了搭建能够拼装挂篮的平台，宜 0 号块、1 号段同时浇筑，按支架现浇梁的方法组织施工。墩身不高时宜采用支撑在地面的支架，墩身较高时应采用在墩侧焊接支撑的扇形托架上施工。

b. 施工单位对托架或支架进行专门设计。

(a)对预埋焊接件、杆件及焊缝或连接螺栓的强度、刚度应进行计算和验算，挂篮设计图纸及计算资料应报监理人审批。

(b)为了使托架不产生非弹性变形，应采用全焊接的方法组拼。若是装配式和支架式的支撑，应进行加载预压，以消除非弹性变形，测量弹性变形值。

c. 墩顶段用于托架的预埋焊接钢板应位置准确、牢靠，确保焊缝质量和托架安全。

d. 0 号块、1 号块同时浇筑的外模应用整块新钢模板，内模可用大块钢模板，拐角处应根据结构尺寸设计专门的钢模板。内、外模应通过模肋保证整体强度和刚度，使模板不产生变形。

e. 采用挂篮悬臂浇筑梁体混凝土时，可先在桥墩两侧设置托架，立模浇筑墩顶块(0 号块)混凝土和 1 号块混凝土；若为连续梁时，将墩顶块与桥墩临时固结。待墩顶块和 1 号段的混凝土强度达到设计等级后，方可在其上组拼挂篮，悬臂浇筑 2 号梁段及其后各梁段的混凝土。

f. 浇筑 0 号块时，由于受力复杂、管道集中、钢筋密集、混凝土数量较多，应采取控制水化热温度的措施，以保证构件有足够的强度和不发生裂缝。

g. 钢筋、预应力波纹管安装位置有冲突时，应按纵向预应力筋、竖向预应力筋，横向预应力筋、非预应力主筋、结构钢筋的先后顺序避让。预应力管道应做到不锈、不沉、不浮、不破、不偏、不堵、不漏。后穿预应力筋的孔道应设置塑料内衬管，以杜绝浇筑混凝土时可能产生的预留孔道变形。

h. 0 号块、1 号块结构为单箱或双箱，整体现浇成型后底板、顶板、腹板和横隔板三向伸缩，互相牵制、顶拉，应采取各种有效手段预防内力裂缝的出现。

i. 混凝土浇筑时应按先两侧后中部、两端两侧对称分层浇筑的方法进行。为了方便混凝土的投料和放入振捣设备，在底腹板的内模适当位置可开口，浇筑到此位置时封闭。悬浇混凝土应用泵送施工，配合比设计除满足强度要求外，还应满足早强、缓凝、水化热小、和易性好等性能要求。

j. 为了防止底板混凝土上溢，在底板混凝土初凝后再浇筑腹板 40 ~ 60cm 高，待该部分混凝土初凝后再连续浇筑完成。

k. 应在底板最低处设置泄水孔，在腹板中部设置通风孔，直径宜为 5 ~ 10cm，每箱每段预留泄水孔和通风孔各一个。

l. 墩顶临时支撑采用现浇硫黄砂浆条带，施工完毕后，利用酒精喷灯烧熔或经预埋电热丝通电烧熔。

m. 采用顶板覆盖、外侧喷淋、内部洒水的方法养护混凝土至设计强度。

n. 混凝土达到拆模强度后可部分进行模板的拆除。为了施工安全，托架和临时支墩应待合龙段完成后拆除。

(3)悬臂施工

a. 悬臂浇筑前，待浇筑段的前端底板高程和桥面板高程，应根据挂篮前端竖向变形、各施工阶段的弹塑性变形(包括先浇和后浇各梁段的重量、预应力、混凝土收缩与徐变、施工设备荷载、桥面系恒载、体系转换引起的变形)及 1/2 活载竖向变形，设置预拱度。

b. 悬臂浇筑梁段时，桥墩两侧的浇筑进度应尽量做到对称、均衡。桥墩两侧的梁体和施工设备的重量差以及相应在桥墩产生的弯矩差，应不超过图纸规定。

c. 用桁架式挂篮悬臂浇筑，在已完成的梁段上前移时，要确保挂篮抗倾覆安全系数大于 2.5，要平稳、缓慢推移。

d. 浇筑梁段混凝土时，应自前端开始向后浇筑，在浇筑的梁段根部与前一浇筑段结合。前后两梁段的模板接缝应紧密结合。

e. 各跨混凝土悬臂浇筑完成合龙时，要求悬臂端相对竖向变形(包括吊带变形的总和)不大于 20mm，轴线偏差不大于 10mm。

f. 波纹管定位应准确，采用“井”字形和 U 形钢筋准确定位，定位钢筋焊接应牢靠，监理工程师应逐根检查。应在浇筑段波纹管内穿直径稍小的硬芯塑料管，防止浇筑混凝土过程中波纹管变形或损坏，待混凝土凝固后拔出芯管。

g. 箱梁混凝土应按底板、腹板、顶板的顺序一次浇筑完成。底板浇筑完，应待混凝土初凝后再浇筑腹板 50cm 高，待该部分混凝土初凝后连续浇筑腹板、顶板。特别应防止腹板底端向内侧漏浆，导致腹板下角部位混凝土不密实。拐角处应用特制钢模紧贴底板，避免漏浆。采取整体加工有效控制钢筋间距，设立支撑筋保证顶板厚度。

h. 腹板混凝土浇筑是整个箱梁浇筑的难点，可在腹板内侧模板适当位置开口进行投料、振实、观察，应严格控制下弯索下部混凝土的密实。

i. 箱梁悬浇施工应采用泵送混凝土，坍落度应为 12 ~ 18cm，应采用插入式振捣器振实。附着式振捣器应作为备用振捣设备，在相应部位采用插入式无法振实的情况下间断振捣。为了保证混凝土的振捣密实，施工单位应设专人跟踪监督振捣工作，责任落实到人，挂牌施工，做到不漏振、不过振。

j. 悬浇混凝土应对称平衡进行。底板浇筑应由根部向端部进行，然后对称分层浇筑腹板混凝土；浇筑顶板时，应从前端向后端，同时从两侧向中间浇筑混凝土，防止梁段接缝处出现裂缝。箱梁底板、顶板表面应用平板振动器振平、人工抹光，严禁出现凹凸不平现象，不得拉毛。

k. 底模应在纵向预应力张拉完成后才能松动。

l. 挂篮脱模应实行签字认可工作制，由监理和施工技术员在现场共同检查混凝土浇筑质量，无质量问题签字认可；若出现蜂窝、麻面、空洞、漏筋等质量缺陷，应及时报发包人，提出处理办法，审批同意后方可进行处理。

m. 每段梁浇筑前，都应对设备、材料、劳动力有充分的准备，并有预案。混凝土应连续浇筑，中途不得停止；若出现异常中途不得不停止时，应立即用高压水冲掉已浇筑的混凝土。

n. 箱梁外侧应采用自动喷淋养生，箱内应采用洒水养生，箱顶面应采用覆盖洒水养生，养生时间不得少于 7d。每梁段都应由监理工程师和施工技术员用回弹仪共同检测混凝土强度，达到设计强度后，可停止养生，未达到时应加大养生力度或查找原因。

o. 悬浇施工应始终掌握 T 构两端对称张拉、平衡施工的原则。

p. 悬浇施工不宜进行冬季施工。

(4) 预应力施工

a. 应按照先竖向、再纵向、后横向的次序对悬浇箱梁进行预应力张拉。每次施工时应测定混凝土强度或弹性模量，在相同的条件下施加预应力。由于挂篮施工的需要，竖向预应力筋应优先张拉不少于 50% 的数量，竖向预应力筋应采用二次张拉工艺，并委托有能力的检测单位对竖向预应力筋张拉力进行检测。

b. 预应力张拉应在混凝土强度达到设计强度 90% 后方可进行。在悬浇施工过程中，施工单位和监控单位应定期做混凝土的弹性模量测试，以保证弹性模量与强度的同步性；若弹性模量降低幅度较大，应查找原因，或延长张拉龄期。

c. 锚垫板应与预应力索轴线保持垂直，锚垫板下混凝土应密实。

d. 纵向预应力索应按实测长度下料，整束编号穿入，调整索位至每根两端处所处位置相同，杜绝绞索。

e. 应采用张拉力控制、伸长值校核的方法施加纵向预应力。误差应符合设计规定，设计未规定时，其偏差应控制在 6% 以内。为保证每根预应力筋受力一致，可按单根进行初张拉。由于各个部位的孔索弯曲程度不一，对应力、变形吻合性影响较大，可根据不同位置经测试调整初张应力，以达到应力、应变控制处于最佳状态。

f. 张拉千斤顶、油泵应定期配套检验，配套使用。当千斤顶使用超过 6 个月或 200 次时，或在使用过程中出现不正常现象，或经过检修，应重新校验。

g. 预应力钢材、锚具进场前应按照规范要求进行试验，符合现行《预应力筋用锚具、夹具和连接器》(GB/T 14370)要求。同等条件下应优先选择安全系数大的正规大厂的产品。

h. 纵向预应力索孔应用真空压浆工艺压浆，预应力张拉完成 48h 内应压浆。压浆采用专用压浆料或专用压浆剂配制的浆液。压浆过程中与压浆后 48h 内，构件混凝土温度及环境温度不得低于 5℃。环境温度高于 35℃时，压浆宜在夜间进行。每孔道应一次压浆完成,不得中断;如遇意外情况特别是穿孔等现象中断时,应立即用高压水冲洗干净。采取措施处理后,应重新压浆。

i. 压浆的充盈度应达到孔道另一端饱满且排气孔排出与规定流动度相同的水泥浆为止。关闭出浆口后,宜保持一个 0.5 ~ 0.7MPa 的稳压期,稳压 3 ~ 5min 后,无漏浆、冒浆时,关闭压浆阀。

j. 竖向预应力上下垫板应与竖向预应力筋轴线垂直,可采取预留张拉槽口的方法确定上垫板的位置。竖向预应力筋上端伸出锚头长度应大于 3cm,且距桥面混凝土铺装顶面距离应不小于 6cm。

k. 在浇筑混凝土时应注意竖向预应力筋上下垫板处混凝土是否达到密实,并应用塑料纸包裹精轧螺纹钢筋上端头,避免混凝土浆污染,造成张拉困难。

l. 竖向预应力筋应采用二次张拉工艺,以张拉应力控制。第一次按设计吨位张拉完成后,不超过 3d 时间,应再进行一次张拉。严禁超张拉。第二次张拉完成 48h 内应压浆。

m. 监理工程师应对竖向预应力第一、第二次张拉和压浆三道工序逐根检查,确保不漏拉漏压。

n. 预应力钢材张拉完成并经监理人同意后,即可进行管道压浆。压浆时应有监理人在场方可进行。

(5)边跨现浇段、合龙段施工

a. 边侧单 T 浇筑完成后即可进行边跨梁段的合龙。根据桥下高度选择支架方式,宜采用刚性满堂支架;若边跨直线段下净空高度较大,无法采用支架法施工,应由设计单位提出托架施工的指导性意见,并在桥梁结构设计时予以考虑,施工单位应按设计要求实施。

b. 支架应优先考虑采用碗扣架搭设,并通过螺杆调节模板高度。若有支架基础,应做好垫层的承压、防水浸的相关措施。现浇托架施工前应进行预压,预压重量为梁段重量的 1.2 倍,以消除非弹性变形,作为底板模板高度调整的依据。预压卸载应均匀对称。

c. 现浇直线段的模板要求与 0 号块模板要求相同。应采用从桥墩向桥台方向对称悬浇成型法浇筑混凝土。

d. 梁的合龙顺序按图纸要求办理,如图纸未规定,一般先边跨后次跨再中跨;多跨一次合龙,应同时均衡对称合龙。合龙时,一切临时荷载均要与施工监控、监理、设计单位协商决定。若主跨为一跨时,直线段的现浇和跨中合龙段可同步进行。

e. 浇筑合龙段长度及体系转换应按图纸规定,将两悬臂端的合龙口予以临时连接,并复查、调整两悬臂端合龙施工荷载,使其对称相等,如不相等,合龙前应在两端悬臂预加压重,并在浇筑混凝土过程中逐步撤除,使悬臂挠度保持稳定。

f. 在箱梁和合龙段混凝土浇筑完成后应加强养生,在达到图纸规定强度后,尽早张拉预应力钢筋。

g. 合龙段两端梁段悬浇时应预留合龙段的吊杆孔,待张拉完毕,利用一只挂篮的侧模、底模及桁架浇筑合龙段。模板、钢筋及预应力索安装时,可通过配重方法调整两端线形吻合、高程相符。

h. 尽量选用设计规定温度的下限进行合龙；若温度过高，无法满足设计温度要求，应采用水平顶推。顶推力及方案应由设计单位提供，在监控、监理、设计单位共同监督下实施。

i. 应按设计单位提供的方案进行钢骨架锁定。为缩短锁定焊接时间，可先焊一侧，锁定侧在合龙前 2h 内刚性锁定。

j. 应按设计要求采用水箱加水法在合龙段两侧对称、等重加载配重至两端高程一致，重量符合设计要求。随着混凝土的浇筑应逐级解除配重，使两端高程保持不变。

k. 顶板合龙索应按设计要求施张或放张。

l. 设计单位应对合龙段及合龙段两侧底板进行专门防崩裂设计，上下两层钢筋每个十字交叉部位设一个钩筋，下端勾住底层钢筋，上端钩住顶层钢筋并焊接牢靠。

m. 合龙段混凝土强度等级应比箱梁混凝土高一级，宜采用微膨胀混凝土，应提前配制并报批。合龙段混凝土应控制在 2 ~ 3h 内一次对称浇筑完成。

n. 在纵向预应力筋张拉前，不得在箱梁上施加或卸除重载。张拉前应解除临时刚性锁定装置。

（6）体系转换

a. 所有跨合龙后应按设计顺序先短后长张拉剩余跨底板预应力筋。

b. 应先解除临时支座，然后锁定永久性支座，完成体系转换，并由具备资质的检测单位对支座逐一检测评定。

增加本小节第 4 条，内容如下：

4. 转体施工

（1）一般要求

a. 开工前，承包人应对路线平纵断面、桩位坐标、墩位高程、净空及 T 构桥面高程等基本数据进行全面核查。

b. 承包人应严格按规定的要求和工艺进行转体施工。桥上各个钢构件成桥后均应进行多点的可靠接地。

c. 上下球铰安装精度控制、主要截面应力控制、沉降徐变控制、转体过程精度和安全控制应满足设计要求。

d. 转体施工时，应首先进行试转，保证设备的良好运行。可根据实际情况制定要点计划，进行转体施工。

e. 各施工工点应安装监控摄像设备并将视频数据上传至各级监控中心。承包人应配备专人对施工现场进行全程监控，加强对工程的管理，确保施工安全和工程质量符合要求。

f. 转体前应通过施工监控量测数据对 T 构梁端进行平衡配重。

g. 在安装支座时，应将支座的相对滑移面用丙酮擦拭干净，制作安装高度应符合设计要求。支座按设计就位后，其四角高差不得大于 1mm。

（2）上部结构施工

a. 浇筑箱梁混凝土前应严格检查伸缩缝、护栏、泄水孔、支座等附属设施的预埋件是否齐全，确定无误后方可浇筑；施工时，应保证预应力孔道及钢筋位置的准确性；注意预埋用于应力监控的应变片以及测量高程的控制点预埋件等，具体位置在主梁施工前由施工监控部门另外给出。

b. 临时锁定上下转盘，满堂支架现浇梁体，待每节段混凝土强度及弹性模量达到90%以上，且混凝土龄期不小于7d后，方可张拉各节段预应力钢束。

c. 进行T构转体前，应通过施工监控量测数据对梁端进行配重，将转体梁段转体至预定位置后，调整梁体线形，封固转体系统上、下盘；并进行合龙段两端的高程测量。如高程差值不符合设计要求，应进行调整后方可进行后浇段的施工。

d. 转体的牵引索应采用高强钢绞线，其一端引出，另一端应绕固于上转盘上，牵引动力采用液压千斤顶。

e. 转体施工应符合图纸和《公路桥涵施工技术规范》(JTG/T F50—2011)第15.5节有关规定。另外，预应力混凝土施工部分还应符合本规范第411节有关规定。

(3)转体结构

转体结构由转体下盘、球铰、上转盘、转动牵引系统组成。

a. 钢球铰面在工厂制造，在下球铰面上按设计位置铣钻四氟板镶嵌孔，同时在下球铰面上设置适量的混凝土振捣孔，以方便球铰面下混凝土的施工。

b. 施工中要精确安装下球铰，下球铰精密对位后进行锁定。在混凝土灌注前将球铰中心轴的预埋套筒精确定位并固定，以便中心轴的转动。

c. 下球铰混凝土灌注完成后，将转动中心轴钢棒放入下转盘预埋套筒中。然后进行下球铰聚四氟乙烯滑动片和上球铰的安装。聚四氟乙烯片设计抗压强度应≥100MPa。滑动片安装前，先将下球铰顶面清理干净，球铰表面及安放滑动片的孔内不得有任何杂物，并将球面吹干。根据聚四氟乙烯滑动片的编号将滑动片安放在相应的镶嵌孔内。

d. 滑动片安装完成后，各滑动片顶面应位于同一球面上，其误差不大于1mm。检查合格后，在球面上滑动片间涂抹黄油聚四氟乙烯粉，使黄油聚四氟乙烯粉均匀充满滑动片之间的空间，并略高于滑动片顶面，保证滑动片顶面有一层黄油聚四氟乙烯粉。涂抹完黄油聚四氟乙烯粉后，严禁杂物掉入球铰内，并尽快安装上球铰。上球铰精确定位并临时锁定限位，上下球铰吻合面外周用胶带缠绕密封，严禁泥沙或杂物进入球铰摩擦部。

e. 转体上盘撑脚即为转体时支撑转体结构平稳的保险腿。从转体时保险腿的受力情况考虑，转台对称的两个保险腿之间的中心线与上盘纵向中心线重合，使所有保险腿对称分布于纵轴线的两侧。在撑脚的下方(即下盘顶面)设圆形滑道，转体时，保险撑脚可在滑道内滑动，以保持转体结构平稳。要求整个滑道面在一个水平面上，其相对高差应小于或等于2mm。

f. 待上盘混凝土达到设计强度后，进行整个转动系统支承体系的转换。抽去垫板使转台支承于球铰上。施加转动力矩，使转台绕球铰中心轴转动。检查球铰的运转是否正常，测定其摩擦系数，为转体施工提供依据。

g. 转体精度定位控制。

(a)转体动力系统应具有自动控制和手动控制两种功能，当主梁端部即将到达设计位置前 1.0m 时,采用点动操作,并与测量人员密切配合,获取操作时最大弧长转体数据。

(b)点动操作、精度定位前,先对上部结构进行水平校正。

(c)设置限位装置,防止超转。

h. 防倾保险措施。

(a)钢管混凝土撑脚均布于上转盘的圆周上,撑脚下对应有不锈钢滑道,滑道上铺设 4mm 厚的四氟板,四氟板与撑脚走板面的距离为 6mm。

(b)转体前,应通过施工监控量测数据对 T 构梁端进行平衡配重,使整个转体结构重心与球铰中心位于同一竖直线上。

i. 避免环境因素干扰、确保转体安全。

(a)在转体过程中,上部结构覆盖面范围内不得有影响转体正常进行的障碍物。

(b)提前获取转体当天的气象信息,避免可能出现的大风对转体工作的危害,并采用有效方案措施,当风力大于 6 级时,不应进行转体施工。

(c)转体施工应进行施工监测,确保转体结构的安全。

(4)球铰安装

a. 保持球铰面不变形,保证球铰面光洁度及椭圆度。

b. 球铰范围内混凝土振捣务必密实。

c. 防止混凝土浆或其他杂物进入球铰摩擦面。

d. 球铰安装精度质量控制如下:

(a)球铰安装顶口应水平,其顶面任两点误差不大于 1mm。

(b)球铰转动中心应位于设计位置,其误差:顺桥向 ±1mm;横桥向 ±1.5mm。

(c)转体角速度控制。转体速度 $w \leqslant 0.02$rad/min,主梁端部水平线速度 $v \leqslant 1.2$m/min。

411.08　后张法预应力

2. 施工要求

删除本小节第 2 条第(4)款,以下文代之:

(4)预应力张拉应采用智能张拉工艺,通过计算机软件控制机械动作,两端同时同步对称张拉,按规范设定张拉力值、加载速率、停顿点、持荷时间等,实现对张拉力的高精度控制以及伸长值的准确测定。张拉时混凝土强度不应低于图纸规定,如图纸无规定,混凝土龄期达到 7d,且混凝土强度达到设计强度标准的 90% 时,方可进行张拉。预应力张拉应按张拉应力、伸长量双控法进行。

增加本小节第 2 条第(9)~(11)款,内容如下:

(9)钢绞线在穿束前应进行编束,编束间距宜控制在 1~1.5m 一道,并采用整束钢束牵引工艺进行穿束。

(10)施工中应采取塑料布等对露出构件预应力管道外的预应力筋进行覆盖、包裹,且应避免雨水或养护用水进入预应力管道,防止钢绞线污染或锈蚀。

(11)张拉后切割钢绞线时不得损伤锚具,预应力筋切割后的外漏长度不应小于 30mm,且不应小于 1.5 倍预应力筋直径。锚具长期外漏时,应采取防止锈蚀的措施。

3. 张拉步骤

删除本小节第3条第(2)、(3)款,以下文代之:

(2)初始应力(钢束长度30m以下时,取设计应力的10%~15%;30~60m时,取15%~20%;60m以上时,取20%~25%)是把松弛的预应力钢材拉紧,此时应将千斤顶充分固定。在把松弛的预应力钢材拉紧以后,应在预应力钢材的两端精确地标记号,预应力钢材的延伸量或回缩量即从该记号起量。张拉力和延伸量的读数应在张拉过程中分阶段读出。当预应力钢材由很多单根组成时,每根应做出记号,以便观测任何滑移。预应力钢材实际伸长值$\triangle L$,除上述测量伸长值外,应加上初应力时的推算伸长值,即:

$$\triangle L = \triangle L_1 + \triangle L_2$$

式中:$\triangle L_1$——初始拉力至最大张拉力间的实测伸长值;

$\triangle L_2$——初始拉力时推算伸长值(mm),可采用相邻级的伸长值。

(3)预应力钢材张拉后,应测定预应力钢材的回缩与锚具变形量,锚固阶段张拉端锚具变形、预应力筋的内缩量和接缝压缩值,应不大于设计规定或《公路桥涵施工技术规范》(JTG/T F50—2011)表7.6.3的规定。

删除本小节第3条第(6)款g项,以下文代之:

g. 监理人可以要求按照《公路桥涵施工技术规范》(JTG/T F50—2011)附录G-9进行预应力损失的测试。

411.09 先张法预应力

增加本小节第7条,内容如下:

7. 先张法空心板预应力钢绞线应采用大吨位千斤顶同步整体式张拉。内模箍筋每道间距不应大于80cm,防止内模上浮,保证顶板厚度满足设计要求。混凝土浇筑后养生期间孔内外温差不宜大于20℃,防止产生温度应力裂缝。

411.10 孔道压浆

删除本小节第1、2条,以下文代之:

1. 压浆设备

(1)孔道压浆应采用循环智能压浆系统,该系统应能准确控制压力大小和稳压时间,调节流量,自动实测孔道压力损失。循环智能压浆系统应具有"远程跟踪、智能控制、及时纠错"的功能。

(2)循环智能压浆系统制浆机应满足规范要求,精确控制浆液质量。搅拌机的转速应不低于1 000r/min,其叶片的线速度不小于10m/s,且应在规定的时间内搅拌均匀浆液。

(3)循环智能压浆系统制浆机压力表的最小分度值应不大于0.1MPa,最大量程应使实际工作压力在其25%~75%的量程范围内。

(4)用于临时储存浆液的储料罐应具有搅拌功能,且应设置网格尺寸不大于3mm的过滤网。

2. 压浆

(1)承包人应制定孔道压浆施工方案及详细说明并报请监理人审查,经监理人批准后方可实施压浆。

(2)预应力筋张拉锚固后,孔道应在48h内完成压浆。

(3)孔道压浆前的准备工作应符合下列规定:

a. 压浆施工前,应在工地试验室对压浆材料加水进行试配,各种材料的称量(均以质量计)应精确到±1%。经试配的浆液其各项性能指标均满足《公路桥涵施工技术规范》(JTG/T F50—2011)第7.9.3条的要求。

b. 压浆施工前,应对孔道进行清洁处理。金属孔道应冲洗清除附着于孔道内壁的有害材料。对孔道内可能存在的油污等,应采用对预应力筋和孔道无腐蚀作用的中性洗涤剂或皂液,用水稀释后进行冲洗;冲洗后,应使用不含油的压缩空气将孔道内的所有积水吹出。

c. 应对压浆设备进行清洗,清洗后的设备内不应有残渣和积水。

(4)压浆时,对曲线孔道和竖向孔道应从最低点的压浆孔压入;对结构或构件中上下分层设置的孔道,应按先下层后上层的顺序进行压浆。同一孔道的压浆应连续进行,一次完成。压浆应缓慢、均匀地进行,不得中断,并应将所有最高点的排气孔依次打开和关闭,使孔道内排气通畅。

(5)浆液自拌制完成至压入孔道的延续时间不得超过40min,对因延迟使用所致流动度降低的水泥浆,不得通过额外加水增加其流动度。

(6)浆液在孔道内持续循环,通过调整压力和流量,将孔道内空气通过出浆口和钢绞线丝间空隙完全排出,同时带出孔道内残留杂质。

(7)以出浆口满足规范最低压力值来设置灌浆压力值,保证沿途压力损失后孔道内仍具备满足规范要求的最低压力值。关闭出浆口后,应保持一个不小于0.5MPa的稳压期,该稳压期的保持时间应为5min。

(8)压浆过程中根据孔道进、出浆口分别设置的精密传感器适时监测压力,进行压力的调整,保证预应力孔道在施工技术规范要求的浆液质量、压力大小、稳压时间等重要指标约束下完成压浆过程,确保压浆饱满和密实。

(9)压浆时,每一工作班应制作留取不少于3组尺寸为40mm×40mm×160mm的试件,标准养护28d,进行抗压强度和抗折强度试验,作为质量评定的依据。试验方法应按现行《水泥胶砂强度检验办法(ISO)法》(GB/T 17671)的规定执行;质量评定方法应参照《公路桥涵施工技术规范》(JTG/T F50—2011)第6章的规定执行。

(10)压浆过程中及压浆后48h内,结构或构件混凝土的温度及环境温度不得低于5℃,否则应采取保温措施,并按冬期施工的要求处理,浆液中可适量掺用引气剂,但不得掺用防冻剂。当环境温度高于35℃时,压浆应在夜间进行。

(11)压浆后应通过超声波法抽查压浆的密实情况,对不密实的部位,应及时进行补压浆处理。

(12)压浆完成后,应及时按设计要求对锚固端进行封闭保护或防腐处理,需要封锚的锚具,应在压浆完成后对梁端混凝土凿毛并将其周围冲洗干净,设置钢筋网浇筑封锚混凝土;封锚应采用与结构同强度的混凝土,并应严格控制封锚后的梁体长度。长期外露的锚具,应进行防锈处理。

(13)压浆过程由计算机程序控制,准确计量加水量,实时监测灌浆压力、稳压时间、浆液温度、环境温度各个指标,自动记录,打印报表;并将相应数据实时无线传输至相关部门。

(14)对后张法预制构件,在孔道压浆前不得移梁或安装梁板;压浆后,应在浆液强度达到设计强度80%后方可移梁。

(15)孔道压浆应填写的施工记录项目包括:压浆材料、配合比、压浆日期、出机初始流动度、浆液温度、环境温度、稳压压力及时间。

411.11 质量检验

增加本小节第4、5条,内容如下:

4. 转体施工桥梁。

(1)转体施工桥梁成桥状态质量检验项目除应符合现行《公路桥涵施工技术规范》(JTG/T F50)、《公路工程质量检验评定标准 第一册 土建工程》(JTG F80/1)等有关规范的规定外,主梁断面尺寸误差应符合以下要求:

a. 梁体高度 ±5mm;

b. 顶底板宽度 ±20mm;

c. 顶底板及腹板厚度 +10mm。

(2)钢球铰制造精度控制如下:

a. 平面光洁度不小于▽3;球面各处的曲率应相等,其曲率半径之差为 ±1mm;

b. 边缘各点的高程差小于或等于1mm;

c. 椭圆度小于或等于1.5mm;

d. 各镶嵌四氟板块顶面应位于同一球面上,其误差小于或等于1mm;

e. 球铰上、下面形心轴、球铰转动中心轴应重合。

5. 预应力混凝土工程的预应力钢束张拉完成后,承包人应委托有相应检测资质的第三方检测单位对其进行有效预应力值检测,不符合设计要求的,承包人应按监理人的指令返工处理,并承担相关费用。

411.12 计量与支付

1. 计量

增加本小节第1条第(8)、(9)款,内容如下:

(8)现浇预应力混凝土梁板支架以及为保证支架地基稳固而进行的砂砾、灰土、混凝土垫层等地基加固措施,均作为现浇梁板的附属作业,不另行计量。

(9)转体桥梁的球铰以个为单位计量。聚四氟乙烯片作为球铰的附属作业,不另行计量。

删除本小节第 2、3 条，以下文代之：

2. 支付

(1)按上述规定计量，经监理人验收的列入了工程量清单的以下支付子目的工程量，其每一计量单位，将以合同单价支付。此项支付，包括材料、劳力、设备、试验、运输等及其他完成预应力混凝土工程所必需的费用，是对完成工程的全部偿付。

(2)所有预应力混凝土工程浇筑完成，且 7d 强度满足要求后，可支付所有涉及子目的 90%，28d 强度满足要求且梁板架设完成后，支付剩余的 10%。如果 28d 强度不满足要求，承包人应按监理人指令，自费返工处理至符合设计文件及相关规范要求后，再支付剩余的 10%。

删除本小节第 3 条，以下文代之：

3. 支付子目

子　目　号	子 目 名 称	单　　位
411-2	先张法预应力钢绞线	kg
411-5	后张法预应力钢绞线	kg
411-6	后张法预应力钢筋	kg
411-7	现浇预应力混凝土上部结构	
-a	现浇 C…预应力混凝土箱梁	m^3
-c	悬浇 C…预应力混凝土	m^3
411-8	预制预应力混凝土上部结构	
-a	预制预应力混凝土空心板	
-a. 1	预制 C…预应力混凝土空心板	m^3
-b	预制预应力混凝土箱梁	
-b. 1	预制 C…预应力混凝土箱梁	m^3
-c	预制预应力混凝土 T 梁	
-c. 1	预制 C…预应力混凝土 T 梁	m^3
411-9	预应力混凝土下部结构	
-a	C…预应力混凝土	m^3
411-10	转体施工球铰	个

第 412 节　预制构件的安装

412. 02　一般要求

删除本小节第 2 条，以下文代之：

2. 预制构件的起吊、运输、装卸、安装时的混凝土强度,应符合图纸规定,一般不低于预制构件混凝土设计等级的 80%。对于预应力混凝土梁,应通过与梁相同的混凝土制成的且与梁养护条件相同的混凝土立方体试件,表明梁的抗压强度达到设计规定的抗压强度,且至少达到 14d 龄期,才能装运。预应力混凝土预制构件孔道内的水泥浆强度,应符合图纸规定。

增加本小节第 12 ~ 16 条,内容如下:

12. 预制梁板安装后表面应平整、坡度一致,相邻梁板之间高差不得大于 8mm。

13. 对于墩高超过 20m 的柱式墩,在上部结构安装时,应提前采取临时加固措施,以免安装时桥墩发生过大位移。

14. 预制梁安装时,应采用专业厂家生产的架桥机或吊车,架桥机或吊车选型应满足起吊位置处最大起重量的 1.2 倍的安全系数,严禁采用人字桅杆架设。

15. T 梁的横移应采用横向滑道,严禁横向强行拖拉。

16. 预制梁安装假设前,承包人应对梁体的几何尺寸、外观质量进行全面检查,并及时凿通透气孔。当梁体几何尺寸超出容许范围或出现裂缝时,承包人应分析原因,确定处理方案。

412.07 计量与支付

本小节后补充内容如下:

影响桥梁梁体架设的山体开挖土石方应在第 200 章中计量。

第 413 节 砌 石 工 程

413.02 材料

3. 砂浆

删除本小节第 3 条第(4)款,以下文代之:

(4)除非图纸上另有标明或监理人指示,勾缝形式一律采用浅凹缝;勾缝砂浆强度等级不低于 M10,且不低于砌体砂浆的强度等级。流冰和严重冲刷部位应采用高强度水泥砂浆水泥砂浆的配合比按现行《砌筑砂浆配合比设计规范》(JTG/T 98)的规定执行。

413.03 施工要求

1. 一般要求

删除本小节第 1 条第(2)、(6)款,以下文代之:

(2)无论原地表自然坡度如何,所有石料均应按水平层砌筑。当砌体较长时,应按砌体设置沉降缝的要求进行分段。除监理人同意或图纸有明示可按调整每层砌石的长度来适应地面或路基纵坡外，砌筑时相邻段高差应不大于 1.2m，段与段间设伸缩缝或沉降缝，各段水平砌缝应一致。

(6)在砌筑砂浆已凝固的砌体上勾缝时，应将缝槽内硬化砂浆表面用水充分润湿并将缝槽内不密实的砂浆凿除。勾好缝的砌体在完工后，视水泥种类及气候情况，在 7～14d 内应加强养护。已完工的砌体外露面上不得有任何污染。

增加本小节第 1 条第(9)款，内容如下：

(9)除非图纸另有规定，承包人在进行圬工砌体施工中，每砌筑 1m 高，应将伸缩缝或沉降缝用浸沥青麻絮填塞密实。

413.05 计量和支付

1. 计量

增加本小节第 1 条第(5)款，内容如下：

(5)桥头锥坡的锥心填料与台背回填在 204 节中相关支付子目中计量。

删除本小节第 3 条，以下文代之：

3. 支付子目

子目号	子目名称	单位
413-1	浆砌片石	
-a	M…浆砌片石	m^3
413-2	浆砌块石	
-a	M…浆砌块石	m^3
413-3	浆砌料石	
-a	M…浆砌料石	m^3
413-4	浆砌预制混凝土块	
-a	M…浆砌预制混凝土块	m^3
413-5	现浇混凝土	
-a	C…混凝土	m^3
-e	C…片石混凝土	m^3

第 415 节 桥 面 铺 装

删除本小节，以下文代之：

415.01 范围

本节工作内容为混凝土桥面铺装。

415.03 施工要求

1. 一般要求

删除本小节第1条第(3)款,以下文代之:

(3)桥面铺装钢筋网应利用梁板顶面预埋的定位钢筋准确定位,使钢筋净保护层厚度控制在设计值±5mm范围内,已安装好的钢筋网片禁止施工人员踩踏和混凝土罐车行驶,防止钢筋网下沉。在桥面铺装施工前,还应对伸缩装置处的预埋钢筋进行检验,对缺、漏、错位的钢筋,应整改合格。

增加本小节第1条第(7)~(14)款,内容如下:

(7)现浇悬臂箱梁施工或预制梁湿接缝施工完成后,应在两个月内实施水泥混凝土铺装层。混凝土铺装层施工平整度用3m直尺检查,最大间隙不得超过3mm,达不到要求的部位,应打磨至合格为止。

(8)桥面混凝土铺装层采用泵送混凝土车整幅浇筑,混凝土的运输及泵送均以桥下场地或另半幅桥作为工作面,避免混凝土浇筑作业面被污染和桥面钢筋网变形。

(9)梁板安装后,当跨中反拱超过3cm时,应报告监理人采取必要措施。

(10)严禁大吨位车辆在未做桥面铺装的裸梁上行驶。严禁超出荷载等级的大吨位超载车辆通行刚施工完成或尚未施工完成的桥涵结构物。

(11)混凝土铺装浇筑时梁顶面要保持充分的湿润,但不能有积水。

(12)桥面混凝土铺装层应在防撞护栏施工前施作。

(13)桥面铺装的养护应按照本规范第410.16小节执行。

(14)桥面铺装施工完工后应进行成品验收,重点测量桥面铺装的横坡、纵坡、平整度,检查表面裂缝。当裂缝宽度大于0.10mm时,施工单位应对存在问题进行质量分析,确定处治方案。

5. 泄水管

删除本小节第5条第(2)款,以下文代之:

(2)泄水管安装时应使用高性能复合灌浆料浇筑泄水管周边空隙,并对周边做防水处理。泄水管顶高程应略低于桥面混凝土铺装层高程1~2cm,泄水管顶的箅子安装时,应低于桥面铺装面层1.5cm,泄水管下端应伸出梁体不小于15cm。

增加本小节第5条第(3)款,内容如下:

(3)桥梁通过水源保护地或桥下有道路以及立交桥桥面、桥台边坡均应采用PVC管道连接,进行集中排水或按设计所示引入地下排水设施。

415.05 计量与支付

1. 计量

增加本小节第1条第(5)、(6)款,内容如下:

(5)桥面PVC排水管按管径以米为单位在415-4子目中计量,包括安装螺栓、连接件、管箍、弯头、三通等在内的一切与之相关的工程量。

(6)桥面凿毛、桥面防水层、沥青混凝土桥面纳入路面工程中。

3. 支付子目

增加本小节415-4子目:

子 目 号	子 目 名 称	单　位
415-4	排水管	
-a	PVC排水管($D=\cdots$mm)	m

第416节　桥 梁 支 座

416.02　一般要求

删除本小节第1条,以下文代之:

1. 桥梁支座应符合现行《橡胶支座　第2部分:桥梁隔震橡胶支座》(GB 20688.2)、《橡胶支座　第4部分:普通橡胶支座》(GB 20688.4)和《桥梁球型支座》(GB/T 17955)有关规定和要求。

增加本小节第4~6条,内容如下:

4. 桥梁架设完成并完成体系转换后,应按照设计图纸的要求,在梁体与桥台台帽及桥墩盖梁防震挡块之间安设减震橡胶垫块。

5. 由生产厂成套提供的支座,应要求生产厂将上下钢板进行热浸镀锌;螺栓、螺母、垫圈也应进行热浸镀锌,并应清理螺纹。热浸镀锌防锈处理应按相应规范要求执行。

6. 承包人在浇筑桥梁支座垫石混凝土前,应对支座垫石的钢筋网布设情况进行拍照留档,拍照时应设定日期。

416.03　材料

3. 钢材

删除本小节第3条第(1)、(3)款,以下文代之:

(1)支座用钢板的强度应符合现行《碳素结构钢》(GB/T 700)、《低合金高强度结构钢》(GB/T 1591)或《优质碳素结构钢》(GB/T 699)的有关规定。加劲钢板的质量应满足现行《碳素结构钢冷轧薄钢板及钢带》(GB/T 11253)的要求。

(3)支座用铸钢件的机械性能、化学成分均应符合现行《一般工程用铸造碳钢件》(GB/T 11352)的有关规定。

416.04　产品类型

3. 桥梁隔震橡胶支座

删除本小节第3条第(3)款,以下文代之:

(3)钢材应符合现行《碳素结构钢》(GB/T 700)、《低合金高强度结构钢》(GB/T 1591)要求,支座连接板、封板和内部钢板的强度设计值不应低于表416-12的规定。钢板厚度应满足应力检验的要求,并应满足地震时大变形的稳定性要求。

4. 球型支座

删除本小节第4条第(1)款,以下文代之:

(1)球型支座应采用工厂定型产品,其性能及尺寸均应符合图纸要求及现行《桥梁球型支座》(GB/T 17955)规定。

删除本小节,以下文代之:

416.07 计量与支付

1. 计量

(1)支座按图纸所示不同的类型,包括支座的提供和安装,按照不同型号、规格、材料分别以个为单位计量。支座的采购、运输、保管、质量检验及安装支座所需的扣件、钢板、焊接、螺栓、黏结等,作为支座安装的附属工作,不另行计量。

(2)梁体与防震挡块间安设的减震橡胶垫块,按照不同规格分别以个为单位计量。

(3)临时支座作为梁板安装的附属工作,不另行计量。

2. 支付

按上述规定计量,经监理人验收的列入了工程量清单的以下支付子目的工程量,其每一计量单位,将以合同单价支付。此项支付包括材料、劳力、设备及其他为完成支座工程必需的费用,是对完成工程的全部偿付。

3. 支付子目

子 目 号	子 目 名 称	单 位
416-1	矩形板式橡胶支座	
-a	GJZ200 × 300 × 52	个
…	…	个
416-2	圆形板式橡胶支座	
-a	GYZ150 × 35	个
…	…	个
416-4	盆式支座	
-a	GPZ(II)1.5SX	个
…	…	个
416-5	隔震橡胶支座	
-a	HDR-D300-H	个
…	…	个
416-6	球型支座	
-a	TGTP-Q-GD370 × 480 × 170	个

续上表

子　目　号	子 目 名 称	单　　位
-b	TGTP-Q-DX370 × 480 × 170	个
416-7	聚四氟乙烯滑板支座	
-a	GYZF4250 × 43	个
…	…	个
416-8	梁侧(梁端)减震橡胶垫块	
-a	200mm × 200mm × 20mm	个
…	…	个

注:应按支座的型号、规格、材料分列子项。

第 417 节　桥梁接缝和伸缩装置

417.03　施工要求

1. 一般要求

删除本小节第 1 条第(2)款,以下文代之:

(2)所有产品在任何时候都严格按照生产厂家推荐的方法装卸、放置、装配和安装,具体要求如下:

a. 伸缩装置应在工厂进行组装。

b. 伸缩装置凡待组装的部件,应有工厂质检部门的合格标记,外购件或协作厂加工部件,应有合格证书方可进行组装,不合格构件不能进行装配。

c. 在组装过程中,所有的螺栓、螺钉、垫片、不锈钢板、四氟板、支座等构件应清洁,不应有碰伤,螺栓、螺钉头部及螺母端面,应与被紧固零件的平面均匀接触,不能倾斜,也不能用锤敲击来达到均匀接触的目的。

d. 除不锈钢板的滑动面和与混凝土的接触面外,凡待组装钢构件表面应平整、清洁、去除铁锈、毛刺、油污。除锈后均应进行有效防护处理。

e. 模数式伸缩装置中使用多根中梁,若需对接接长时,接头应设置在受力较小处,并错开布置。

f. 模数式伸缩装置组装后,在伸缩范围内任意位置,在同一断面处各中梁和边梁顶面高差应小于或等于 2mm。每条缝宽度偏差不超过 ±2mm,伸缩量小于或等于 600mm 时,总宽度偏差应小于或等于 ±10mm;伸缩量大于 600mm 时,总宽度偏差应在 ±15mm 内。

g. 伸缩装置在工厂组装时,经检测合格后,应按照用户提供的施工安装温度的要求,确定其压缩量定位出厂,若用户未提供安装定位温度时,均按伸缩量的一半定位出厂。出厂时,吊装位置应用明显颜色标明。

h. 各种伸缩装置均应保证零部件更换简单、方便。

增加本小节第1条第(7)~(17)款,内容如下:

(7)伸缩装置应由生产厂家或专业队伍到现场负责安装施工,且应采用反开槽的方式进行安装施工。

(8)伸缩装置的预留槽口应在桥面调平层施工完成后用素混凝土填平,梁端应塞满泡沫板,缝底应垫衬板,素混凝土中应用泡沫板预留伸缩位置。伸缩装置应在最后一层沥青混凝土摊铺完成后施工,水泥混凝土桥面养护7d后应尽早安排伸缩装置的安装施工。

(9)伸缩装置应采用横桥向整体安装,应根据安装温度,调整安装时伸缩装置的缝宽,保证每条缝宽均匀。

(10)伸缩装置安装前应测放桥梁中心线,测量伸缩装置两侧桥面的高程、纵横坡度及平整度。

(11)应在桥面调平层施工前检查和整改预留槽宽度。预埋钢筋应定位准确,缺筋处经监理人确认后进行植筋,并应经验收合格。所产生的费用由路基承包人承担。

(12)梁端间隙过大时,应采取有效补救措施进行处理,避免伸缩装置型钢架空,当梁端间隙过大而又无法处理确需更换伸缩缝型号或梁端间隙过小时,应凿除多余混凝土,保证伸缩装置受力正常,经路基桥梁监理工程师现场确认后实施,所增加的费用均由路基承包单位承担。

(13)对特殊形式的伸缩装置,在伸缩装置槽口施工之前应与生产厂沟通,核对预留槽口的尺寸与预埋件。

(14)不同设计形式的伸缩装置施工前,应先安装一条工艺试验性伸缩装置,待检验合格后,方可进行大面积施工。

(15)开槽。

a. 摊铺沥青混凝土时,应保证连续作业,在伸缩装置两边各20m范围内不得停机,避免因机器停止、启动影响此段路面的平整度,从而影响伸缩装置的安装质量。

b. 伸缩装置的切缝位置应根据3m直尺的平整度检测情况确定,以伸缩装置中心线为中心,对称布置。

c. 伸缩装置的开槽应当先画线,然后切割,切割后再进行清理,切缝应顺直,且应保证槽边沥青铺装层不悬空,层下水泥混凝土密实。否则,应继续加宽切割。

d. 清缝应当彻底干净,应采用高压风枪清除梁体两端间及盖梁上的杂物,保证桥梁能够自由伸缩;同时应将槽内预埋钢筋根部握裹的混凝土清理干净,对槽内混凝土外露面进行凿毛处理。

(16)安装。

a. 伸缩装置安装之前,应按照安装时的气温调整安装时的伸缩值,并采用专用卡具将其固定。

b. 施工过程中应采用6m直尺控制伸缩装置的顶面高度与桥面铺装高差是否满足要求,伸缩装置宜比桥面沥青铺装低1.5~2mm。槽口混凝土的模板应仔细安装,保证不漏浆。

c. 伸缩装置的平面位置及高程调整好后,应采用两台电焊机由中间向两端将伸缩装置的一侧与预埋筋点焊定位；如位置、高程有变化，应采取边调边焊的方式，且每个焊点的焊缝长度不得小于50mm，点焊完毕再加焊，点焊间距应控制在1m之内；焊完一侧后，采用气割解除锁定，调整伸缩装置在某温度下的上口宽度，上口宽度调整正确后，再焊接所有连接钢筋。

d.伸缩装置安装完成后，应由监理工程师检验认可才能浇筑混凝土。

(17)浇筑混凝土。

a.混凝土应避免在高温下施工，其现场坍落度应控制在60～80mm之间。

b.浇筑混凝土前应将间隙填塞，并应采取措施，防止浇筑时混凝土渗入伸缩装置位移控制箱内、密封橡胶带缝中及表面上，如果发生此现象，应立即清除，然后进行透水土工布+海绵洒水养护，养护时间应不少于7d。

c.混凝土应在接缝伸缩开放状态下浇筑，防止已定位的构件变位。

增加本小节第6～11条，内容如下：

6.单元式多向变位梳型板桥梁伸缩缝装置。

(1)产品符合现行《单元式多向变位梳型板桥梁伸缩缝装置》(JT/T 723)标准的要求。

(2)梳齿板式伸缩装置的梳齿钢板均采用不低于Q345C的低合金高强度结构钢或同级别的国外高强度结构钢，其化学成分、力学性能和工艺性能应满足现行《低合金高强度结构钢》(GB/T 1591)或同级别的国外结构钢标准。

(3)钢筋、焊条：伸缩装置使用的钢筋直径应不小于16mm，并符合现行《钢筋混凝土用钢　第1部分：热轧光圆钢筋》(GB 1499.1)、《钢筋混凝土用钢　第2部分：热轧带肋钢筋》(GB 1499.2)有关规定。焊条应与被焊主体金属及焊接方法相适应。

(4)高强度螺栓技术性能应符合现行《钢结构用高强度大六角头螺栓》(GB/T 1228)、《钢结构用高强度大六角头螺母》(GB/T 1229)及《钢结构用高强度大六角头螺栓、大六角头螺母、垫圈技术条件》(GB/T 1231)或相关标准规定。所有螺栓均应进行防腐处理。

7.植筋。

(1)一般要求

a.植筋应尽量避免雨天施工。在雨天施工时，要用较为清洁的水清洗孔壁，清洗后孔内积水不用排出，但经长时间浸泡的植筋孔，应用成孔设备重新扫孔和清孔。

b.植入钢筋不得有松动，表面不应有损伤，钢筋不得弯曲90°以上。锚孔内植筋胶应饱满，不得有未固结现象。严禁采用将植筋胶直接涂抹在钢筋上植入孔中的植筋方式。

c.植筋胶在完全固化前，不得触动或振动已植入钢筋，以免影响其黏结性能。

d.所选用的植筋胶和其相关产品对环境不能造成污染。植筋胶的性能指标应符合《公路桥梁加固设计规范》(JTG/T J22—2008)中第4章A级胶的有关规定。

(2)植筋的技术要求

a.承包人在植筋前应检查被植筋混凝土表面是否完好，有无裂缝，在裂缝处不得植筋。根据钢筋直径确定钻孔孔径，利用电锤钻孔，严禁使用气锤钻孔，防止出现混凝土局部疏散、开裂。钻孔施工遇到钢筋或预埋件时应立即停钻，并适当调整钻孔位置。

b. 植筋孔的深度一般为钢筋直径的 15 倍或根据设计要求确定。

c. 植筋采用的钢筋应符合设计要求,钢筋应采取机械切断,端面不允许采用氧割。

d. 清孔时应用吹气筒或气泵等工具清除杂物,同时还应采用毛刷等设备清除附着在孔壁上的灰尘。

8. 成品保护。

(1)伸缩装置进场验收合格后,应选择平整的场地存放,并支垫覆盖好。吊装时应多点吊装,避免变形。

(2)伸缩装置浇筑混凝土时,应在伸缩装置两侧 3m 范围内铺设塑料布或篷布,避免浇筑混凝土时污染已完工路(桥)面。

(3)桥面破除和清扫的废渣、杂物等,应运至监理人指定的地点弃放,严禁由桥上向桥下抛弃杂物。更不允许梁端与桥台背墙之间、梁端与梁端之间及桥梁墩台盖梁顶存在破除的废渣、杂物等。

(4)对已施工完毕的伸缩装置,应派专人看护,在伸缩装置装置两侧混凝土强度满足设计要求,且养护不少于 7d 后,方可开放交通。若因条件限制,则应跨缝设临时行车道板,不得扰动强度形成期的混凝土。

9. 伸缩装置未安装时,承包人应对预留槽口梁端位置及时采用泡沫板填塞,预留槽口用 C20 素混凝土填补,便于保护伸缩缝槽口和确保施工车辆临时通行。

10. 桥梁伸缩装置安装时,因预埋钢筋缺失或预埋位置偏差影响伸缩缝装置安装时,经桥梁工程监理人现场确认后按照规范需要补植钢筋,其相应费用由路基桥梁工程承包人承担;对由于伸缩装置结构变化,或为了确保伸缩装置锚固牢固而按照监理人指示补植的锚固钢筋,对伸缩装置安装承包人予以单独计量与支付。

11. 伸缩缝安装完成并经承包人自检合格,将自检资料(逐一编号、逐一拍照)报送监理人核查,交工验收及竣工验收前,由发包人委托专业单位分两次行检查,对不合格部分,限时要求承包人更换,如未按期完成更换,发包人直接委托专业单位进行更换,所有更换费用均由承包人承担。缺陷责任期内,承包人在接到运营单位通知后应立即赶赴现场进行维修,3d 后未到达现场维修的,由运营单位安排相关单位进行修复(不再另行通知),所发生费用据实从承包人质量保证金中扣除。维修前因伸缩缝质量问题给通行车辆造成的任何损失均由承包人承担。

417.04 质量检验

1. 基本要求

增加本小节第 1 条第(5)~(7)款,内容如下:

(5)伸缩装置两侧过渡段的混凝土无开裂现象,梁端缝隙无混凝土、碎石等杂物堵塞。

(6)伸缩装置应无阻塞、渗漏、变形、开裂等现象,不符合要求时应进行整修。

(7)在伸缩装置安装完成后,护栏预留的槽口应及时修补,保证护栏平顺,颜色一致。

417.05　计量与支付

删除本小节第 1、3 条，以下文代之：

1. 计量

（1）桥面伸缩装置按图纸要求安装并经监理人验收的数量，分不同结构形式以米计量。其内容包括伸缩装置的提供和安装等作业。

（2）除伸缩装置外的其他接缝，如橡胶止水片、沥青类等接缝填料，作为有关工程的附属工作，不另行计量。

（3）安装时切割和清除伸缩装置范围内沥青混凝土铺装、非混凝土杂物和安装伸缩装置所需的临时或永久性的扣件、钢板、钢筋、焊接、螺栓、黏结剂等，作为伸缩装置安装的附属工作，不另行计量。

3. 支付子目

子　目　号	子 目 名 称	单　　位
417-1	橡胶伸缩装置	
-a	40 型护栏伸缩缝	m
…	…	m
417-2	模数式伸缩装置	
-a	40 型	m
…	…	m
417-3	梳齿板式伸缩装置	
-a	160 型	m
…	…	m

第 418 节　防 水 处 理

删除本小节，以下文代之：

418.02　材料

结构物防水处理用材料应符合图纸要求，材料的主要性能应符合现行《地下工程防水技术规范》（GB 50108）及《地下防水工程质量验收规范》（GB 50208）相关规定。

沥青涂刷层及沥青油毛毡防水层用材料应符合以下标准：

沥青：现行《建筑石油沥青》（GB/T 494）；

沥青油毛毡：现行《石油沥青纸胎油毡》（GB 326）。

第 419 节　圆管涵及倒虹吸管涵

419.03　一般要求

删除本小节第 3、8 条，以下文代之：

3. 排水构造物的基槽开挖和回填，应按本规范第 404 节和第 204 节的有关规定进行。当混凝土砌体的砂浆强度达到设计强度的 85% 以上时，方可进行回填。

8. 所有砂浆砌体均应按《公路桥涵施工技术规范》（JTG/T F50—2011）第 14.5 节的有关规定进行勾缝及养护。所有混凝土的养护和表面缺陷修整弥补，应按照本规范第 410 节的有关规定执行。

419.04　预制混凝土构件

1. 预制

删除本小节第 1 条第（4）款，以下文代之：

（4）预制构件的混凝土强度应达到设计强度的 85% 以后，才允许脱底模、运输、吊装。

419.06　质量检验

1. 管座及涵管安装

删除本小节第 1 条第（2）款，以下文代之：

（2）检查项目

管座及涵管安装的检查项目及标准应符合《公路桥涵施工技术规范》（JTG/T F50—2011）表 22.2.5 的规定。

第 420 节　盖板涵、箱涵

420.03　施工要求

3. 涵洞施工

删除本小节第 3 条第（8）款，以下文代之：

（8）台背填土应在支撑梁（或涵底铺砌）及盖板安装且砂浆强度及箱涵混凝土强度达到设计强度的 85% 以后，方可进行填土，填土应两个涵台同时对称填筑，并按本规范第 404 节的有关规定进行回填。在涵洞顶部填土时，第一层的最小摊铺厚度不得小于 300mm，并防止剧烈的冲击。

增加本小节第 6 条，内容如下：

6. 既有涵洞接长

(1)在施工前，承包人应编制详细的施工方案并上报监理人审核，未经监理人批准，不得施工。

(2)既有涵洞接长的施工，除应符合第 419、420 节涵洞施工的规定外，还应符合《公路桥涵施工技术规范》(JTG/T F50—2011)第 22.7 节的相关规定。

(3)施工时，应在加宽涵洞(通道)下面设置防落网，防落网应固定牢固。在施工区域应按照道路运营管理部门的相关要求，布设交通标志标牌，确保道路运营安全。

(4)在拆除既有涵洞(通道)八字墙前，应对既有道路边坡进行防护，防止涵台处路基的塌方。根据涵台背填料及台背填筑高度的不同，采用相应的方案进行拆除。八字墙拆除后，应在高填方地段埋设观测控制点，在施工时进行位移与沉降监测，有异常情况时，及时采取加固措施或反压填土，以确保边坡稳定。

420.05　计量与支付

1. 计量

增加本小节第 1 条第(6)款，内容如下：

(6)涵洞、通道的雨棚以平方米为单位在 420-5 子目中计量。

删除本小节第 3 条，以下文代之：

3. 支付子目

子 目 号	子 目 名 称	单　位
420-1	钢筋混凝土盖板涵	
-a	钢筋混凝土盖板暗涵	
-a.1	…m 钢筋混凝土盖板暗涵	m
-b	钢筋混凝土盖板明涵	
-b.1	…m 钢筋混凝土盖板明涵	m
420-2	钢筋混凝土箱涵	
-a	…m × …m 钢筋混凝土箱涵	m
420-3	钢筋混凝土盖板通道涵	
-a	n－…m 钢筋混凝土盖板通道涵	m
420-4	钢筋混凝土箱形通道涵(…m × …m)	m
-a	…m × …m 钢筋混凝土箱形通道涵	m
420-5	雨棚	m^2

增加本章第 422 ~ 425 节,内容如下:

第 422 节　天桥、渡槽

422.01　范围

本节所述的工作内容为天桥、渡槽及其附属工程的有关作业。

422.02　一般要求

1. 天桥及被交线的路基、路面部分参见本规范第 200、300 章有关内容。

2. 天桥、渡槽墩台身(帽)、板(系梁)的预制、现浇混凝土、桥面系、钢筋等部分参见本规范第 400 章有关内容。

3. 天桥、渡槽其他附属工程应符合本规范各章节的有关规定。

422.03　施工要求

1. 天桥、渡槽施工要求参见本规范第 400 章有关内容。

2. 上部结构为钢管混凝土系杆拱、钢箱梁、波形钢腹板的天桥除按施工图纸要求施工之外,还应遵守现行《公路桥涵施工技术规范》(JTG/T F50)的规定。

3. 天桥、渡槽两端应与原有道路、渠道连接顺适。施工期间应对原有道路及水渠进行临时改移,确保道路和水流畅通。

4. 天桥两端连接线道路的改建和路面的铺筑范围如图纸所示,施工应符合图纸和有关规范的要求以及监理人的指示。

422.04　计量与支付

1. 计量

(1)天桥及渡槽桥梁部分的桩基、墩台身(帽)、板(系梁)的预制、现浇预应力混凝土、钢筋、预应力钢材等纳入第 400 章相应子目中计量与支付。

(2)桥梁护栏按图纸要求,以米为单位在 422-6 子目中计量。护栏钢筋在 403-3 子目中计量。桥梁防抛网基座的预留孔洞及预埋构件作为混凝土防撞护栏施工的附属工作,不另行计量。

(3)钢管混凝土系杆拱的拱肋、风撑、吊杆、联接钢板及端横梁、内横梁支撑钢板以千克为单位计量,钢管内压注的混凝土包含在拱肋、风撑单价之中,不另行计量;钢管的加工、安装、焊接等均作为系杆拱系统安装的附属工作,不另行计量。钢管混凝土系杆拱的拱肋内的钢筋、吊杆锚下钢筋网片及螺旋钢筋、吊杆压筋、吊杆加固钢筋在 403-3 项下相应子目中计量与支付。

(4)天桥中的成品波形钢腹板以千克为单位计量。钢腹板的加工、安装、焊接等均作为相应子目的附属工作,不单独计量。

(5)人行天桥踏步混凝土在 410-8 现浇混凝土附属结构子目中计量。

(6)天桥两端连接线路段的路基土石方在 203-2 子目中计量与支付,路基防护工程在 209-1 子目中计量与支付,路面工程在第 300 章相关子目中计量与支付。设计图中需完成的其他工程均作为附属作业,不另行计量。

(7)渡槽槽身钢筋在 403-3 项下相应子目中计量,预应力钢绞线在 411 节中计量,调平层在 415 节中计量;渡槽槽身现浇混凝土、片石混凝土挡护、栏杆在 422-7 子目中计量。渡槽的垫层、枕木、变形缝、伸缩缝以及施工期间设置的临时引渠作为附属作业,不另行计量。

2. 支付

按上述规定计量,经监理人验收合格的列入工程量清单的以下支付子目的工程量,其每一计量单位将以合同单价支付,此项支付包括材料、劳力、设备、运输等及其他为完成工程所必需的费用,是对完成工程的全部偿付。

3. 支付子目

子　目　号	子 目 名 称	单　　位
422-1	拱肋	kg
422-2	风撑	kg
422-3	吊杆	kg
422-4	连接及支撑钢板	kg
422-5	波形钢腹板	kg
422-6	护栏	m
422-7	渡槽	
-a	现浇 C…混凝土	m^3
-b	现浇 C…预应力混凝土	m^3
-c	C…片石混凝土	m^3

第 423 节　桥梁拆除和拼接

423.01　范围

本节工作包括既有桥梁的拆除、拼接、植筋以及按图纸规定及监理人指示的有关既有桥梁拓宽的作业。

423.02 材料

1.混凝土应符合第410节的有关要求。

2.钢筋应符合第403节的有关要求。

423.03 桥梁结构拆除

1.一般要求

(1)承包人在桥梁拆除前应对结构物的技术现状进行调查,结合梁体结构受力特点进行认真细致的分析,编制详细的施工组织设计和安全防护方案,制订可行的突发事件应急预案,并经监理人批准后方可进行拆除工作。

(2)承包人在桥梁拆除前应认真调查交通现状,根据“半幅封闭、半幅通行、确保安全”的原则,编制切实可行的交通组织方案,报请交通、交警、路政监管部门同意和许可。根据交通组织方案设置分流、变道、限速、减速等交通标志,配置安全员和交通疏导员,实行24h值班制,维持好主线和被交线方向的正常通行。

(3)桥梁拆除过程中,承包人应服从交通监管和指挥,加强现场组织协调,配足人员、机具、设备,在规定时间内完成拆除任务,及时开放交通。

(4)承包人在施工前应进行施工技术交底。施工过程中应严格遵守安全操作规程。

(5)承包人在桥梁拆除前要查阅原桥竣工图,查明原桥的预应力钢束布设情况,切割中应注意避开原桥锚具位置,用钢筋探测仪测定并在梁板上标注钢筋位置。切割线需用红油漆标明。

(6)承包人施工时应严格控制对原结构的损伤。对按设计文件需要进行保留的梁体,拆除过程应精心细致,拆除时应根据结构受力特点和吊装设备能力特点,选择合适的吊点,逐段吊离并稳妥安放在指定位置,拆除后梁体应无结构性破损。拆除时不得采取锤击、爆破等对旧桥震动影响大的方法。

(7)拆除桥梁两侧时,应设置安全围拦、围网等安全防护设施;为防止梁体在拆除过程中突然断裂,应用贝雷架或型钢、方木在跨中及1/4跨处等适当位置设置临时支撑或搭设满堂支架支撑;对桥下路面,应在桥梁底部投影和两侧外延10m设路面缓冲层,防止渣块掉落对路面造成损伤,缓冲层可采用沥青路面上铺垫两层彩条布或帆布,其上再垫上不小于30cm的黏土。

(8)切除混凝土应选择具有代表性的桥梁先进行实施,发现问题应及时予以解决,待取得经验后才可推广实施。

(9)桥梁拆除时应避开雨雪天、夜间和大风天气施工。

(10)拆除的渣块不得随意抛洒、倾倒,污染环境,更不能影响原有道路的交通安全、行人安全等。承包人应按监理要求在指定地点集中填埋,同时应强化人本理念,保护环境,文明施工。

(11)切割混凝土在任何情况下都不允许在左、右半幅同时进行。

(12)原有桥梁的伸缩缝装置拆除后应妥善保管,直至统一移交至发包人指定的场地堆放。拆除伸缩缝时,应尽量不损坏锚固预埋件。

(13)对既有桥梁进行部分凿除或拆除时,应采取措施防止对拟保留部分造成损伤或破坏。拆除施工过程中不宜将大型机具置于既有桥梁上进行作业,必须置于其上作业时,应对既有桥梁的承载能力进行验算,验算通过后方可实施。

2. 切割钢筋混凝土技术要求

(1)桥梁拼接处桥梁护栏、悬臂板、桥面铺装等部位构件拆除应采用切割工艺,以减小对原桥梁结构完整性的破坏和结构受力的影响。

(2)混凝土切除主要机具设备应性能稳定、完全可靠,满足切割混凝土工艺要求。

(3)钢筋混凝土墙式护栏拆除应采用切除和凿除互相配合的方法,先用立锯将护栏锯成小段,增加切割临空工作面,然后多点平行切割,破碎清渣。

(4)桥面铺装切除前,应用钢筋探测仪测定并在梁板上标注钢筋位置;切割时避开钢筋,用立锯纵横向锯成小块,锯缝深小于实际原桥面铺装层厚度;然后凿除锯成小块的铺装层混凝土。切割边线应顺直、整齐,并应对边部采取保护措施,防止边部混凝土损坏、塌落。

(5)悬臂板混凝土切除前应按设计图纸划线定位,然后采用立锯一次切割到位。施工时应设置防落装置,防止悬臂板整块脱落造成安全事故。拆除过程中适时割断钢筋,加快梁身解体,但不得损伤非拼接部位的混凝土和需保留拼接的钢筋(不含可切除的钢筋)。

423.04 植筋

1. 一般要求

(1)施工中遇到混凝土尺寸不能满足要求的情况(如边距,间距及厚度),为避免对混凝土工作面产生过大震动,钻孔时应尽量避免使用依靠凸轮传动原理工作的电锤,应使用电动、气锤原理工作的冲击钻。

(2)植筋应尽量避免雨天施工。在雨天施工时,要用较为清洁的水清洗孔壁,清洗后孔内积水不用排出,但经长时间浸泡的孔,应用电锤钻头扫一下孔壁后再洗孔。

(3)植入钢筋不得有松动,表面不应有损伤,钢筋不得弯曲 90°以上。锚孔内植筋胶应饱满,不得存在未固结现象。严禁采用将植筋胶直接涂抹在钢筋上植入孔中的植筋方式。

(4)施工中钻出的废孔,应采用高于构件混凝土一个强度等级的水泥砂浆、聚合物水泥砂浆或锚固胶黏剂进行填实,必要时应插入钢筋。

(5)植筋胶在完全固化前,不得触动或振动已植钢筋,以免影响其黏结性能。

(6)所选用的植筋胶和其相关产品对环境不能造成污染。承包人在植筋施工前应提供生产厂家出具的植筋胶抗拔、耐高温抗疲劳等指标的国家级或行业检测报告,以确定其产品质量符合要求。植筋胶性质的一般要求如下:

a. 固化时间短,能快速承载;

b. 基材无应力可进行小边距小间距施工;

c. 材料固化无收缩、抗疲劳、耐老化;

d. 耐高温可焊接；

e. 植筋(胶)应满足在潮湿环境下可以施工而不降低技术性能的要求；

f. 抗冻性能强；

g. 抗高电压使用安全；

h. 不污染环境；

i. 具有相应的抗震性、抗疲劳性，符合交通行业的动荷载疲劳测试加载形式的疲劳测试报告，不少于200万次；

j. 植筋胶应具备良好的耐温性能，应保证在-5~40℃室外温度范围可施工，结构表面在-15~60℃的温度情况下均能正常使用，且强度不降低。

(7)植筋胶的性能指标应符合《公路桥梁加固设计规范》(JTG/T J22—2008)第4章A级胶的有关规定。植筋胶固化后抗压强度大于或等于60MPa；固化后黏结抗剪强度(钢—钢)大于或等于16MPa；锚固力应满足设计要求；具有较好的耐湿性，相对湿度在90%以内。

(8)施工时应注意材料和配胶方式的相互配套，禁止使用现场混合配置的和含乙二胺的植筋胶黏剂。

2. 植筋的技术要求

(1)承包人在植筋前应检查被植筋混凝土表面是否完好，有无裂缝，在裂缝处不得植筋。按设计要求在施工面划定钻孔植筋的大致位置，用钢筋探测仪测出孔位处混凝土内的钢筋位置并核对、标记，在确保没有钢筋时进行准确放样，根据钢筋直径确定钻孔孔径，利用电锤钻孔，严禁使用气锤钻孔，防止出现混凝土局部疏散、开裂。若有钢筋时位置适当变更，尽量避免伤及原有钢筋；钻孔施工遇到钢筋或预埋件时应立即停钻，并适当调整钻孔位置，若移动值太大，应及时通知设计单位予以处理；植筋应控制对原结构物内钢筋破坏低于15%。

(2)植筋孔的深度一般为钢筋直径的15倍或根据具体设计要求确定。植筋孔位置和直径除应满足设计要求外，还应满足下列基本要求：净边距大于钢筋保护层厚度，植筋孔和原梁体内的钢筋间距大于10d(d为植筋钢筋直径)，被植结构物的厚度大于或等于植筋孔深度加40mm。根据孔径和对应深度打孔，检查孔径及孔深，满足要求即可终孔。

(3)建议对植筋胶材料(包括植筋胶枪)采用进入我国市场的知名品牌产品、钻孔设备，具体可根据承包人情况自定。

(4)植筋胶材料与工艺本身有关，要求所采用的材料与材料厂商所要求的施工工艺、技术参数、指标一致。根据生产厂家的使用说明、种类要求配置，植筋胶应采用专用灌注器或注射器进行灌注，一次完成。注胶时，将搅拌头插入孔的底部开始注胶，注入孔内约2/3即可，并应保证在植入钢筋后有少许胶黏剂溢出。

(5)对于采用不同的植筋胶施工，均应在全面施工前做原材料试验和植筋锚固强度试验，以抗拔力(即锚固力)为主要试验控制参数，试验结果满足抗拔力与植筋深度的对应要求后方可全面实施，并上报试验报告，经批准后才能正式施工。

(6)植筋采用的钢筋，无特殊要求均采用Ⅱ级钢筋，并要求采取机械切断，端面不允许采用氧割。

(7)钢筋植入深度以C25混凝土对应控制值进行控制,高于此强度等级混凝土,仍按此强度等级控制,植入深度应扣除混凝土表面剥落层及出现裂缝层。

(8)植筋施工应控制时机,一般应在连接部位施工之前进行,避免植入钢筋长期暴露锈蚀,否则要采取防锈措施。应严格保证所植入钢筋与拼接新结构钢筋能可靠焊接。

(9)清孔时应用吹气筒或气泵等工具清除杂物,同时还应采用毛刷等设备清除附着在孔壁上的灰尘。

(10)植筋前用丙酮或工业用酒精擦拭孔壁、孔底和植入钢筋。对植入钢筋上的锈迹、油污进行除锈与清理。插入处理好的钢筋,注入植筋胶后应立即单向旋转插入钢筋,缓缓插入孔底,直至达到设计的深度,使胶与钢筋全面黏结,并保证植入钢筋与孔壁间的间隙基本均匀,校正钢筋的位置和垂直度。插筋时需防止孔内胶外溢。

(11)按照设计或厂商提供的技术资料和参数在植筋固化规定时间进行操作,使得植筋胶均匀附着在钢筋的表面及缝隙中,待植筋胶养生期结束后再进行钢筋焊接、绑扎及其他各项工作。

423.05　桥梁拼接

1.一般要求

(1)承包人在工程实施中,应按设计图纸和施工工艺要求,选择合格的施工材料,合理组织施工,加强养护,使拼接后新旧桥梁各项指标满足现行规范要求。

(2)经切除后,拼接部位新、旧梁(板)断面的竖向拼接缝和水平向拼接面,都应进行凿毛处理,去除混凝土表面上松动的骨料、碎块,再用钢丝刷将表面松散浮渣刷去,处理后的混凝土表面粗糙凹凸差不小于6mm。凿毛处理后的混凝土表面应用高压水、压缩空气将混凝土表面碎屑、浮浆及尘土清洗干净。在拼接部位混凝土浇筑前,应保持拼接部位相应的新、旧主梁(板)充分湿润,但不得有积水。

(3)在旧桥拼接混凝土凿除后,要认真检查旧桥混凝土铺装层厚度以及梁体的顶板厚度,如两种厚度不能满足最低设计要求,要报设计和监理单位确定处理方案。

(4)梁板安装之前,应提前检查内边梁的上拱度,若不能满足要求,可采取措施进行调整,但不得损坏结构。

(5)承包人应指定专人负责桥梁拼接施工,做好施工过程控制和施工原始记录,确保拼接质量。

2.桥梁拼接混凝土的技术要求

(1)拼接缝混凝土配合比应通过试验确定,并经监理人批准后方可实施。

(2)混凝土最大粒径不得超过结构厚度的1/4。

(3)拼接缝应采用半干硬性混凝土,以减少混凝土的收缩徐变。混凝土强度保证率为95%。

(4)接缝混凝土和铺装混凝土分两次浇筑,接缝混凝土强度达到90%后,再浇筑铺装层混凝土。

(5)在浇筑前,在新旧桥梁联结面涂刷一道界面剂,防止新老混凝土接合面开裂;混凝土浇筑应在胶体固化前完成。

(6)拼接混凝土应从桥孔中部向两端浇筑,新浇筑混凝土应振捣密实并及时养生。

423.06 质量检验

1.基本要求

(1)切割混凝土应符合设计和工艺要求。

(2)植筋胶产品应采用质量可靠、性能指标符合前述要求的产品,同时须附有厂家的质量检测报告,每一批送样检查一组;用于植筋的钢筋品种规格、技术性能应符合现行的国家标准;用于植筋的钢筋应进行前述的除锈、清洗、晾干。

(3)拼接缝混凝土浇筑所用的水泥、砂、石、水、外加剂等材料的质量规格应符合有关规范的要求;收缩补偿混凝土的配比试验结果须报监理认可;不得出现露筋和空洞现象;新旧混凝土的接合面不得出现裂缝。

2.检查项目

(1)钻孔直径应满足表423-1的要求;植筋的检查项目见表423-2。

植筋钻孔直径(mm) 表423-1

项　　次	钢筋公称直径	钻 孔 直 径	项　　次	钢筋公称直径	钻 孔 直 径
1	6	10	7	18	22
2	8	12	8	20	25
3	10	14	9	22	28
4	12	16	10	25	30
5	14	18	11	28	35
6	16	20	12	32	38

植筋的实测项目 表423-2

项次	检 查 项 目	规定值或允许偏差	检查方法和频率
1	植筋孔位(mm)	±5	尺量,30%
2	植筋孔的深度(mm)	0,+10	尺量,30%
3	植筋孔的垂直度	3°	尺量,30%
4	植筋孔的直径 D(mm)	$D-1$,$D+2$	尺量,30%
5	植筋孔的清孔	无残余尘土和颗粒	洁净软布或毛刷检查,30%
6	抗拔力	大于设计值	现场抗拔试验,1组(3根)/100根

(2)拼接缝混凝土浇筑的检查项目见表423-3。

拼接缝混凝土浇筑的分项工程实测项目 表 423-3

项次	检 查 项 目	规定值或允许偏差	检查方法和频率
1	混凝土强度(MPa)	≥设计要求	有关技术规范的方法
2	拼接面凿毛后的凸凹度(mm)	≥6	用尺量 3 处
3	拼接面混凝土凿毛后的外观	压力水清洗干净,无浮渣	洁净软布或毛刷检查,全部
4	拼接缝位置的厚度(mm)	≥设计厚度	用尺量 3 处
5	拼接缝位置的平整度(mm)	5	用 2m 直尺检查

(3)植筋的质量验收(利用两种试验来进行控制)。

a. 破坏性试验(施工前的试验):现场先选取不参与受力、非重要位置或将来凿除的混凝土进行植筋,达到强度要求后,以抗拔力为主要试验控制参数进行抗拔试验。在满足设计所要求相应孔深的前提下,检验标准以钢筋达到屈服时不被拔出,此时混凝土完好即为合格,试验结果应满足植筋深度与抗拔力匹配关系,方可全面实施。如在施工中需要更换植筋胶,须重新做试验。

b. 现场抗拔试验(施工后的验收试验)。

为非破坏性抗拔试验(即达到设计值),同规格的钢筋每 100 根随机抽样一组,每组为 3 根,进行试拉,如达到安全拉力钢筋不被拉出,说明植筋施工质量合格。

3. 外观鉴定

(1)切割边线应顺直、整齐。

(2)植筋后的部位无混凝上破碎、裂缝;植筋孔填充饱满,无松动的空洞和缝隙。

(3)拼接缝处的混凝土表面平整。

423.07 计量与支付

1. 计量

(1)桥梁拆除根据设计范围和要求,根据不同部位(上部、下部和附属),分为混凝土、沥青混凝土和钢筋混凝土,根据按设计文件,以实际拆除的混凝土体积按照不同结构物以立方米为单位计量。对按照设计文件需要保留的梁体,如因承包人自身原因造成梁体损坏,构件影响使用的,不予计量,并赔偿发包人相应损失。

(2)切割混凝土不论构件体积大小,按实际切割面面积,以平方米为单位计量。由于切割机具无法触及产生的局部混凝土凿除、为满足连接钢筋焊接长度而对结合处人工无损凿除的混凝土、对拼接缝和拼接面凿毛工作,以及切割后的废料弃运、装运等一切有关工作,均包含在切割单价中,不另计量与支付。

(3)拼接混凝土包括筑模、拌和、浇筑、养生及临时连接等相关工作,以立方米为单位在 423-4 子目中计量。

(4)桥梁钢板拼缝包括拼接钢板,镀锌铁皮、水泥钉固定铁皮、粘贴沥青玻璃丝布和沥青麻絮填塞等相关工作,按拼接长度以米为单位在 423-5 子目中计量。

(5)植筋根据不同植筋植入深度列出支付号,费用包括钢筋探测定位、钻孔、清孔,黏结胶调制、搅拌、注胶,钢筋植入、切断等一切工作,钢筋植入部分及外露部分均不单独计量,植筋按设计文件以根数计量。

2. 支付

(1)按上述规定计量,经监理人验收的列入了工程量清单的以下支付子目的工程量,其每一计量单位,将以合同单位支付。此项支付包括材料、劳力、设备及为完成本工程实施的含施工上下架、支架、平台、吊篮等其他工作,是对完成工程的全部偿付。

(2)拆除桥梁所有废渣的运输及处理费用已包括在相应支付子目中,不再单独支付。

3. 支付子目

子 目 号	子 目 名 称	单 位
423-1	拆除桥梁上部结构	
-a	切割钢筋混凝土	m^2
-b	拆除混凝土	m^3
-c	拆除钢筋混凝土	m^3
-d	拆除沥青混凝土	m^3
423-2	拆除桥梁下部结构	
-a	切割钢筋混凝土	m^2
-b	拆除钢筋混凝土	m^3
423-3	拆除桥梁附属结构	
-a	拆除钢筋混凝土	m^3
-b	拆除混凝土	m^3
-c	拆除砌石圬工	m^3
423-4	桥梁拼接混凝土	
-a	C…钢纤维补偿收缩混凝土	m^3
423-5	桥梁钢板拼缝	m
423-6	植筋(按植入深度分)	
-a	植筋深度…cm	根

第 424 节　框架桥顶推

424.01　范围

本节工作内容包括下穿铁路框架桥及其有关的作业。

424.02　材料

1. 混凝土应符合第 410 节的要求。

2. 钢筋应符合第 403 节的要求。

424.03 一般要求

1. 承包人在施工开始前应组织技术人员熟悉设计图纸，领会设计意图，核对工程数量及图纸中的漏、错进行现场核实，全面核对坐标、高程和关键构造尺寸。对图纸中存在的问题以及对设计的建议，应及时上报，并接受设计单位的设计技术交底。

2. 承包人应根据项目特点编制切实可行的交通组织方案，报请铁路监管部门同意和许可。根据交通组织方案设置交通标志标牌，配置安全员，实行 24h 值班制。从线路加固开始至顶进就位恢复正常运行，应按铁路部门批准的施工计划施工。当不能按计划完成时，应及时与铁路部门联系，修改计划，并按要求进行防护。

3. 承包人在开工前，除对桥址处的地形、地质、交通、地下建筑物及拆迁等情况进行周密调查外，还应对线路状况、使用性质、列车运行情况进行调查，以便对线路加固、进度安排、开挖方法等施工实施方案进行优化。

4. 承包人应根据图纸、资料和有关合同条款，编制顶推框架桥专项施工技术方案，并根据相关要求开展顶推施工安全风险评估。专项施工技术方案应包括施工组织、施工技术、施工工艺和施工安全管理等。专项施工技术方案应经监理人和发包人审核后报相关产权单位批准后方可实施。施工单位应严格按批复的施工技术方案组织实施，在实施过程中如发现方案中有不可行的内容或未预见到的问题时，应及时调整或修改方案重新上报，经重新审批后方可组织实施。与铁路有关的施工技术方案应按陕西省交通运输厅转发铁道部、交通运输部《关于公铁立交和公铁并行路段护栏建设与维护管理相关问题的通知》文件执行。

(1)设计文件核查

承包人在进场后，应对涉及与铁路有关的施工图进行详细核查，核查应依据铁路、公路相关标准、规范进行。其中，铁路跨越公路立交桥应设置防护网，并符合现行《公路交通安全设施设计规范》(JTG D81)有关规定；公路跨越铁路立交桥应设置钢筋混凝土墙式护栏和防抛网，并根据不同的设计速度，按照《公路交通安全设施设计规范》(JTG D81—2006)中“车辆驶出桥外有可能造成二次重大事故或二次特大事故”的有关规定提高一个防撞护栏等级设置护栏。新建跨越高速铁路的立交桥，其护栏按不低于最高防撞等级进行特殊设计。如发现与上述规定有不相符的，应立即报发包人督促设计单位尽快修改完善，未修改完善的图纸不得交付实施。

(2)施工方案审查

开工前，发包人将组织承包人、监理人编制公铁立交施工方案，制定安全保障措施，以及需要临时停车、停电、停运、封路等施工配合计划和施工申请报告，报铁路相关主管部门审查批准后予以实施。

(3)工程实施

公铁立交工程由发包人按批准的设计文件、施工组织及安全防护措施组织实施。铁路线路安全保护区范围内的立交工程，应严格执行《铁路营业线施工安全管理办法》等相关铁路安全管理规定，切实做好安全保障工作。施工单位应按照审定的施工组织设计、安全保障措施，与被穿（跨）越线路产权或管理单位签订施工安全配合协议，明确建设、施工和产权或管理单位的安全责任和义务，并在产权或管理单位的派出人员的全程监护下开展立交工程部分的施工，保障通（行）和施工安全。

5. 在既有线顶进施工中，需挖开路基加固线路，在雨期施工容易造成路基塌方，土壤承载力降低，危及行车安全。承包人在编制施工组织设计时应尽量避开雨期。

6. 为保证行车安全，在顶进作业前，应根据批准的加固方案对线路进行加固，并做好防护及必要的应急措施，同时建立监测点，设置专人进行24h监测可能发生的高程和线位变化，发现异常情况或问题，应及时上报。

7. 线路加固方法及使用的材料应根据线路的性质、行车密度、缓行速度、土质情况、结构总高度和施工季节等情况综合考虑。

8. 承包人应根据工程特点、工期要求以及施工水平等因素选择科学合理的施工方法。在顶推过程中，承包人应根据现场的实际情况，采取措施，防止线路的横移，保证行车安全。

9. 为保证桥体顶进时线路路基和加固体系的稳定性，在桥体两侧线间和桥体四角设置钢筋混凝土支撑桩和防护桩。

10. 施工中的起重吊装、施工用电、现场防火、高处作业、季节性施工和钢筋、模板、混凝土、预应力施工等应符合本规范相关章节的规定。

11. 在设有防护网区段施工，如需临时拆除防护栅栏，应设专人24h看守，闲杂人员不得进入防护栅栏内。

12. 施工区域人员、机具和物资材料，不得侵限，并设专人看守。

13. 施工前，施工单位和设备管理单位应现场划定地下管线位置范围。在设备管理单位监护人员监护下，对管线进行探测，挖探沟确定其准确位置。地下管线探挖不得使用机械，对已暴露的管线应采取保护措施。

14. 桥体顶入路基后，应24h连续顶进。顶进过程中，应配备足够抢修人员和料具等。如由于特殊情况迫使桥体暂停顶进时，也应间断顶进，防止桥体阻力增大。

15. 预制桥身时，底板前端的底部应设船头坡，以便在顶进中通过挖土，调整高低偏差。

16. 桥体顶进时，由于轨道重量及列车的作用，扎头的概率远远高于抬头的概率。所以，在制作滑板时，将滑板做成前高后低的仰坡，根据土质情况和顶进长度不同，仰坡以0.2%~0.4%为宜。

17. 开挖工作坑，应尽量缩短顶进长度，主要是考虑少占地和少拆迁，但其尺寸应满足施工的需要。当需要排除地下水和地表水时，工作坑的尺寸还需计入四周排沟及集水井的尺寸。

424.04 施工要求

1. 工作坑及顶进后背。

(1)顶进工作坑靠近路基一侧的坡顶距路基坡脚不得小于1.5m。

(2)工作坑开挖应按规定进行放坡,分层下挖,不得任意放陡坡度,禁止掏底挖土。坑壁需要支护的,按设计进行支护。机具、材料、弃土等应堆放在基坑顶部周边安全距离以外。

(3)顶进后背应进行设计计算,后背梁、后背墙应有足够的强度、刚度和稳定性。

(4)挖土坡度大致与刃角相近,挖土坡度大致平顺整齐,同时挖土与测量工作密切配合,根据框架的偏差情况及时改变挖土方法。

2.钢筋混凝土框架桥预制施工,除应符合现行施工标准和设计要求外,尚应符合下列规定:

(1)预制桥体应采用钢模板,内外模板间应设有控制厚度措施,保证桥体形状尺寸准确和大面、端面平直。

(2)预制桥体拼装前,应将混凝土接合面清洗干净,影响拼接质量部位应提前修整。

(3)预制桥体拼装时,应防止碰撞,应从线路中心向上下游依次进行施工,桥体底面应填满垫实,接缝宽度应符合设计要求,并按设计要求填实、抹平。

(4)预制桥体接合面水泥砂浆达到设计强度后方可进行路基填土。双孔拼装框架桥边墙间缝隙,应按设计要求处理。

(5)在桥体两侧前端2m范围内的外模,可向外放宽1cm,不得出现前窄后宽的堑形现象。

(6)工作坑滑板与预制桥底板间应铺设润滑隔离层。

3.现浇钢筋混凝土框架涵施工,除应符合现行施工标准和设计要求外,尚应符合下列规定:

(1)桥身混凝土浇筑可分两阶段施工:先浇筑底板,待底板混凝土达到设计强度50%后,再施工中、边墙及顶板。

(2)施工缝应按施工标准的规定处理,接缝应平直无错台、无漏浆、无麻面。

(3)拆除顶板模板时,混凝土强度应符合设计要求。

4.顶进设备及其布力应符合下列规定:

(1)顶进千斤顶的配置应根据计算的最大顶力确定。由于千斤顶新旧程度、工作性能和同步性等不可预见因素,配备千斤顶时,应考虑有一定的顶力储备,一般以额定顶力的60%~70%计算。为能及时更换损坏的千斤顶,保证连续顶进,应有一定的备用千斤顶。

斜交桥顶进时,吃土后,由于土的侧压力作用,产生使桥体偏移的力矩。在配置千斤顶时,在尾端锐角一侧应有一定量的顶力储备,一般按10%~15%考虑。

(2)液压传动系统的动力机构、高压油泵、油箱及其辅助装置的布置,应与千斤顶配套。

(3)液压系统的油管内径应按流量确定,但回油路主油管的内径不得小于10mm,分油管的内径不得小于6mm。

(4)油管应清洗干净,油路布置合理,密封良好,液压油脂应过滤。

(5)液压系统的各部件,应单体试验。合格后方可安装。全部安装后应试运转。检直油路、千斤顶及控制台，达到要求方可使用。

(6)在顶进过程中，当液压系统发生故障时，严禁在工作状态下检查和调整。

5. 后背是承受桥身顶进时反力的临时结构物。后背的设置应符合下列规定：

(1)顶进桥体的后背，包括后背梁、后背墙和后背填土，应有足够的强度和稳定度。

(2)后背墙可采用板桩式及重力式两种。其强度应满足下列规定：

a. 顶进前，后背墙应能承受后填土的水平推力。

b. 顶进时，板桩式后背桩后土的水平抗力应能承受全部千斤顶的顶力；重力式后背墙体自重与土的摩擦阻力及墙后填土的水平抗力应能共同承担全部千斤顶的顶力。后背应有适当的安全储备。

c. 在逐次顶进中，应使后背所产生的变形较小，减小顶程损失，提高顶进效率。

(3)各类后背墙的墙后填土，应使用原地基土壤，夯填密实。

6. 顶进前应检查下列工作：

(1)主体结构混凝土应达到设计强度，防水层及防护层按设计完成。

(2)线路加固、后背、顶进设备及各类施工机械应符合要求。

(3)现场照明、液压系统安装及试验结果应符合要求。

(4)观测人员、仪器装置及劳力组织应准备完备。

(5)运营部门协调确认的施工计划、线路防护检测抢修人员及设备工具、通信器材应准备完毕。

(6)实施性施工组织及安全措施应准备完备。

7. 试顶时应符合下列规定：

(1)各有关部位及观测点均应有专人负责随时检查变化情况。

(2)开泵后，每当油压升高 5 ~ 10MPa 时，须停泵观察，发现异状及时处理。

(3)当千斤顶活塞开始伸出，顶柱(铁)压紧后应即停顿，经检查各部位无异常现象时，可再开泵，直至桥身起动。

8. 顶进作业的挖土应符合下列规定：

(1)根据桥体的净空尺寸、土质情况，可采用人工挖土或机械挖土。

(2)每次挖土进尺及开挖面坡度应根据土质情况、线路加固情况和千斤顶的顶程确定。开挖坡面应平顺整齐，不得有反坡。

(3)两侧应欠挖 5m，钢刃脚切土顶进。当为斜交桥时，前端锐角一侧清底困难，应优先开挖。如设有中刃脚时应紧切土前进，使上下两层隔开，不得挖通露天，平台上不得存积土壤。

(4)列车通过时，严禁继续挖土，人员应撤离开挖面 1m 以外。当挖土或顶进过程中发生塌方，影响行车安全时，应迅速组织抢修加固，并按要求对行车做有效防护。

(5)挖土工作应与侧挖人员密切配合，随时根据桥体顶进方向和水平偏差，采取超欠挖纠偏措施。

9. 顶进作业应符合下列规定：

(1)顶进设备应配套检验，合格后方可安装。每次顶进前应检查液压系统、顶柱(铁)

安装和后背变化情况等,发现问题及时纠正。

(2)挖运土方与顶进作业应循环交替进行。每前进一顶程,即应切换油路,并将顶进千斤顶活塞拉回复原,补防小顶铁,更换长顶铁,安装横梁。

(3)桥身每前进一顶程,应观侧轴线和高程,发现偏差及时纠正。

(4)顶进土体难以确保稳定,易于坍塌时,需在顶进前对土体进行注浆固化。注浆作业应进行试验,确定注浆参数,控制线路隆起,并及时整修线路。

(5)地下水位高于框架桥基础底面1m时,应采取降水措施,严禁带水顶进。降水作业应控制线路下沉,并及时整修线路。

(6)顶进时安放的顶铁或顶柱轴线应与顶力轴线一致,并与横梁垂直,应做到平、顺、直。当顶程较长时,可在4~8m加横梁一道以保持顶柱的稳定。每行顶铁和顶柱要与千斤顶保持一致顶进时安排专人密切观察传力柱的变化,如有拱起、弯曲等变形应立即停止顶进,进行调整。为防止传力柱崩出伤人,应采用填土压重等措施,传力柱上方严禁站人。

(7)挖土机械铲斗不得碰撞线路加固设施和桥的主体结构。人工清理开挖工作面时,挖土机械应退出开挖面。严禁人、机同时开挖。

(8)顶进挖土时,应派专人监护,发现异常情况时,作业人员及机械立即撤离危险区域,并视线路情况设置防护信号。

(9)采用机械挖土,人工清槽、刷坡,并用装载机、自卸汽车配合作业。顶进挖土作业应符合下列规定:

a. 严禁掏洞取土或逆坡挖土。

b. 列车通过时严禁挖土。

c. 顶进设备发生故障时不得挖土。

d. 顶进暂停期内不得挖土。

e. 没有防范措施,雨天不得挖土。

f. 框架顶进时不得挖土。

g. 发现塌方迹象时不得挖土。

(10)严格控制一次挖掘进尺在规范允许范围以内,应坚持勤挖快顶原则,并根据桥体偏差确定刃角与底板是否吃土。

(11)顶进应在列车运行间隙进行。施工执行四不顶制度,即:列车通过时不顶、后背倾斜或严重变形时不顶、顶柱发现扭曲时不顶、顶进超过偏差且无措施时不顶。

(12)当采用中继间法或顶拉法施工时,节间缝隙应采取封闭措施,以免土石等掉落伤人。

(13)顶进就位后,框架桥边墙外侧应采用注浆或其他措施填充和固化顶进过程中扰动的路基,必要时尚应进行物探,以检测加固效果。

(14)项进的实施是整个工程的关键环节,因此,正式顶进前应进行试顶。试顶顶力不能过大,一般是桥结构自重的60%左右。开始启动时顶力不能突然增到此数值,应使顶镐同步逐渐加压,每升压一次要稳定几分钟,并派专人对顶进设备、滑板后背和框构进行检查,如一切正常,方可加压正式项进。在加压过程中如油表突然下降,表明框构与滑板脱离,框构开始向前移动。

10. 顶进过程中注意事项:

(1)每次开镐前及交接班时都要检查油泵等液压系统有无故障,挖土是否符合要求,顶铁安装是否合格,后背有无变形等情况。在顶进过程中,测量人员应经常检查箱涵的中线和高程情况,以便及时进行调整纠正。

(2)顶进时中线偏差可用挖土或顶力调整,高程偏差也可用挖土调整。

(3)为保证顶柱的受压稳定,在顶柱横梁间用螺栓连接牢固,每隔一定距离,顶柱设置一道横梁,使受力均匀,横向稳定。

(4)顶进过程中如发现传力柱有弯曲、起拱等变形时,要立即停止顶进操作,进行必要的调整。

(5)桥身顶进中,当其重心接近工作抗滑板前缘附近时,极易向前扎头。为了防止过大的高程偏差,应加强观测,及时纠正。

(6)为了防止顶柱接长后产生向上拱起,或左右拱出的现象,可在顶柱上填土碾压,一般填土厚度为1.0~1.5m。

(7)后背梁应与滑板连接,当后背抗力不足时,则可在工作坑滑板上填土压重,使作用于后背梁上的顶力除由后背抵抗外,其余部分则由滑板上填土后所增加的摩阻力承担。

(8)顶进是现场工作的中心环节,要求各部门应严密组织,统一指挥,协调好线路加固、出土和顶进的关系。并在每次开镐前对设备、线路加固和前端清土情况进行全面检查,确认一切正常后再开镐顶进。

(9)空顶时要严格控制方向,防止偏离中心线(空顶时对称桥轴线均匀布镐),刃角吃土后空顶完毕。

11. 纠偏和防“扎头”措施:

(1)在桥体底板前端设置长5m、高8cm的过渡段,即“船头坡”,“扎头”严重时,通过采取接纵向地梁的方式处理。

(2)桥体抬头时,采取箱体前端底板处适当超挖的方法,并根据桥体顶进高程变化趋势,逐步超挖直至达到设计要求。

(3)合理地布置顶镐是保证方向精度的关键。此外,还要采取以下措施:

a. 顶进时利用泵站的分流系统,调整两侧顶力,并按具体情况调整两侧刃角的吃土量;

b. 做到随时顶进、随时测量、随时调整。

12. 顶进过程中的测量监控:

(1)在进行框架桥顶进施工时,由工程技术人员对桥体各部位、顶力体系和后背不断地进行观测、记录、分析和控制。

(2)发现桥体变形和位移时,立即分析其原因,并对顶力系统作出相应调整,以确保顶进施工安全。

(3)在顶进过程中,不间断地测量监控桥体轴线位移和高程变化。

(4)持续观测顶柱轴线方向的变形和横向稳定情况,并注意联系横梁着力点附近的变形，确保传力结构体系工作正常。

(5)观测后背变形和受力影响区内土体的裂缝。

13.线路沉降观测：

由于施工会给线路和行车造成一定的影响，为确保列车正常运行，要会同所属工务段等对桥体中线两侧各100m范围内的线路加强检查和监测，发现有沉降等问题时，立即组织人员进行整修，保证线路行车安全。现场除坚持检查线路外，还应配备足量的道渣材料、人工及机具设备，以便随时对线路进行垫渣整修。由于施工持续时间长，会造成铁路桥前后一段线路的沉降，因此，自施工开始即加强对该段线路沉降的观测和检查。

(1)线路布置观测点

在施工影响范围内的线路上，每10m布置一观测点，并进行编号。

(2)观测时间

施工开始后，前期每8h观测一次，如沉降量达到限值时，则停止施工，马上进行线路整修；如沉降量较小趋于稳定，则每24h观测一次。每次观测都要形成记录。

14.框架桥外形尺寸及顶进允许偏差，应符合表424-1规定。

框架桥外形尺寸及顶进允许偏差　　表424-1

项次	检查项目		允许偏差	检查方法
1	外形尺寸	宽度(mm)	±50	尺量，检查3个断面
2		轴向长度(mm)	±50	全站仪
3		顶、底板厚度(mm)	+20，-5	尺量，检查5处
4		中、边墙厚度(mm)	+20，-5	尺量，检查5处
5		梗肋	±3%	
6		防水层	符合表415-1要求	按表415-1的检查方法和频率检测
7	顶进	中线(mm)	100(两端顶进)或200(一端顶进)	全站仪
8		高程(mm)	顶程的1%，但不超过+150，-200	水准仪

424.05　计量与支付

1.计量

(1)框架桥主体按照424-1相关子目计量。

(2)框架桥架空加固按照424-2相关子目计量。挖孔桩桩身挖土及通风作为框架桥架空加固附属工作，不单独计量。

(3)框架桥顶进按照424-3相关子目计量。工作坑的回填、底板隔离层和润滑层、箱身涂石蜡、顶进作业实顶程、顶进作业空顶程、顶进挖土作为框架桥顶进附属工作，不单独计量。

(4)框架桥附属工程按照424-4相关子目计量。

(5)临时用地、外弃土方、外弃石方作为附属工作,不单独计量。

(6)线路沉降观测按照第424.04小节第13条要求所作线路沉降观测工作,在424-5子目中以总额计量。

2. 支付

按上述规定计量,经监理人验收的列入工程量清单的以下支付子目的工程量,其每一计量单位将以合同单价支付,此项支付包括材料、劳力、设备、运输等及其他为完成工程所必需的费用,是对完成工程的全部偿付。

3. 支付子目

子 目 号	子 目 名 称	单 位
424-1	框架桥主体	
-a	C35/P8 混凝土桥身(包括三角顶块)	m^3
-b	桥身成型钢筋	kg
-c	TQF-1 防水层	m^2
-d	聚氨酯防水层	m^2
-e	C40 纤维混凝土(均厚6cm)	m^3
424-2	框架桥架空加固	
-a	D16 钢便梁	孔/季
-b	D24 钢便梁	孔/季
-c	I60a 工字钢横抬梁	m
-d	搭拆枕木垛	m^3
-e	路基防护桩、支撑桩、抗横移桩挖孔桩	m
-f	C25 混凝土挖孔桩、抗横移桩顶梁	m^3
-g	挖孔桩、顶梁钢筋(HPB300)	kg
-h	挖孔桩、顶梁钢筋(HRB400)	kg
-i	凿除支撑梁、抗横移桩混凝土	m^3
-j	C25 混凝土挖孔桩护壁	m^3
-k	挖孔桩护壁钢筋(HPB300)	kg
-l	挖孔桩护壁钢筋(HRB400)	kg
-m	回填水泥稳定砂砾	m^3
-n	预注浆及二次注浆(改性水玻璃)	m^3
-o	注浆管(ϕ42mm 钢管)	m
424-3	框架桥顶进	
-a	工作坑挖土	m^3
-b	C20 混凝土工作坑底板	m^3
-c	滑板钢筋	kg
-d	C20 混凝土导向墩	m^3
-e	导向墩钢筋	kg

续上表

子　目　号	子 目 名 称	单　　位
-f	C20 混凝土锚梁	m^3
-g	锚梁钢筋	kg
-h	底板下灰土垫层	m^3
-i	M10 浆砌片石后背墙安装、拆除	m^3
-j	C30 混凝土后背梁安装、拆除	m^3
-k	后背梁钢筋	kg
-l	钢构件制作、安装及拆除	kg
-m	后背夯填土	m^3
-n	集水井	座
424-4	附属工程	
-a	C20 混凝土拦水坎	m^3
-b	PVC 落水管(内径 10cm)	m
-c	卡箍	个
-d	C25 混凝土桥顶电缆槽身	m
-e	C25 混凝土桥顶电缆槽盖板	m^3
-f	桥顶电缆槽身、盖板钢筋(HRB400)	kg
-g	桥上栏杆	m
-h	桥上防落网	m^2
-i	挡渣钢板	kg
-j	C30 混凝土帽石	m^3
-k	C25 混凝土翼墙及墙身	m^3
-l	C25 混凝土翼墙基础	m^3
-m	挡板开挖土方	m^3
-n	反滤层/夯填黏土(50cm 厚)	m^3
-o	中埋式橡胶止水带	m^2
-p	ϕ30cm 灰土挤密桩(间距 80cm)	m
-q	铺设免拆式护轮轨	m
-r	铺设桥枕	根
-s	铺设弯轨及梭头	座桥
424-5	线路沉降观测	总额

第425节 桥涵维修加固

425.01 范围

本节工作内容包括桥梁、通道、涵洞维修加固有关施工作业。

425.02 材料

1. 水泥应符合本规范第410.04小节的规定，且应优先选用高强硅酸盐水泥。

2. 集材应符合本规范第410.02小节的规定。细集料应采用中砂或粗砂、细度模数宜大于2.5；含水率宜控制在5% ~7%之间；粗集料应采用砾石或碎石，粒径不大于15mm。

3. 钢筋应符合本规范第403节的规定。

4. 其他材料见本节具体要求。

425.03 施工要求及质量检验

1. 支座更换

(1)支座检查及更换条件：更换支座前要求监理、承包人逐孔、逐片梁检查，按照下述条件，确定最终支座更换的数量。

a. 支座受剪错裂、钢板外露；

b. 橡胶老化，胶皮脱落；

c. 支座出现裂缝不少于2条；

d. 支座扭曲变形超过极限(扭角大于30°)；

e. 支座脱空，支座不能均匀受力；

f. 支座位移受力体系变化(若每孔梁的一端有一个支座，因为支座严重变形、老化等需要更换，则该端的整排支座都要更换。支座未出现严重变形，仅是个别支座松动，允许起梁后在松动的支座下加锲形钢板支实，使全部支座均匀受力，支座可不更换)。

(2)支座更换的施工流程

a. 现场平整(水中墩搭平台)搭设工作支架，验算支架的刚度和稳定性，满足安全规范要求；

b. 对千斤顶的油表及位移百分表进行标定；

c. 安放千斤顶，支平、支稳，保证千斤顶面受力，避免出现线和点受力；

d. 同时启动各组千斤顶，使整孔梁各组千斤顶处于初始受力状态(即只持力不顶升)；

e. 先顶起支座损坏的梁体，其他各组千斤顶同时跟进，只持力不顶升；

f. 安放临时支座垫块(由不同厚度的钢板组合而成)，紧靠梁底但不塞紧；

g. 第二次测量支座高度，微调横坡，使横向各千斤顶高差控制在2mm以内(计算时要考虑相应坡度的影响)；

h. 整孔梁同时启动，以同一速度顶起梁体直至原支座可移动取出；

i. 塞紧临时支座，取出旧支座；

j. 清理支座垫板、清除杂物、除锈、调整支座垫板高程，活动支座垫板涂油；

k. 更换新支座，支座位置按十字中心线对中，安装位置准确，纵横向误差 <5mm；

l. 微顶梁取出临时支座垫板；

m. 缓缓落梁到支座，持力时暂停；

n. 检查新安装的支座是否受力均匀，有无扭曲现象，否则要局部调整支座的锲形垫板，确保支座均匀受力；

o. 落梁到位，拆除千斤顶；检查最终各支座的实际高度和位置；

p. 拆除支架完成全部作业。

(3)支座更换施工的注意事项

a. 采用盆式支座的连续梁桥需要更换支座时，应作专门设计，按设计组织施工。T 梁和板梁支座更换宜采用搭设工作脚手架，起落梁的作业在墩台帽上进行，配备钢管支架、专用千斤顶、马鞍子、手动油泵等设备。

b. 更换支座前要计算因支座变形损坏的梁达到设计高程时，整孔梁允许顶高的范围，经验数据是纵向顶高不宜超过梁长的 1/3 000，横向各组千斤顶高差不宜超过 2 ~ 3mm，以确保起落梁时纵向连接和横向连接不出现裂缝。

c. 梁的长度较短，若允许顶高不能满足更换支座的工作高度时，应在相邻墩台之间安装千斤顶，按线形内插法控制顶高，并和更换支座的一端同步起梁，以防止桥面连续部位出现裂缝。

d. 以上操作程序只是在伸缩缝处更换支座的作业方法，如在非伸缩缝处的墩上更换支座，需要相邻另一孔梁安放千斤顶，并与更换支座的梁端同步起落，防止连续桥面被顶裂。

e. 调整支座采用锲形垫板，垫板尺寸大于支座平面尺寸 1 ~ 2cm，锲形垫板由最小厚度 3 ~ 5mm、最大厚度 10mm 两块对锲，确保每个支座都均匀受力，支座调整垫板宜采用防锈钢板。

f. 临时支撑采用不同厚度的钢板组合而成，一般可用 1mm、2mm、5mm、10mm、20mm、30mm 等厚度的钢板组合，每顶高 1 ~ 2mm 加一块临时支撑钢板，防止因千斤顶发生故障突然下沉，造成梁体震动而出现裂缝。

g. 支座更换现场要有严密、统一的组织和指挥。起梁时各千斤顶的行程速度基本一致。严防因操作不当造成梁体内应力增加超过允许范围，导致梁体或连接部位出现裂缝。

(4)支座更换的质量控制

a. 新支座要逐个检查，各项指标均要符合部颁标准及 416 节相关要求，支座支撑钢板，无杂物存留，无锈蚀，活动支座要刨光、涂油，保证其滑动性。

b. 橡胶支座均匀受力，压缩量误差控制在 1.0mm 范围内；支座位置准确，每一个支座都是平面受力。

c. 梁体横向连接和纵向连接不出现裂缝。

d. 伸缩缝高低差小于或等于 3mm。

2. 裂缝封闭及裂缝压力灌浆

对于混凝土裂缝,根据其裂缝宽度来决定修补方法。裂缝封闭适用于裂缝宽度小于 0.15mm 裂缝;裂缝压力灌浆适用于裂缝宽度大于 0.15mm 裂缝。

(1)裂缝封闭工艺流程

a. 沿裂缝的走向凿开宽度 5 ~ 10mm、深度 8 ~ 15mm 的 V 形槽;

b. 用 0.2MPa 压缩空气清除浮尘,并采用丙酮对接触面进行清理;

c. 按配合比配置好结构胶,用力均匀填满 V 形槽;

d. 结构胶完全固化后,用角磨机打磨裂缝表面,使混凝土表面平整。

(2)裂缝压力灌浆工艺流程

a. 沿裂缝走向凿开宽度 4 ~ 10cm、深度 2 ~ 4mm 的 V 形槽,外漏钢筋进行防锈处理;

b. 用 0.2MPa 压缩空气清除浮尘,并采用丙硐对接触面进行清理;

c. 埋设灌浆嘴;

d. 封缝:对压浆区的裂缝,应同时封闭,做好密封检查;

e. 灌浆:按配合比配置好结构胶,灌浆自上而下,由一端向另一端依次连续进行;

f. 结构胶完全固化后,用角磨机打磨裂缝表面,使混凝土表面平整。

(3)施工注意事项

a. 结构胶按施工规范规定的常用配合比通过试验确定施工配合比,填充胶浆要求流动性好、渗透性强、固结时间短、操作方便为宜。

b. 压浆时浆液要先充满裂缝,并在浆液未固化前完成压浆和二次顶压补浆。通过对凿口随机检查,一条裂缝两处检查均发现未充满,应则重新凿开进行二次修补,有条件可采用开孔内窥镜检查其压浆质量。

c. 裂缝修补后应进行表观处理。

3. 结构破损修复

(1)结构破损修补工艺流程

a. 凿除松动的混凝土露出新鲜的混凝土,四周用砂轮切割机锯缝后凿成台阶、修补面成规则的几何形状;

b. 冲洗干净、钢筋除锈、烘干;

c. 采用高性能复合材料分层填补空洞、挤压密实;

d. 采取养生措施,确保固化质量。

(2)修补施工的注意事项

a. 高性能复合材料配比通过试验确定,强度要求比原结构强度等级高一级,并具有较好的和易性。

b. 修补之前先涂刷一层界面剂,确保结合牢靠。

4. 梁底排水孔

在空心板梁、连续箱梁,采用在梁体底板的最低空心部分钻 $\phi2.5$cm 的排水孔,注意钻孔时应避开底板钢筋和预应力筋(钢绞线)。

5. 拆除伸缩缝

(1)原有桥梁的伸缩缝装置拆除后应妥善保管,直至统一移交至发包人指定的场地堆放。

(2)拆除伸缩缝时,应尽量不损坏锚固预埋件。

6. 植筋

参考本章第 423.04 小节。

425.04　计量与支付

1. 计量

(1)梁底排水孔以包括钻孔及一切相关辅助工作,以钻孔个数计量;拆除伸缩缝不分规格尺寸,包括凿出周边混凝土、铺装层及连接钢筋等一切相关附属工作,以米计量,更新伸缩缝在第 417 节计量;支座拆除不分支座规格、类型。脚手架搭拆、顶升梁体、支座拆除以及相关一切附属工作,以个计量,更新后的支座安装在第 416 节计量;裂缝封闭单价包括裂缝检查、开槽、清理浮尘、接触面处理、结构胶封缝和打磨处理表面等一切工作,按处理长度以米计量;裂缝压力灌浆包括裂缝检查、开槽、清理浮尘、接触面处理、埋设灌浆嘴、封缝、密封检查、灌浆和表面处理等一切工作,按处理长度以米计量;结构破损修复包括清除破损和松散混凝土、清洗凿除面、灌浆料填塞和表面处理等全部工作,按处理面积以平方米计;内壁粘贴钢管环包括混凝土面整平打磨、管环固定、黏胶粘贴、防腐涂装等一切相关工作,按设计长度,以米计量;内衬拱圈加固混凝土包括筑模、拌和、浇筑、养生、钢筋制安等一切相关工作,按设计图纸以立方米计量。

(2)植筋根据不同植筋植入深度列出支付号,费用包括钢筋探测定位、钻孔、清孔,黏结胶调制、搅拌、注胶,钢筋植入、切断等一切工作,钢筋植入部分及外露部分均不单独计量,植筋按设计文件以根数计量。

2. 支付

按上述规定计量,经监理人验收的列入了工程量清单的以下支付子目的工程量,其每一计量单位,将以合同单位支付。此项支付包括材料、劳力、设备及为完成本工程实施的含施工上下架、支架、平台、吊篮等其他工作,是对完成工程的全部偿付。

3. 支付子目

子　目　号	子 目 名 称	单　　位
425-1	桥涵修复与加固	
425-1-1	梁底排水孔	个
425-1-2	拆除伸缩缝	m
425-1-3	更换支座	个
425-1-4	裂缝封闭	m
425-1-5	裂缝压力灌浆	m

续上表

子 目 号	子 目 名 称	单 位
425-1-6	结构破损修复	m^2
425-1-7	圆管内壁粘贴钢管环	m
425-1-8	内衬拱圈加固混凝土(含钢筋)	m^3
425-1-9	清淤	m^3
425-2	植筋(按植入深度分)	
425-2-1	植筋深度…cm	根

第 500 章　隧　道

第501节 通 则

501.03 一般规定

删除本小节第1条第(1)款,以下文代之:

(1)施工前承包人要对图纸、资料等进行现场核对,并作补充调查,调查核对隧道所处的位置、地形、地貌、工程地质和水文地质、钻探图表,以及隧道进出口位置和其他相关工程的情况。另外,发包人将按照陕西省交通运输厅《对在建高速公路项目设计优化完善的指导意见》,组织设计、施工、监理单位及特邀专家进行施工图设计的现场复核和优化完善工作,加强对洞口偏压、浅埋及不良地质路段等的核查工作,当发现现场(地形、地质情况)与设计不符或其他原因需要变更时,应按程序进行设计变更。承包人应予以配合。

删除本小节第2条第(2)款,以下文代之:

(2)实施性施工组织设计应根据图纸,对施工方法、施工工艺、工序安排、劳力组织、机械设备、材料供应、场地布置、监控量测、进度安排、供水、排水、供电、通风、通信和装渣运输方案,以及采用有关安全、质量、技术措施等的规章制度,做出合理计划并提出组织措施和充分预计可能出现的问题和对策。同时,要积极慎重地采用新技术、新设备、新材料、新工艺,制订出切实可行的实施方案,符合技术先进、经济合理和安全适用的要求。

删除本小节第3条第(6)款,以下文代之:

(6)爆破器材应遵照当地公安部门的报建规定,履行审批手续,按规定在适当位置建库,设专人严格保管,严格执行领用手续。同时要对爆破器材进行定期检查,失效及不符合技术条件要求的爆破器材不得使用,并按照有关规定处理。对爆破器材的运输、储存、加工及现场使用,应遵守现行《爆破安全规程》(GB 6722)的有关规定。

增加本小节第3条第(10)~(12)款,内容如下:

(10)隧道施工应保证洞内空气质量良好、照明充足、道路平整、设施完善。隧道掘进超过100m后,应安设临时照明,在隧道的一侧每隔30m设置一盏功率不小于100W(节能灯不小于50W)的照明灯具。隧道掘进超过150m时应安装临时通风设备,通风口距掌子面20m左右,使掌子面始终有新鲜空气送达。在隧道初支及二衬壁上每20m标识准确的里程桩号。

(11)隧道施工专职安全员应跟班作业,隧道洞内应安装视频监控系统,洞外设置监控室,值班人员应24h随班监控,进出隧道人员应严格实行电子登记制度,凡进洞人员应配发电子识别卡,并在洞口醒目位置设置感应器和LED显示屏实时动态显示洞内人员姓名、工种和数量,并佩戴合格的安全防护设施,方能进入。同时施工期间应根据隧道的地质情况做好预防塌方、冒顶、涌水的紧急处理预案,并预备方木等紧急情况下所必需的设备和材料。

(12)临时用电应符合现行《施工现场临时用电安全技术规范》(JGJ 46),施工前要编制用电方案，同时施工现场应设置明显的禁止、警告标志。

增加本小节第8、9条，内容如下：

8. 黄土隧道施工方法

(1)施工前应做好施工地质调查，掌握工程地质、水文地质特性。对湿陷性、粉砂性不稳定地质，在施工时应采取加强支护、降低围岩含水率、增设扩大拱脚等措施，以降低黄土围岩的蠕动，提高围岩的稳定性。

(2)黄土隧道施工应遵循“短进尺、少扰动、强支护、实回填、严治水、勤量测、早封闭”的施工原则，紧凑施工工序，精心组织施工。

(3)黄土隧道施工，应采取多种方法减低围岩的含水率，以减轻黄土围岩的蠕动，提高围岩的稳定性。

9. 挖方土石划分

(1)在隧道洞口土石挖方中，用不小于112.5kW推土机单齿松动器无法松动，须用爆破或用钢楔大锤或用气钻方法开挖的，以及体积大于或等于$1m^3$的孤石为石方，余为土方。其土石分类应按设计，由监理人批准确定。

(2)在隧道洞身土石挖方中，用$1.0m^3$履带式挖掘机或用ZL50装载机无法实施，须用爆破或用钢楔大锤或用气钻方法开挖的，以及体积大于或等于$1m^3$的孤石为石方，余为土方。其土石分类应按设计，由监理人批准确定。

501.04 准备工作

增加本小节第2条第(3)款，内容如下：

(3)进出洞口的便道要合理规划，保证畅通，满足大型设备运输的要求；临建房屋要满足生产生活需要，布局合理。

第502节 洞口与明洞工程

502.02 一般规定

删除本小节第1条，以下文代之：

1. 洞口与明洞工程应按照隧道施工组织设计的顺序安排，按图纸要求先施工完成，以减少干扰，并保证安全，为加速隧道施工创造条件。隧道开挖进洞50m，且各道工序正常后，应及时施作洞口、明洞、边仰坡及绿化工程。

增加本小节第8、9条，内容如下：

8. 隧道洞口处场地应使用20cm厚碎石垫层和20cm厚C20混凝土进行硬化处理，并做好临时排水。费用由承包人在第100章中综合考虑。

9. 隧道施工前，应对隧道洞口边仰坡、浅埋段隧址地表、偏压或设计标识的不良地质段落,根据地形、地质情况埋设永久性监控点,并在施工中加强地表下沉和位移等观测,交工时将监控数据资料一并移交运营单位。

502.03 施工要求

删除本小节第 1 条第(5)款,以下文代之:

(5)进洞前必须完成应开挖的土石方。废弃的土石方,应堆放在指定地点,弃渣场处理的施工要求及质量检验标准参见本规范第 218.02、218.03 小节要求执行。边坡、仰坡上方不得堆置弃土、石方。

增加本小节第 1 条第(7)~(9)款,内容如下:

(7)隧道洞口开挖要依据“早进晚出”的设计理念,采用参建各方联合会审的方式,动态确定隧道洞门里程、明暗洞交界桩号及进洞方案;在确保隧道洞口安全的前提下坚持工程与自然和谐相容,尽可能实现“零开挖”。

(8)隧道进洞施工应根据实际地质情况确定施工方案,原则上不能开挖仰坡,应保护坡面植被。施工前加强地质超前预报,对围岩提前做出判断,指导隧道开挖,及时调整施工工艺。

(9)洞口土石方施工宜避开降雨期,同时加强对山坡稳定情况的监测。偏压洞口施工应根据洞口地质和地形情况对原设计方案进行核查,并做好支挡、反压回填、卸载等工作后再开挖。

增加本小节第 2 条第(5)、(6)款,内容如下:

(5)边坡、仰坡外的截水沟或排水沟应与洞外排水系统合理连接,避免地面水浸蚀软化明洞基础或冲刷洞口前路基边坡及桥涵锥坡等设施;隧道洞门顶上的排水沟、截水沟应采用隐形方式设置,注重美观和安全。

(6)应及时处理好陷穴、裂缝,以免地面积水浸湿土体周围,造成山体坍塌。

增加本小节第 3 条第(3)~(5)款,内容如下:

(3)洞口处于陡岩下方的隧道,施工前应认真核查边仰坡稳定性,评估隧道开挖对边仰坡稳定性的影响。应采取措施对边仰坡加固、及时清理危石后,方可进行隧道施工。

(4)隧道洞口边仰坡防护应采用工程防护和生物防护相结合的方法处理,确保边仰坡安全、美观。

(5)当洞口下方有道路、桥梁、建筑物、河流、施工点时,应设置防护网、隔离墙等安全防护设施。当洞口为桥隧相接时,应根据洞口的实际情况选取适当的位置进洞,避免对洞口的扰动。

增加本小节第 4 条第(8)、(9)款,内容如下:

(8)洞门砌筑应按照防护工程有关工艺要求施作,应控制好泄水孔、墙背后反滤层、排水盲沟施工质量。

(9)洞门基础开挖应注意基坑的支护,应做好防水、排水工作,基坑废渣、杂物等应清除干净。明洞完成后应及时施作洞门。

增加本小节第 5 条第(2)款 d 项,内容如下:

d. 明洞边墙基础不宜设置在填方路基上(即使承载力满足设计要求),确需时,应对基础部分及周边一定范围内进行加固处理,防止工后沉降影响隧道安全。明洞边墙基础施工前应复测地基承载力,不满足设计要求时应对基础进行处理,基础施工完成后应及时回填。

删除本小节第5条第(3)款a项,以下文代之:

a. 明洞衬砌的内模,应使用洞身衬砌模板台车;拱圈按图纸要求制作挡头板、外模、支架、支柱,并应设有防止渗漏、跑浆和走模的施工措施。

删除本小节第5条第(4)款,以下文代之:

(4)明洞施工一般采用先墙后拱法。当边坡松软易坍及明洞与暗洞衔接时,施工宜采用先拱后墙法。在仰坡暂能稳定的情况下,宜先完成一段暗洞衬砌后,再由内向外施作明洞混凝土;在仰坡易坍塌的情况下,宜先施工明洞混凝土,以确保边仰坡的稳定。明洞混凝土与暗洞混凝土应连接良好,并符合设计和施工规范要求。

502.05 计量与支付

1. 计量

增加本小节第(10)~(13)条,内容如下:

(10)**SNS**主动防护网以平方米计量,内容包括与此相关的施作锚杆、挂防护钢丝绳网等在内的一切工程量及工作内容,混凝土拱形骨架护坡按不同强度等级以立方米计量。

(11)护拱的混凝土按立方米计量;导向钢管按管径型号的不同以延米计。

(12)钢拱架子目内容以千克计量,连接钢板、螺栓、螺帽、拉杆、垫圈及纵向连接钢筋等作为钢支护的附属构件,不另行计量。

(13)地表注浆按导管管径和长度以米计量,包括注浆设备、钻孔、劳力、材料、浆液量等一切工程量及工作内容。

删除本小节第3条,以下文代之:

3. 支付子目

子 目 号	子 目 名 称	单 位
502-1	洞口与明洞开挖	
-a	土方	m^3
-b	石方	m^3
-c	弃方超运	m^3
502-2	防水与排水	
-a	M…浆砌片石截水沟	m^3
-b	无纺布	m^3
502-3	洞口坡面防护	
-a	M…浆砌片石护坡及挡墙	m^3
-b	C…混凝土骨架护坡	m^3
-c	C…喷射混凝土	m^3

续上表

子　目　号	子 目 名 称	单　　位
-d	ϕ…砂浆锚杆	kg
-e	钢筋网	kg
-f	C…混凝土防撞护栏	m
-g	SNS 主动防护网	m^2
-h	M…浆砌块石挡墙	m^3
-i	种植草皮	m^2
502-4	洞门建筑	
-a	C…混凝土洞门墙、帽石	m^3
-b	钢筋	kg
-c	M…浆砌块石洞门墙	m^3
-d	C…片石混凝土基础	m^3
-e	M…浆砌片石基础	m^3
-f	M…浆砌块石挡墙	m^3
-h	ϕ…软式透水管	m
-i	ϕ…PVC 排水管	m
502-5	明洞衬砌	
-a	C…混凝土(含仰拱)	m^3
-b	光圆钢筋(HPB300)	kg
-c	带肋钢筋(HRB400)	kg
-d	C…片石混凝土仰拱回填	m^3
502-6	遮光棚(板)	
-a	C…混凝土	m^3
-b	光圆钢筋(HPB300)	kg
-c	带肋钢筋(HRB400)	kg
-d	型钢钢架	kg
-e	遮光板	m^2
502-7	洞顶回填	
-a	回填土石方	m^3
-b	黏土隔水层	m^3
-c	M…浆砌片石回填	m^3
-d	M…浆砌片石铺砌	m^3
502-8	洞口护拱	
-a	C…混凝土	m^3
-b	型钢	kg
-c	ϕ…×…导向管	m
502-9	地表注浆加固	
-a	ϕ…×…注浆小导管	m
	…	

第503节 洞 身 开 挖

503.02 一般规定

删除本小节第6条,以下文代之:

6. 在洞身开挖过程中,为保证洞内工作人员施工安全,承包人应配备安置足够长度的逃生管,并放置一定数量的食品和饮用水。施工中一旦发生事故,洞内工作人员得以安全通过逃生管安全撤出。逃生管的管径不宜小于800mm,管壁厚不宜小于12mm。配备逃生管所需费用包含在子目102-3安全生产费之中,不单独计量。

503.03 开挖作业

删除本小节第1条第(2)款,以下文代之:

(2)为了最大限度地利用围岩自承能力,承包人应采用减少围岩扰动的方法进行洞身开挖。各级围岩的开挖方法参见现行《公路隧道施工技术规范》(JTG F60)有关规定。当设计的洞身开挖方法与围岩类型不符,开挖方式、支护参数需要调整时,应按设计变更及时处理。

删除本小节第1条第(7)款,以下文代之:

(7)洞身开挖,应严格按照设计工法步序进行,不得私自改变。确需变更工法时,应组织相关专家和参建各方进行现场论证。

a. 采用全断面开挖法时。每循环进尺宜控制在3~4m之间,各工序尽可能平行交叉作业,以缩短循环时间,围岩稳定性好时复喷混凝土作业与钻爆作业可拉开距离平行作业。

b. 采用弧形导坑预留核心土法、上下台阶、三台阶开挖法施工时,上部应留核心土支挡开挖工作面,核心土及下部开挖在下一循环拱部初期支护完成后进行。设计无规定时,下台阶长度宜为洞径的1.5倍。下半断面落底应紧跟下台阶开挖,采用拉中槽或左右跳间挖马口,马口长度不宜大于3.0m。

c. 采用CD法、CRD法、双侧壁导坑施工时,应坚持"管超前、短开挖、强支护、快封闭、紧衬砌"的原则。如设计无规定时,CD法间隔距离不宜小于15m,下部及仰拱成环应紧跟D部开挖进行;双侧壁导坑法开挖时左右导坑距离不宜小于20m,中导根据监控情况适时施工,下断面成环应紧跟中导,左右间隔进行,同时一次开挖长度不宜大于10m;CRD法施工应本着"短进尺、快循环"的原则,下断面成环及仰拱一次开挖长度不宜大于6m。

d. 各工法施工工序应互相衔接,前后紧跟,不得间断、脱节,初期支护应及时,做到随开挖随支护。对于Ⅳ级以上围岩地段和与横通道、洞室交叉口处,还应根据围岩监控量测结果,并结合相关专业设计图纸预埋管线、构件及预留相应洞室孔洞等,同时应尽早施作仰拱,待初支稳定后及时施作衬砌。

删除本小节第1条第(8)款,以下文代之:

(8)双向开挖的隧道贯通应选择在围岩较好的地段。双向开挖距离50m时,两端施工应加强联系、统一指挥,并采取浅眼低药量,控制爆破震动;当两开挖面间的距离为15~30m时,一端应停止开挖,将人员机具撤走,并在安全距离处设立警告标志,应改为单向小断面开挖贯通,后扩大断面。单向开挖的隧道,出洞前应反向开挖不少于30m且不小于洞口超前管棚长度,严禁在隧道洞口段贯通;当无条件反向开挖时,应采用小导洞贯通,施工出口大管棚后扩大断面。

增加本小节第1条第(12)~(21)款,内容如下:

(12)洞身开挖应根据围岩级别选择合适开挖工艺。开挖断面应充分考虑预留变形量和测量贯通误差等因素。开挖后,应做好地质构造的核对和监控量测工作,每进一尺后应及时绘制相关地质剖面图,据此及时调整支护参数和相应的处理措施。

(13)隧道开挖时应严格控制单循环进尺长度,严格控制超、欠挖。超挖部分在允许范围内时应采用喷射混凝土补平,当超挖大于规定时,应按设计及规范要求回填,严禁用洞渣、片石填塞,超挖处理情况经监理工程师验收合格,方可进行后续工序的施工。欠挖部分应当进行补挖至设计断面;对于塌方段,应按照设计单位的处理方案进行施工。

(14)浅埋、严重偏压、自稳性差的地段以及大面积淋水或涌水地段施工时,应采用稳定地层和处理涌水的辅助工程措施。特殊地质地段隧道施工应按“先治水、短进尺、弱爆破、强支护、早衬砌、勤量测、稳步前进”的原则进行。

(15)开挖过程中洞内地面应不积水,临时排水边沟应紧跟掌子面,渗水量大的隧道应沿洞内两侧、掌子面开挖U形临时排水边沟;软弱围岩排水沟应采取必要措施,避免拱脚基础被浸泡。倒坡隧道应设置阶梯泵站(临时水仓),将水直接抽排至洞外汇入排水系统。

(16)双联拱隧道洞身开挖应先开挖中导洞,待中隔墙浇筑完成后才能进行主洞开挖,为了平衡初期支护一侧拱圈的推力,上拱部位开挖前,应当在中隔墙侧导坑处用钢管设置横向水平支撑,防止中隔墙受力开裂变形。要特别重视连拱隧道的防排水施工,特别是中隔墙的排水,应作为重要的一道工序进行控制。

(17)小净距隧道开挖时,应减少对中岩墙的扰动、控制中岩墙的围岩变形、保证开挖过程围岩稳定,合理安排施工方法及施工工序,宜优先施工地质情况差、偏压较大一侧单洞。

(18)偏压段隧道进洞前,应先进行偏压处治。左右洞同时存在偏压时,应遵循“先难后易、先外侧后内侧”的施工顺序。在偏压处治完成后,首先开挖外侧洞身,其二次衬砌领先内侧洞身30m后,方可开挖内侧洞身。

(19)对于黄土、千枚岩及富水软弱地层,应严格控制台阶长度,上台阶长度原则上不宜超过3倍隧道开挖宽度,初期支护应及时闭合,二次衬砌应尽早施作。

(20)含瓦斯(主要成分甲烷CH_4)、H_2S等有害气体地层开挖,应采取以下措施:

a.在隧道开挖时,应加强洞内甲烷(CH_4)、H_2S等有毒有害气体的监测工作,建立专门的预防机构和制定严格的规章制度,并做好中毒的救护措施和准备工作。

b. 对图纸中标有炭质页岩、煤层等含煤地层,应按瓦斯隧道组织施工。

c. 定点设置瓦斯、H_2S 报警仪,监测瓦斯和 H_2S 浓度变化情况,及时报告监理人。专业检测员、洞内领班人员和生产指挥人员均应携带便携式瓦斯和 H_2S 报警仪。进洞的大型内燃机(如装载机、喷射三联机、液压钻孔台车等)也应悬挂便携式瓦斯检测报警仪(报警仪的报警点定为瓦斯浓度 0.5%)。

d. 做好施工通风,当隧道内任一点瓦斯浓度在通风状况下不大于 0.5% 时,允许采用常规方法施工。

e. 隧道中瓦斯涌出量较大,在通风状况下瓦斯浓度仍超过 0.5% 时,洞内施工应使用防爆设备,并执行《煤矿安全规程》的有关规定,另行编制施工组织设计,报监理人批准。

f. 当图纸标明或补充调查查明隧道内有可能形成瓦斯突出时,应采取超前预测、预探措施,并严格按设计实施防突措施。

g. 做好施工通风,保证洞内空气中 H_2S 浓度不大于 $10mg/m^3$(7ppm)。当检测到 H_2S 浓度超标时,应立即停止施工,加强施工通风,采取防毒措施。

(21)对不宜爆破、挖掘机又难以挖动的软弱围岩以及黄土地段,宜采用铣挖机配合装载机进行隧道开挖施工。

增加本小节第 3 条第(10)款,内容如下:

(10)石质隧道的爆破作业应采用光面爆破或预裂爆破技术,仰拱底面采用预留光爆层爆破,爆破参数应通过试验确定。节理发育的软岩隧道应采用风镐、破碎锤等机械设备辅助开挖,以保证开挖轮廓面的平整度。爆破孔位间距、深度和装药量要根据围岩情况及时试验调整。应严格控制欠挖,尽量减少超挖,拱脚、墙脚以上 1m 范围内断面严禁欠挖,凡超挖部分应采用挂网喷射混凝土补平,经监理工程师验收合格方可进行后续工序的施工。

删除本小节第 6 条第(2)款,以下文代之:

(2)进行爆破时,人员应撤至受爆破影响范围之外,一般距爆破工作面的距离应不少于 200m。爆破期间,除引爆电路外,所有动力及照明电路均应断开或改移到距爆破点不小于 50m 的地点。进行爆破时,台架、台车、分风器等设备均应移动至距爆破工作面不小于 50m 以外的安全地点。

增加本小节第 6 条第(5)款,内容如下:

(5)爆破后应进行通风排烟,洒水除尘,待烟尘浓度达至正常作业的规定后,方可进行出渣作业。

增加本小节第 7 条第(5)款,内容如下:

(5)在爆破作业中,应采用水幕除尘,确保作业面粉尘含量达到标准;要求使用带喷淋装置的装渣机械;对于特长隧道,要求选用带有废气净化装置的自卸运输车出渣。

增加本小节第 9 条,内容如下:

9. 黄土隧道施工开挖要点:

(1)黄土隧道施工前应做好隧道洞口冲沟、陷穴、地基承载力、黄土的构造节理的产状与分布状况以及洞口是否存在偏压的详细调查,并及时处理。

(2)设计采用大拱脚和锁脚锚管的方法减小围岩收敛变形时,锁脚锚管的尾端应与钢拱架焊接在一起。

(3)仰拱及时封闭、二衬应紧跟。黄土隧道在开挖过程中隧道的净空位移绝大部分都发生在仰拱未封闭前,因此在隧道施工时,应该尽早封闭仰拱。

(4)加强监控量测。黄土隧道施工应加强围岩监控量测,发现围岩变形过快或其他异常现象时应立即修正支护参数。

(5)施工中应遵循"短开挖、少扰动、强支护、实回填、严治水、勤量测"的施工原则,紧凑施工工序,精心组织施工。施工中如发现工作面有失稳现象,应及时用喷射混凝土封闭、加设锚杆、架立钢支撑等措施加强支护;施工时特别注意拱脚与墙脚处断面,如超挖过大,应用浆砌片石回填。如发现该处土体承载力不够,应立即采取相应措施进行加固。

(6)做好防排水工作。黄土隧道施工中应该做好洞内及地表的防排水工作,尽量避免水与围岩接触。隧道在进暗洞前应该做好洞顶的截、排水系统,将隧道洞口范围内的地表水排至隧道范围以外;黄土隧道暗洞施工开挖后应立即进行混凝土初喷,以封闭围岩,尽量减少由于隧道开挖产生的临空面导致原有地层的水系发生变化,改变隧道围岩的含水率。当地层含水率较大时,在掌子面附近施作临时横向水沟和临时纵向排水沟,将水引自隧道中部的纵向排水沟排出洞外,防止浸泡拱脚,引起拱架失稳。在中心排水沟底部每隔10m打一个排水孔(竖向盲井),及时将仰拱底部的围岩中的水通过中心排水沟排出隧道外,防止仰拱底部的土体软化。在施工期间要保证中心排水沟通畅。

503.04　装渣运输

删除本小节第3条第(3)款,以下文代之:

(3)弃渣场处理的施工要求及质量检验标准参见本规范第218.02、218.03小节要求执行。

503.05　施工支护

增加本小节第1条第(4)~(7)款,内容如下:

(4)隧道开挖后应及时进行初喷,必要时对掌子面进行封闭。

(5)隧道支护应采用动态设计、信息化管理,根据围岩级别、岩性、地下水、量测等结果,及时调整支护措施和支护参数。

(6)当掌子面不能自稳时,应根据隧道地质条件选择适当的施工方法,科学合理地选择超前锚杆、超前小导管、超前管棚等超前预报加固措施。

(7)在隧道施工的初喷、初期支护、二次衬砌等环节中要自上而下落实"及时性"原则,确保隧道施工各工序在适当间距下连续均衡流水作业,整体推进。

删除本小节第2条第(1)款d项,以下文代之:

d.喷射混凝土的作业区气温不应低于+5℃,混合料进入喷射机的温度不应低于+5℃,当温度低于喷射混凝土施工要求时，应采取措施，使洞内施工温度满足规范要求；喷射混凝土终凝2h后应喷水养生，养生时间不少于7d，隧道内环境温度低于5℃时，不得喷水养护。

增加本小节第2条第(1)款e、f项，内容如下：

e. 隧道爆破开挖、清理危石后，应及时进行初喷，防止岩体发生松弛。初喷厚度应不小于50mm，另有批准或图纸所示者除外。喷射混凝土应按初喷和复喷进行，严禁一次喷射完成。喷射混凝土宜采用喷锚联合作业车或采用喷射混凝土机械手施工，且应采用湿喷的施工工艺，不得采用"模喷"工艺，不得选用具有碱活性集料。混合料应随拌随喷，回弹物不得重新用作喷射混凝土材料。

f. 聘用熟练的喷射混凝土作业人员，并为操作人员配备齐全的防尘设备。

增加本小节第3条第(2)款c、d项，内容如下：

c. 钢拱架按设计要求加工，加工剩料不得焊接使用，接头不得在同一纵断面上且拱顶部位不得有接头。法兰盘的焊缝厚度应大于2cm，且焊缝饱满，不得有砂眼。要求钢拱架与围岩密贴，且安设就位的钢架支护应稳定牢固，不得出现下沉现象。钢拱架应当在洞外加工厂用冷弯机制作，按设计图纸放大样，放样时根据工艺要求预留收缩余量及切割、刨边的加工余量。

d. 钢架类型应符合设计要求，分节段制成、分节段安装，钢架节段间两连接钢板采用不少于4颗高强螺栓和焊接连接。钢架拱脚应置于牢固的基础上，空间位置准确，相邻两榀钢架之间应采用纵向筋连接牢固。钢架在初喷混凝土后及时安装，钢架安装时应垂直于隧道中线，钢架与围岩间隙应采用喷射混凝土填充密实，严禁采用片石回填。

增加本小节第4条第(7)、(8)款，内容如下：

(7)锁脚锚杆按设计长度、数量，随钢拱架的作业及时跟进，通过连接钢筋焊接在钢拱架上，以起到锁脚作用，防止钢拱架下沉。

(8)合理调整系统锚杆的工作台，使工作台的净空能满足锚杆作业的空间，使系统锚杆沿法线方向布设，围岩产状易坍塌拱腰部位，可根据围岩走向调整方向或增设系统锚杆数量。

增加本小节第5条第(3)款，内容如下：

(3)钢筋网宜采用定型模具加工或进场成品网，材料应满足设计要求，在锚杆安设后施工。搭接长度不小于35d，并不得小于一个网格长边尺寸，宜为1~2个网格，采用焊接。铺设时宜随受喷面起伏，与初喷混凝土密贴，同时应与锚杆或其他固定装置连接牢固，保护层厚度不小于2cm。

增加本小节第6条，内容如下：

6. 初期支护实行交验制度，即对自检合格的100~200m初期支护成品路段，由监理单位集中验收。验收内容包括空洞、厚度、强度、平整度、净空和排水系统，验收合格后方可进行防水层和二衬施工。

503.08　连拱隧道的施工

增加本小节第17条，内容如下：

17. 双连拱隧道受力复杂，施工中工序转换较多，对支护的质量要求高，施工步骤、施工工序应与设计紧密结合，避免受力体系转换过程中出现问题。双连拱隧道应合理安排两侧主洞开挖、初支、二次衬砌等工序，减小先行洞、后行洞施工时对围岩及结构的相互扰动。

双连拱隧道应根据结构需要设置变形缝，双洞变形缝应设置在同一位置，并应注意隧道纵向荷载对结构的影响。施工时左右线错开的距离一般不小于 20m。主洞开挖爆破时，后开挖一侧中隔墙侧边应采取必要的支撑措施，防止拱部不平衡推力对中墙结构造成危害。

503.09 小净距隧道的施工

增加本小节第 4 条第(6)款：

(6)小净距隧道开挖过程中须保证围岩的稳定性，两洞掌子面错开距离应大于 2 倍隧道开挖宽度。开挖时应加强对中岩墙的监控量测，量测项目包括中岩墙土压力、围岩内位移、围岩压力等，确保中岩柱(墙)的围岩稳定，并重点控制爆破震动对中岩柱(墙)的危害。

503.10 质量检验

增加本小节第 2 条第(1)款 g 项，内容如下：

g. 初期支护喷射混凝土表面平整度用 2m 直尺检测，允许偏差不得大于 50mm。

503.11 计量与支付

删除本小节第 1 条第(4)款，以下文代之：

(4)洞身超前支护所需的材料，按图纸所示，并经监理工程师验收合格的各种规格的超前锚杆或小钢管、管棚、注浆小导管、锚杆以米计量，其中使用的药卷、早强砂浆、管棚内通长布置的钢筋及各种注浆材料均作为附属材料，不再另行计量；各种型钢以千克计量，连接钢板、螺栓、螺帽、拉杆、垫圈及纵向连接钢筋等作为钢支护的附属构件，不另行计量。

增加本小节第 1 条第(7)、(8)款，内容如下：

(7)隧道洞身按设计施工工法开挖(单侧壁、双侧壁)所需的临时支护工程(钢拱架、喷射混凝土、锚杆、钢筋网片)单独计量，在 503-6 子目中列支。

(8)预留沉降量内产生的超出设计增加的喷射混凝土、拱架等工程量，以及不论承包人出于何种原因而造成的超过允许范围的超挖，和由于超挖所引起增加的工程量，均不予计量。

删除本小节第 3 条，以下文代之：

3. 支付子目

子 目 号	子 目 名 称	单 位
503-1	洞身开挖	
-a	土方	m^3

续上表

子 目 号	子 目 名 称	单 位
-b	石方	m^3
-c	弃方超运	$m^3 \cdot kg$
503-2	超前支护	
-a	锚杆(规格)	m
-b	小钢管(规格)	m
-c	管棚	m
-d	φ…×…超前导管	m
-e	型钢(规格型号)	kg
	…	
503-3	初期支护	
-a	C…喷射钢纤维混凝土	m^3
-b	C…喷射混凝土	m^3
-c	注浆锚杆(规格)	m
-d	锚杆(规格)	m
-e	钢筋网	kg
503-4	钢支护	
-a	格栅钢架	kg
-b	型钢	kg
-c	φ…×…锁脚小导管	m
-f	φ…锁脚砂浆锚杆	m
503-5	拖梁	
-a	带肋钢筋(HRB400)	kg
-b	C…混凝土基础	m^3
-c	C…混凝土	m^3
503-6	临时支护工程	
-a	钢拱架	kg
-b	C…喷射混凝土	m^3
-c	锚杆(规格)	m
-d	钢筋网	kg

第 504 节　洞 身 衬 砌

504.02　一般规定

删除本小节第 3 条，以下文代之：

3. 为了保证衬砌质量，应采用电子自动计量、集中拌制混凝土，泵送混凝土进入全断面模板衬砌台车的方式施工。发包人对隧道二次衬砌台车实行准入制度，并应在洞身开挖前进场。台车的支架设计和面板厚度应满足强度和刚度要求，并经专项验收。承包人在模板衬砌台车制作前 14d，应将模板衬砌台车的设计图纸和制作方案报监理人，经监理人审批后，方可进行模板衬砌台车的制作。制作好的模板衬砌台车在洞口拼装完成后，承包人应报请监理人对模板衬砌台车进行检查和验收合格后方可投入使用。

增加本小节第 12 ~ 16 条，内容如下：

12. 当温度低于衬砌施工要求时，应采用搭建暖棚，洞门处挂棉门帘、洞内生无烟炉等取暖措施使洞内施工温度满足规范要求。

13. 隧道洞口段二次衬砌应及时施作，当掘进超过 50m 时，应停止开挖进行二次衬砌施工。其他段落根据监控量测结果适时施工，一般情况下，二次衬砌距掌子面距离Ⅴ级围岩不超过 80m、Ⅳ级围岩不超过 120m、Ⅲ级围岩不超过 200m。

对于新黄土隧道、含水率大于 24% 的黄土隧道、膨胀岩隧道和遇水、遇风极易风化的极软岩隧道，二次衬砌距掌子面距离不宜大于 40m，二次衬砌应采用钢筋混凝土结构。

14. 当二次衬砌距掌子面距离达到要求距离时，应先对要施工二次衬砌段落的监控量测资料进行综合分析，若位移速率较大且持续保持，应立即停止掌子面施工，做好围岩加固及支护加强措施，使围岩处于基本稳定状态后方可进行二次衬砌的施工。

15. 拱部二次衬砌混凝土浇筑时，应在拱顶预留 ϕ50mm 注浆孔，注浆孔间距应不大于 3m，且每模板台车范围内的预留孔应不少于 4 个。拱顶注浆充填宜在混凝土强度达到 100% 后进行，注浆压力应控制在 0.1MPa 以内。

16. 应采用地质雷达、回弹仪、钢筋扫描仪对二次衬砌厚度、空洞、混凝土强度、钢筋间距等进行质量检测。

504.03　模板与支架

删除本小节全部内容，以下文代之：

1. 模板衬砌台车面板厚度不小于 10mm，每块宽度不小于 2m，接缝平整、规则、严密、不漏浆，并应在支架槽钢位置。模板表面应在浇筑混凝土前涂刷经过批准的脱模剂。

2. 模板衬砌台车应具有足够的强度、刚度、稳定性和抗上浮性，以安全地承受所浇筑混凝土的重力、侧压力及在施工中可能产生的各项荷载。外径应适当放大 2 ~ 3cm 为宜，作为预留沉降量。二次衬砌台车的长度应根据隧道的平面曲线半径、纵坡合理选择,长度一般为9~12m,曲线半径小于1 200m的隧道台车长度不应大于9m。

3. 模板衬砌台车就位前,应按隧道中线和高程,结合允许施工误差和预留沉降量,对开挖断面进行检查和整修。

4. 模板衬砌台车就位应位置准确,连接牢固,严防移动。挡头板应安装牢固并与岩壁密贴,以防爆模或漏浆。

5. 模板衬砌台车就位应以隧道中线为准,按线路中线垂直就位,拱顶高程应预留适当的沉降量。施工中应经常对模板台车进行测量检查,发现变形要分析原因,并及时采取适当措施进行加固、调整。

6. 浇筑跨度较大或断面较厚的混凝土时,应加强对模板及支架的加固和支撑,以防止混凝土浇筑过程模板或支架产生变形。

7. 模板衬砌台车的脱模,应符合下列要求:

(1)不承受外荷载的拱墙混凝土强度达到5.0MPa以上。

(2)受有较大围岩压力的拱墙,封顶和封口的混凝土达到设计强度100%。

(3)受围岩压力较小的拱墙,封顶和封口的混凝土达到设计强度70%以上。

504.05 复合式衬砌

删除本小节第5条,以下文代之:

5. 二次衬砌施作前铺设防水层,并在初期支护变形基本稳定后进行,防水板与喷层面平顺密贴,无钢筋或锚杆外露,凹凸较大时应先行补平。

删除本小节第9条,以下文代之:

9. 二次衬砌拆模时间:

(1)非承重结构当混凝土强度达到5.0MPa以上。

(2)承重结构在混凝土强度达到设计强度70%以上;承受较大围岩压力时,混凝土强度达到设计强度100%。

增加本小节第10~12条,内容如下:

10. 超出设计图纸衬砌断面的部分,应采用与二次衬砌同强度等级的混凝土,与衬砌混凝土同时浇筑。

11. 二次衬砌混凝土应对称浇筑,高差宜控制在50cm以内,控制混凝土浇筑速度,混凝土应连续浇筑。

12. 二次衬砌混凝土养生应配备专门养生喷淋台车,拆模后立即养生。气温低于-5℃时,应做好衬砌防冻保温工作。

504.06 洞内附属工程

增加本小节第1条第(4)、(5)款,内容如下:

(4)路面正式施工前,应铺筑各结构层试验段,以确定施工工艺参数,试验段长度宜为

150～200m。

(5)水泥混凝土路面应使用配套设备,连续浇筑。混凝土路面刻纹应采用纵向、横向相间隔的方式。

增加本小节第 4 条第(4)款,内容如下:

(4)浇筑混凝土时应注意预留孔洞和预留管件的埋设,预留管口要用木塞封堵,木塞应伸出衬砌外,且应用 10 号铁丝作为牵引线穿越预埋管,并固定在管道的起终点,两头留适当的长度,应保证完工后牵引线抽拉自如,管内畅通。

504.08　计量与支付

删除本小节第 1 条第(5)、(6)款,以下文代之:

(5)预制或就地浇筑的混凝土边沟及电缆沟,按实际完成并经监理验收合格后的工程量以米计。其中混凝土、钢筋、管沟底座、碎石滤层、排水管、基础处理及盖封等均已全部在相应的子目中,不单独计量;排水边沟检查井铁篦子不单独计量,单价已包含在相应子目中。

(6)洞内混凝土路面工程经监理人验收合格以平方米计量;路面的补强钢筋及拉杆、传力杆和传力杆支架钢筋按设计要求设置,经监理现场验收后以千克计量。因搭接而增加的钢筋不予计量。接缝材料等均含入水泥混凝土路面单价之中,不单独计量。

增加本小节第 1 条第(9)、(10)款,内容如下:

(9)各种预留、预埋所含材料、劳力、设备、机具等在内的工作量含在相关工程子目中,不另行计量。

(10)由于路面超高引起的隧道路面基层工程量的增加,不另行计量。

2. 支付

本条后补充内容如下:

洞身衬砌施工完成并经监理人验收合格后,可计量支付所有涉及子目的 90%;待所有预留预埋管线、洞室均验收合格,并向机电及消防施工单位交接后,支付剩余的 10%。预留预埋管线洞室存在质量缺陷的,交由机电及消防施工单位予以完善,所发生的费用从隧道施工单位予以扣除。

删除本小节第 3 条,以下文代之:

3. 支付子目

子　目　号	子 目 名 称	单　　位
504-1	洞身衬砌	
-a	C…混凝土	m^3
-b	C…防水混凝土	
-c	M…浆砌粗料石(块石)	
-d	光圆钢筋(HPB300)	kg
-e	带肋钢筋(HRB400)	kg

续上表

子目号	子目名称	单位
504-2	仰拱、铺底混凝土	
-a	C…仰拱、铺底混凝土	m^3
-b	C…片石混凝土仰拱回填	m^3
504-3	边沟、电缆槽	
-a	C…混凝土边沟	m
-b	C…混凝土电缆槽	m
504-4	洞室门(规格)	个
504-5	洞内路面	
-a	C…混凝土(厚…mm)	m^2
-b	光圆钢筋(HPB300)	kg
-c	带肋钢筋(HRB400)	kg
-d	C…素混凝土基层	m^2
-e	…mm 水泥处治碎石排水基层	m^2

第505节　防水与排水

505.02　一般规定

增加本小节第9~11条,内容如下:

9.防水与排水工程应按隐蔽工程办理,二次衬砌前应全面检查使用的防水材料、辅设质量,并应真实填写质量检查表,报监理工程师签认、存档。

10.中央排水管、横向排水管施工完成后,应避免因为车辆行走而损坏,实施路面工程前,应进行通水试验。隧道路面完成后,监理单位还将委托专业单位对隧道纵(横)向排水系统逐个检查并进行通排水试验,并由检测单位出具专业检测报告,凡堵塞部位,施工单位应疏通。隧道中心排水管出口应严格按设计引至洞口附近的排水渠(河道),必要时还应设置过滤坝,以防污染环境。所需费用包含在排水相关报价中,不单独支付。

11.隧道防排水施工应严格控制原材料质量和施工工艺。防水层采用防水板+无纺土工布的结构形式,防水板厚度不小于1.2mm。

505.03　防、排水处理

增加本小节第2条第(6)款,内容如下:

(6)当水文地质条件相对较复杂时,承包人应对此做出正确分析并制订出切实可行的施工预案;凡承包人由于施工不当而引发的涌水、涌泥等地质灾害,应承担一切损失。

增加本小节第 3 条第(3) ~ (5)款,内容如下:

(3)环向排水管应按设计要求设置,富水地段排水半管施工前要根据隧道渗水情况,在初支表面渗水点位置进行打孔排水,打孔深度根据设计或现场确定,并确定排水半管的间距。排水半管要紧贴初支表面,用高强度等级水泥砂浆或喷射混凝土包裹密实,确保与纵向和横向排水管有效连接。

(4)防水板后面排水盲沟安设的纵向排水管应设置混凝土半圆形基础,严格控制排水管高程,使竖向盲沟与纵向盲沟的衔接质量与畅通。

(5)在安装中心水管前,应先按设计浇筑水管基座。基座顶面应平顺,坡度应符合设计要求。在基座强度达到 5MPa 后,再安装中心水管;同时应对水管接头进行包裹,并逐节检查,保证接头无错位、管内无杂物。

增加本小节第 9 条,内容如下:

9. 黄土隧道施工中的防排水

(1)对于含水率较大的隧道,隧道开挖后,应该立即对隧道的周壁及掌子面进行混凝土初喷封闭围岩,减少由于隧道开挖产生的临空面导致原有地层的水系发生变化,改变隧道围岩的含水率。

(2)在掌子面打排水孔(30 ~ 50m),将掌子面前方的水及时排出隧道外。

(3)在掌子面附近施作临时横向水沟和临时纵向排水沟,将水引致隧道中部的纵向排水沟排出洞外,防止浸泡拱脚,引起拱架失稳。

505.04　防水层与止水带的施工

增加本小节第 1 条第(5) ~ (7)款,内容如下:

(5)防水板施工前要建立以地质雷达检测为主的初期支护中间交工验收制度。检测的内容应包括空洞、厚度、强度、净空和排水系统,加强防水板后排水盲沟的检查,使环向排水管与纵向盲沟的衔接质量与畅通。现场验收合格并现场签认后方可开始二次衬砌施工。

(6)隧道防排水施工应严格控制原材料质量和施工工艺。

(7)防水板的拼焊应采用双缝爬焊,焊接搭接宽度不小于 100mm,焊缝应全部进行充气检查;铺挂采用吊带法。二次衬砌施工时应注意防水板的完整性,避免施工过程将其损伤。防水板应有足够的松铺量,避免混凝土浇筑时防水板在拱顶形成弓形,造成拱顶空腔。

增加本小节第 2 条第(4)款,内容如下:

(4)止水带不应设在结构转角处,在隧道断面变化处或转角处应做成弧形,橡胶止水带的转角半径不应小于 200mm,钢片止水带不应小于 300mm,且转角半径应随止水带宽度的增大而相应加大。

505.06　计量与支付

1. 计量

增加本小节第 1 条第(6)、(7)款,内容如下:

(6)纵向排水管以米计,其混凝土基础、碎石反滤层等均已包含在相应的子目中,不单独计量。

(7)隧道中心排水沟、进出口横向排水沟按实际完成,并经监理工程师检查验收合格的数量,以米计量。其混凝土、钢筋、碎石滤层、管沟底座、基础处理及盖封等已全部包含在相应子目中,不单独计量;检查井、检查孔、沉沙井经监理人验收合格后以个计量,包括井盖、井身混凝土、钢筋、调平层、基础处理等一切与之相关的工作量;掩埋式保温出口以个计量,包括开挖、基础换填等一切与之相关的工作量。

删除本小节第3条,以下文代之:

3. 支付子目

子 目 号	子 目 名 称	单　　位
505-1	防水与排水	
-a	防水板	m^2
-b	土工布	m^2
-c	橡胶止水带	m
-d	止水条	m
-h	排水管($\phi\cdots$mm)	
-h.1	$\phi\cdots$mm 纵向排水管	m
-h.2	环向排水管	m
-i	纵向管检查孔	个
-j	中心排水沟	m
-k	进出口横向排水沟	m
-l	中心排水沟检查井	个
-m	掩埋式保温出口	个
-n	端墙式保温出水口	个
-o	超级止水材	m
-p	边沟沉沙井	个

第508节　监 控 量 测

508.01　监控量测

增加本小节第1条第(4)~(6)款,内容如下:

(4)在隧道施工中,应建立初期支护及二次衬砌交验制度,采用以地质雷达扫描为主的方法对隧道空洞、衬砌厚度、强度进行检测。

(5)承包人应成立专门量测小组,负责日常量测。通过监控量测,掌握围岩和支护的动态信息并及时反馈，指导施工作业。当围岩急剧变形、尚不稳定时，应加强初期支护；当围岩异常急剧变形、处于危险状态时，应立即停止掘进，采取应急措施或迅速撤离现场，确保人身安全。一般当初期支护变形值符合要求、处于稳定状态后，方可施作二次衬砌。对于黄土隧道，应建立围岩动态含水率与围岩收敛稳定之间的关系，对于含水率变大的，应当持续进行监控量测，确保其收敛稳定后，进行二次施工。

(6)如承包人未按照规范要求进行必测项目的监控量测，发包人保留委托有资质的第三方单位进行项目监控量测的权力；如发包人委托第三方单位实施必测项目的监控量测，承包人应做好各项配合工作。发包人委托第三方单位实施必测项目的监控量测并不减轻承包人的责任，所发生费用从承包人的计量支付中扣除。

增加本小节第 2 条第(3)、(4)款，内容如下：

(3)对需要进行长期运营量测的隧道，运营量测点应在施工期间埋设并移交运营单位。

(4)监控量测资料应设专项档案保管，并作为竣工文件重要组成部分。

删除本小节，以下文代之：

508.02 计量与支付

1. 监控量测必测项目由承包人负责实施，并按照总额价报价及支付。

2. 支付子目

子 目 号	子 目 名 称	单 位
508-1	监控量测	
508-1-a	必测项目(洞内外观察、周边位移量测、拱顶下沉量测、地表下沉量测)	总额

第 509 节 特殊地质地段的施工与地质预报

509.02 一般规定

增加本小节第 4 ~ 11 条，内容如下：

4. 水文地质条件复杂的隧道、特长隧道等宜委托有资质单位进行超前地质预报和施工监控量测工作。隧道施工质量控制可委托有资质单位实行“第三方检测”。监控量测工作应结合开挖、支护作业的进程，按要求布点和监测，并根据现场实际情况及时调整补充，量测数据应及时分析、处理和反馈。

5. 膨胀土围岩地质隧道施工时应对围岩压力及其流变情况进行充分的调查和量测，结合地下水的分布范围及规律，采取相应的施工措施。尤其应重视初期支护、仰拱施作时机和效果。

6. 黄土地质隧道施工应遵循"短开挖、少扰动、强支护、实回填、先仰拱、紧衬砌"的原则。做好洞顶、洞门及洞口的防排水系统,并妥善处理好陷穴、裂缝。施工时应加强支护措施,防止坍塌,确保安全施工。开挖后应立即对隧道周边及掌子面进行喷射混凝土封闭,并及时施工其他初期支护,仰拱应超前拱墙二次衬砌施工,拱墙二次衬砌应及时整体浇筑。

7. 溶洞地质隧道应采用"疏导、堵填、注浆加固、跨越、绕避、宣泄"等措施进行处理。采用回填方法处理溶洞时,不得阻断过水通道。当溶洞较大较高且顶部破碎时,应先喷射混凝土加固,再在靠近溶洞顶部附近打入锚杆,并应设置施工防护架或钢筋防护网。溶洞未做出处理前,不得将弃渣随意倾填于溶洞中。

8. 流沙地质隧道应采用"防、截、排、堵"等方法进行处理。宜采用超前注浆措施加固地层后再开挖,施工过程中应采取措施防止沙土液化,衬砌应仰拱先行,拱部和边墙衬砌混凝土浇筑应及时,拱墙宜一次浇筑完成,尽快与仰拱形成封闭环。

9. 风积沙围岩主要位于洞口段及浅埋段,拱部超前支护可采用超前管棚或水平旋喷桩等方式处理。开挖宜采用 CRD 施工方法,中墙部位应进行超前支护,防止塌砂,坑底及仰拱部位宜注浆加固。地表预注浆和超前预注浆可采用多孔同时注浆。压浆材料采用改良水玻璃或超细水泥。

10. 岩爆地段应采用相应技术措施,释放围岩内部压力。采用摩擦型锚杆进行支护,增大初锚固力;采用钢纤维喷射混凝土,抑制开挖面围岩的剥落;采取挂钢筋网或用钢支撑加固进行支护。台车、装渣机械、运输车辆加装防护钢板。注意避免岩爆伤及人员、砸坏施工设备,必要时人机撤至安全地段。

11. 洞内施工气温不宜高于 30℃,隧道通过高地温路段时,一般可采用通风与洒水相结合的措施降温。当施工有热水涌出时,宜采用排、堵结合的方案处理,排水管应采用耐高温材质,截水可采用水玻璃、水泥等药液注浆方法。

第 510 节　洞内机电设施预埋件和消防设施

删除本小节,以下文代之:

510.01　范围

本节工作内容为洞内机电设施预埋件的埋置,消防设施土建部分在消防工程中招标,相关要求在消防工程技术规范中说明。

510.02　施工要求

删除本小节第 2 条。

510.03 质量检验

删除本小节第3条。

510.04 计量与支付

删除本小节第1条第(3)~(5)款。

删除本小节第3条,以下文代之:

3. 支付子目

子 目 号	子 目 名 称	单 位
510	预埋件	
-a	通风设施预埋件	kg
-b	通信设施预埋件	kg
-c	照明设施预埋件	kg
-d	监控设施预埋件	kg
-e	供配电设施预埋件	kg
	……	

第 600 章　交通安全设施及预埋管线

第 601 节　通　　则

601.02　一般要求

2. 道路交通标志

删除本小节第 2 条(1)、(2)款,以下文代之:

(1)道路交通标志应按照现行《道路交通标志和标线》(GB 5768)、《道路交通标志板及支撑件》(GB/T 23827)和《公路交通标志和标线设置规范》(JTG D82)的规定进行设置。

(2)道路交通标志的反光方式及反光膜类别,应符合设计规定。若设计无规定时,应根据不同道路等级和标志类型,按现行《道路交通标志和标线》(GB 5768)及《公路交通标志反光膜》(GB/T 18833)的规定选择。

删除本小节第 3 条,以下文代之:

3. 道路交通标线

道路交通标线包括各种路面标线、箭头、文字、立面标记和轮廓标等,应按照设计及现行《道路交通标志和标线》(GB 5768)的规定进行设置。

增加本小节第 5 ~ 9 条,内容如下:

5. 材料的储存、装卸应防止其磨损、变形、污染或受其他有害影响。所有防腐处理的构件及金属制品应进行保护,使其不被雨淋或受潮腐蚀。材料若有损坏或变质,不得使用于工程中。

6. 所有道路设施均应按照设计的规定或监理工程师的指示设置。

7. 每一单位工程的施工组织计划及施工方案,应得到监理工程师的批准。

8. 承包人的质量保证体系应健全,试验检测设备应配套齐全并符合规范要求。

9. 施工前应依据现行《公路交通安全设施质量检验抽样方法》(JT/T 495)的标准及各种交通安全设施材料的生产标准,对进场的材料行抽检评定。

第 602 节　护　　栏

删除本小节内容,以下文代之:

602.01　范围

本节内容为路基护栏、桥梁护栏、活动护栏和隔离墩的设置及其有关施工作业。

602.02　材料

删除本小节第 3 条第(1)、(4)、(8)、(9)、(11)款,以下文代之:

(1)波形梁钢板、立柱、防阻块、横梁、端头、螺栓、螺母等构件应符合现行《公路波形梁钢护栏》(JT/T 281)、《公路三波形梁钢板护栏》(JT/T 457)的规定，构件表面应有生产厂商的永久性标识，进场材料应附带有生产批次信息的质量合格证。

(4)高强度拼接螺栓连接件应符合现行《低合金高强度结构钢》(GB/T 1591)、《碳素结构钢》(GB/T 700)或《合金结构钢》(GB/T 3077)的要求。公称直径16mm、8.8S级抗拉荷载不应小于133kN。

(8)高强螺栓应采用木盒盛装，每批螺栓的出厂合格证上应显示扭矩系数平均值、标准值的试验数据和扭矩系数测试环境条件等数据。

(9)波形梁护栏、活动式钢护栏及安装所需的各种金属构件均应按设计的工艺要求和现行《高速公路交通工程钢构件防腐技术条件》(GB/T 18226)相关规定进行防腐处理。

对金属构件采用双防腐处理[热浸镀锌(铝)+浸塑]，热浸镀锌应采用现行《锌锭》(GB/T 470)中所规定牌号为ZN99.99以上的锌锭(热浸镀铝应采用中规定品牌号为A199.5以上的铝锭)。双防腐处理时构件锌(铝)层质量应符合表602-1的规定。

构件双防腐处理镀锌(铝)层质量 表602-1

构件名称	平均锌(铝)层质量(g/m^2)	锌(铝)层近似厚度(μm)
护栏板、防阻块、立柱、垫板、过渡板、端头	270(61)	38(26)
紧固件、连接件	120(61)	17(26)

高强度螺栓进行热浸镀锌处理后，对高强度螺栓连接件表面应涂黄油，并进行磷化润滑处理。出厂包装应密封，以防运输、保存期间生锈或污染。

(11)采用双防腐处理的波形梁护栏涂塑层应均匀光滑、连续，附着性良好，采用聚氯乙烯、聚乙烯的涂层厚度大于0.25mm，采用聚酯的涂层厚度大于0.076mm。非金属涂层颜色的选定应考虑与其他设施表面色泽一致。

增加本小节第3条第(12)~(13)款，内容如下：

(12)混凝土构件的生产施工，应按照本规范第410节有关要求进行。

(13)采用双防腐保护的护栏立柱，其浸塑层埋入部分的长度不小于25cm。

602.03 护栏施工要求

增加本小节第3条第(6)~(8)款，内容如下：

(6)带有防阻钢板的护栏立柱，防阻钢板埋入深度应不小于设计值。采用打入法、埋置法或钻孔法施工护栏立柱，均应放样准确，为立柱施工预留(钻)孔的规格应符合设计及有关规范要求。

(7)钢板护栏立柱采用钻孔法施工时，应采取防尘集尘措施，防止钻渣污染路面及绿化，成孔后，应采用有效措施临时封口，避免堵孔或雨水浸入，立柱安装后应采用与孔位处同强度的材料及时进行缝隙封堵。

(8)施工过程中应采取措施防止交叉施工造成立柱表面污染。

602.05　活动护栏施工要求

增加本小节第 4 条,内容如下:

4. 隔离墩、钢筋混凝土护柱

(1)隔离墩、钢筋混凝土护柱应依照设计图纸制作和设置,并按照设计图纸所示或监理工程师指示准确定位。

(2)隔离墩、钢筋混凝土护柱安装后应与道路线形一致,外观不应有露石、蜂窝、麻面、裂缝、脱皮、掉角及印痕等现象。隔离墩反光漆施工前应在混凝土表面涂刷底漆,底漆材质根据反光漆材质确定。

602.06　质量检验

2. 波形梁钢护栏

增加本小节第 2 条第(1)款 f ~ l 项,内容如下:

(1)基本要求

f. 立柱应按照设计要求准确定位,并埋至规定深度。

g. 安装后的护栏线形与公路线形应协调一致,无局部凹凸不平。

h. 所用钢材质量应符合设计要求,护栏构件镀锌层应均匀,无疤斑、滴瘤等表面缺陷。镀锌量和镀锌工艺应符合设计要求。

i. 采用先钻孔后打入法施工的钢立柱,其顶部应无明显塌边、变形、开裂等现象。

j. 护栏板的搭接方向应准确。

k. 安装的护栏一般取 500m 为验收单位,连续取 10 跨护栏进行验收。

l. 活动式钢护栏立柱插座位置应准确。

第 603 节　隔离栅和防落网

删除本小节内容,以下文代之:

603.01　范围

本节为路侧隔离栅和桥梁防落网的制作、安装等施工及有关作业。

603.02　材料

删除本小节第 1、2、4 条,以下文代之:

1. 路侧隔离栅和桥梁防落网设置应符合现行《隔离栅技术条件》(GB/T 26941)、《公路交通安全设施施工技术规范》(JTG F71)及《隔离栅》(GB/T 26941)规定。

2. 立柱可采用钢管或型钢,钢管以钢带焊接或焊后冷加工制造,应符合现行《直缝电焊钢管》(GB/T 13793)的要求;型钢应符合现行《碳素结构钢》(GB/T 700)相关要求。

4. 表面处理

隔离栅和防落网的所有金属件均应按照设计及规范要求进行防腐处理(金属构件防腐处理可采用热浸镀锌、锌铝合金涂层、浸塑以及双涂层防腐处理方法)。无论采用何种防腐处理方法,应有可靠的技术和试验验证,其防腐性能应不低于热浸镀锌方法的相应要求。

金属构件镀锌应按现行《一般用途低碳钢丝》(YB/T 5294)、《隔离栅技术条件》(GB/T 26941)及《隔离栅》(GB/T 26941)的标准进行防腐处理;对采用聚乙烯、聚氯乙烯涂层的镀锌构件,其涂层技术要应符合现行《公路用防腐蚀粉末涂料及涂层》(JT/T 600)规定。

603.04 质量检验

删除本小节第1条第(1)款,以下文代之:

(1)隔离栅和桥上防落网所用的材料规格及防腐处理应符合现行《隔离栅技术条件》(GB/T 26941)和《隔离栅》(GB/T 26941)规定和设计图纸要求。

删除本小节第3条第(1)款,以下文代之:

(1)电焊网不得脱焊、虚焊;网面不得有锈蚀、擦伤等缺陷。

第604节 道路交通标志

删除本小节内容,以下文代之:

604.01 范围

本节工作内容为道路交通标志牌、支撑立柱、公路里程牌和公路用地界碑等制作、安装、施工及有关作业。

604.02 材料

1. 材料应符合下列要求

删除本小节第1条第(1)款,以下文代之:

(1)支撑立柱

a. 支撑立柱所用的法兰、钢板、角钢、槽钢及基础预埋钢筋应符合本规范第414节要求。凡钢管外径在152mm以下(含152mm)的立柱,应采用普通碳素结构钢焊接钢管,并符合现行《碳素结构钢》(GB/T 700)的要求;凡钢管外径在152mm以上的立柱,应采用一般常用热轧无缝钢管,并符合现行《结构用无缝钢管》(GB/T 8162)标准的规定。

b. 所有标志支撑柱、横梁应配有柱帽封端，封端可采用板厚为 3mm 的钢板焊接或其他方法紧固在柱端，或采用监理工程师批准的其他封端形式。

c. 标志支撑立柱及钢构件均应按照现行《道路交通标志板及支撑件》(GB/T 23827)的规定进行防腐处理。采用双涂层防腐处理时，其防腐性能不低于《高速公路交通工程钢构件防腐技术条件》(GB/T 18226)相关规定。

(2)标志板(未粘贴反光膜)

删除本小节第 1 条第(2)款 a、b 项，以下文代之：

a. 标志板设置应符合现行《公路交通标志板》(JT/T 279)、《道路交通标志板及支撑件》(GB/T 23827)的规定。

b. 标志板采用铝合金板制造时，应符合现行《一般工业用铝及铝合金板、带材》(GB/T 3880)的规定；采用薄钢板制造时，应符合现行《冷轧钢板和钢带的尺寸、外形、重量及允许偏差》(GB/T 708)和《连续热镀锌薄钢板和钢带》(GB/T 2518)的规定。标志板背面的滑动槽钢和三角钢可采用铝合金挤压型材制成，并符合现行《一般工业用铝及铝合金热挤压型材》(GB/T 6892)标准的规定。应根据设计规格选取厚度适合的铝合金板材制作标志板。

增加本小节第 1 条第(2)款 i 项，内容如下：

i. 标志底板的边缘应进行卷边加固，卷边形式按设计或现行《道路交通标志板及支撑件》(GB/T 23827)的规定执行。

删除本小节第 1 条第(3)款，以下文代之：

(3)标志面

标志面的逆反射材料有反光标志膜(反光膜)、反光涂料及反射器三类。

a. 光度性能

(a)反光膜按其最小逆反射系数分为七类，高等级公路标志反光膜宜采用Ⅰ～Ⅴ类，各种标志采用反光膜的类别应符合设计要求。

(b)用作标志面的反光膜的逆反射系数值不应低于表 604-1～表 604-7 要求。

(c)用于标志面的反射器的发光强度系数值不应低于表 604-8 要求。

b. 色度性能

反光膜在白天表现的各种颜色，即昼间色或表面色，其色品坐标和亮度因数应在表 604-9 规定的范围内，反光膜在夜间表现的各种颜色，即夜间色或逆反射色，其色品坐标应在表 604-10 规定的范围内。

Ⅰ 类 反 光 膜 表 604-1

观测角	入射角	最小逆反射系数($cd \cdot lx^{-1} \cdot m^{-2}$)							
		白色	黄色	橙色	红色	绿色	蓝色	棕色	灰色
0.2°	-4°	70	50	25	14	9	4	1	42
	15°	50	35	16	11	7	3	0.6	30
	30°	30	22	7	6	3.5	1.7	0.3	18

续上表

观测角	入射角	最小逆反射系数(cd·lx⁻¹·m⁻²)							
		白色	黄色	橙色	红色	绿色	蓝色	棕色	灰色
0.5°	-4°	30	25	13	7.5	4.5	2	0.3	18
	15°	23	19	8.5	5.3	3.4	1.4	0.2	14
	30°	15	13	4	3	2.2	0.8	0.2	9
1°	-4°	5	3	1.8	2	1	0.6	0.2	3
	15°	3	2	1.1	1	0.8	0.3	0.2	2.1
	30°	2	1.5	0.7	0.6	0.4	0.2	0.1	1.2

Ⅱ 类 反 光 膜　　表 604-2

观测角	入射角	最小逆反射系数(cd·lx⁻¹·m⁻²)						
		白色	黄色	橙色	红色	绿色	蓝色	棕色
0.2°	-4°	140	100	60	30	30	10	5
	15°	110	80	41	22	22	8	3.5
	30°	60	36	22	12	12	4	2
0.5°	-4°	50	33	20	10	9	3	2
	15°	39	27	16	8	7.5	2.5	1.5
	30°	28	20	12	6	6	2	1
1°	-4°	11	6	3.9	2.5	2.5	0.8	0.6
	15°	9	4	3.2	1.6	1.6	0.6	0.4
	30°	5	2	1.8	0.8	0.8	0.3	0.2

Ⅲ 类 反 光 膜　　表 604-3

观测角	入射角	最小逆反射系数(cd·lx⁻¹·m⁻²)										
		白色	黄色	橙色	红色	绿色	蓝色	棕色	灰色	荧光黄绿	荧光黄	荧光橙
0.2°	-4°	250	175	100	50	45	20	12	125	200	150	75
	15°	210	145	84	42	35	16	10	100	170	125	65
	30°	175	120	70	35	25	11	8.5	75	140	105	50
0.5°	-4°	95	66	38	19	15	7.5	5	48	75	55	30
	15°	90	62	36	18	13	6.3	4.3	40	70	55	25
	30°	70	50	28	14	10	5	3.5	32	55	40	20
1°	-4°	10	7	4	3	3	1	0.8	5	8	6	3
	15°	10	7	4.5	2	2	0.7	0.6	4.8	8	6	3
	30°	9	6	3	1	1	0.4	0.3	4.5	7	5	2

Ⅳ 类 反 光 膜　　表604-4

观测角	入射角	最小逆反射系数($cd \cdot lx^{-1} \cdot m^{-2}$)									
		白色	黄色	橙色	红色	绿色	蓝色	棕色	荧光黄绿	荧光黄	荧光橙
0.2°	-4°	360	270	145	65	50	20	18	290	220	105
	15°	265	202	106	48	38	22	13	212	160	78
	30°	170	135	68	30	25	14	8.5	135	100	50
0.5°	-4°	150	110	60	27	21	13	7.5	120	90	45
	15°	111	82	44	20	16	9.5	5.5	88	65	34
	30°	72	54	28	13	10	6	3.5	55	40	22
1°	-4°	35	26	12	5.2	4	2	1	28	22	11
	15°	28	20	9.4	4.1	3	1.5	0.8	22	17	8.5
	30°	20	15	6.8	3	2	1	0.6	16	12	6

Ⅴ 类 反 光 膜　　表604-5

观测角	入射角	最小逆反射系数($cd \cdot lx^{-1} \cdot m^{-2}$)									
		白色	黄色	橙色	红色	绿色	蓝色	棕色	荧光黄绿	荧光黄	荧光橙
0.2°	-4°	580	435	200	87	58	26	17	460	350	175
	15°	348	261	120	52	35	16	10	276	210	105
	30°	220	165	77	33	22	10	7	180	130	66
0.5°	-4°	420	315	150	63	42	19	13	340	250	125
	15°	252	189	90	38	25	11	7.8	204	150	75
	30°	150	110	53	23	15	7	5	120	90	45
1°	-4°	120	90	42	18	12	5	4	96	72	36
	15°	72	54	25	11	7.2	3	2.4	58	43	22
	30°	45	34	16	7	5	2	1	36	27	14

Ⅵ 类 反 光 膜　　表604-6

观测角	入射角	最小逆反射系数($cd \cdot lx^{-1} \cdot m^{-2}$)					
		白色	黄色	橙色	红色	绿色	蓝色
0.2°	-4°	700	470	280	120	120	56
	15°	550	370	220	96	96	44
	30°	400	270	160	72	72	32

续上表

观测角	入射角	最小逆反射系数(cd·lx^{-1}·m^{-2})					
		白色	黄色	橙色	红色	绿色	蓝色
0.5°	-4°	160	110	64	28	28	13
	15°	118	81	47	21	21	10
	30°	75	51	30	13	13	6

Ⅶ类反光膜

表604-7

观测角	入射角	最小逆反射系数(cd·lx^{-1}·m^{-2})								
		白色	黄色	橙色	红色	绿色	蓝色	荧光黄绿	荧光黄	荧光橙
0.2°	-4°	500	350	125	70	60	45	400	300	200
	15°	350	245	88	49	42	32	280	210	140
	30°	200	140	50	28	24	18	160	120	80
0.5°	-4°	225	160	56	32	27	20	180	135	90
	15°	155	110	38	22	19	14	124	93	62
	30°	85	60	21	12	10	7.7	68	51	34

反射器的反光性能

表604-8

反射器直径(mm)	颜色	观测角	发光强度系数(cd·lx^{-1}) 入射角		反射器直径(mm)	颜色	观测角	发光强度系数(cd·lx^{-1}) 入射角	
			-4°	15°				-4°	15°
13±1	白	12′	0.209	0.119	32±1	白	12’	0.820	0.469
16±1	白	12′	0.236	0.135	41±1	白	12’	1.320	0.754
22±1	白	12′	0.392	0.224					

反光膜颜色(昼间色)

表604-9

颜色	色品坐标(标准照明体D65,几何尺寸45°a:0°,2°视场角)								亮度因子	
	1		2		3		4		无金属镀层	有金属镀层
	x	y	x	y	x	y	x	y		
白	0.350	0.360	0.305	0.315	0.295	0.325	0.340	0.370	≥0.27	≥0.15
黄	0.545	0.454	0.494	0.426	0.444	0.476	0.481	0.518	0.15~0.45	0.12~0.3
橙	0.558	0.352	0.636	0.364	0.570	0.429	0.506	0.404	0.1~0.3	0.07~0.25
红	0.735	0.265	0.681	0.239	0.579	0.341	0.655	0.345	0.02~0.15	0.02~0.11
绿	0.201	0.776	0.285	0.441	0.170	0.364	0.026	0.399	0.03~0.12	0.02~0.11
蓝	0.049	0.125	0.172	0.198	0.210	0.160	0.137	0.038	0.01~0.1	0.01~0.1
棕	0.430	0.340	0.610	0.390	0.550	0.450	0.430	0.390	0.01~0.09	0.01~0.09
灰	0.305	0.315	0.335	0.345	0.325	0.355	0.295	0.325	0.12~0.18	—

续上表

颜色	色品坐标(标准照明体 D65,几何尺寸45°a:0°,2°视场角)								亮度因子	
	1		2		3		4		无金属镀层	有金属镀层
	x	y	x	y	x	y	x	y		
荧光黄绿	0.387	0.610	0.369	0.546	0.428	0.496	0.460	0.540	≥0.6	—
荧光黄	0.479	0.520	0.446	0.483	0.512	0.421	0.557	0.442	≥0.4	—
荧光橙	0.583	0.416	0.535	0.400	0.595	0.351	0.645	0.355	≥0.2	—

反光膜颜色(夜间色)　　表604-10

颜　色	色品坐标(标准照明体 A,2°视场角)							
	1		2		3		4	
	x	y	x	y	x	y	x	y
黄	0.513	0.487	0.500	0.470	0.545	0.425	0.572	0.425
橙	0.595	0.405	0.565	0.405	0.613	0.355	0.643	0.355
红	0.650	0.348	0.620	0.348	0.712	0.255	0.735	0.265
绿	0.007	0.570	0.200	0.500	0.322	0.590	0.193	0.782
蓝	0.033	0.370	0.180	0.370	0.230	0.240	0.091	0.133
棕	0.595	0.405	0.540	0.405	0.570	0.365	0.643	0.355
荧光黄绿	0.480	0.520	0.473	0.490	0.523	0.440	0.550	0.449
荧光黄	0.554	0.445	0.526	0.437	0.569	0.394	0.610	0.390
荧光橙	0.625	0.375	0.589	0.376	0.636	0.330	0.669	0.331

c.耐候性能

反光膜试件按《道路交通反光膜》(GB/T 18833—2012)中6.15方法进行自然暴露或人工加速老化试验后。

(a)试样应无明显的裂缝、皱折、刻痕、凹陷、气泡、侵蚀、剥离、粉化和变形等损坏。

(b)任何一边均不应出现超过0.8mm的收缩,也不应出现从标志底板边缘翘曲脱胶现象。

(c)试样各种颜色的色品坐标应保持在表604-9和表604-10规定的范围之内。

(d)当观测角为12′、入射角为-4°、15°、30°时,各类反光膜的逆反射系数 R_A 值不应低于表604-11的规定。

耐候性能试验后光度性能要求　　表604-11

反光膜类别	最小逆反射系数 R_A
Ⅰ类	表604-1的50%
Ⅱ类	表604-2的65%
Ⅲ类	表604-3的80%
Ⅳ类	表604-4的80%
Ⅴ类	表604-5的80%

续上表

反光膜类别	最小逆反射系数 R_A
Ⅵ类	表604-6的50%
Ⅶ类	表604-7的50%

d. 耐盐雾腐蚀

反光膜试件按《道路交通反光膜》(GB/T 18833—2012)中6.13方法进行盐雾腐蚀试验后,表面不应有变色或被侵蚀的痕迹。

e. 耐溶剂性能

反光膜试件按《道路交通反光膜》(GB/T 18833—2012)中6.12方法进行耐溶剂性能试验后,表面不应出现软化、皱纹、起泡、开裂或表面边缘被溶解等痕迹。

f. 抗冲击性能

反光膜试件按《道路交通反光膜》(GB/T 18833—2012)中6.6方法进行抗冲击性能试验后,表面不应出现裂缝、层间脱离或其他损坏。

g. 耐弯曲性能

反光膜试件按《道路交通反光膜》(GB/T 18833—2012)中6.7方法进行耐弯曲性能试验后,放开后不应出裂缝、剥落、层间分离的痕迹。

h. 耐高低温性能

反光膜试件按《道路交通反光膜》(GB/T 18833—2012)中6.14方法进行耐高低温性能试验后,试件不应有裂缝、剥落、碎裂或翘曲的痕迹。

i. 附着性能

反光膜试件按《道路交通反光膜》(GB/T 18833—2012)中6.8方法进行附着性能试验后,反光膜在5min后的剥离长度不应大于20mm。

604.03 施工要求

删除本小节第1、2条,以下文代之:

1. 标志定位与设置

交通标志应按设计要求定位和设置,标志牌遮挡时应根据实际情况调整位置。除另有规定,标志牌应与交通流方向垂直;在曲线路段,标志设置角度应由交通流的行进方向确定。为了消除标志牌表面产生的眩光,标志牌应向后旋转约5°。门架标志的垂直轴应向后倾成一角度。路侧标志板内缘距土路肩边缘不得小于250mm,或根据监理工程师的指示确定。

2. 基础

标志基础可根据本规范第410节相关要求进行现场浇筑或预制后埋置。基础施工前应对沿线地下构造物及管线埋设情况进行调查。基坑开挖不得对既有构造物及管线造成破坏,对基坑内出现的管线,应采取合理的保护或避让措施。因基坑开挖对边坡防护造成的破坏,应在基础施工完成后及时按原材质予以恢复。基坑开挖产生的弃方应远运处理或按监理工程师指令处理,但不得现场摊铺废弃。基础位置、顶面相对高程、开挖施工、混凝土浇筑、预埋螺栓与钢板的连接方式及锚固螺栓的设置应经监理工程师确认后方可实施。施工时还应对基础预埋螺栓的刻丝段采用塑料套筒临时保护,防止滚丝或滑丝。

3. 标志支撑结构

删除本小节第3条第(1)、(2)、(4)款,以下文代之:

(1)路侧式标志设置应符合现行《道路交通标志和标线》(GB 5768)要求。

(2)钢支撑结构应按照本规范第414节和现行《道路交通标志板及支撑件》(GB/T 23827)的要求制作和安装。

(4)钻孔、冲孔、车间焊接、焊渣锈蚀处理应在各钢构件防腐处理之前完成。支撑拼接所需的连接件及其他附件应适合标志安装系统并符合现行《道路交通标志和标线》(GB 5768)的要求。

增加本小节第3条第(8)款,内容如下:

(8)标志板面拼接后、结构安装前,应对施工过程中出现的剐蹭部位进行补强处理,补强的方式方法应征得监理工程师认可。

4. 标志板制作安装

(1)标志面的制作

删除本小节第4条第(1)款a项,以下文代之:

a. 交通标志的形状、图案和颜色应严格按照现行《道路交通标志和标线》(GB 5768)标准及图纸的规定执行。所有标志上的汉字、汉语拼音字母、英文字、阿拉伯数字应符合现行《道路交通标志和标线》(GB 5768)的规定,不得采用其他字体。标志板面安装前应认真核对所载内容。

删除本小节第4条第(2)款,以下文代之:

(2)标志板应在车间剪裁或切割,边缘不应有毛刺。所有标志板的槽钢应在粘贴反光膜之前拼(焊)接好。

删除本小节第5条第(1)、(3)款,以下文代之:

5. 里程牌、百米桩、公路用地界碑

(1)里程牌、公路界碑、测量标志碑、安全标、固定物标及其他标志应根据现行《道路交通标志和标线》(GB 5768)要求和设计制作,并按设计所示或监理工程师指示位置定位。

(3)除图纸另有示出或监理工程师另有指示外,各预制件应按现行《道路交通标志和标线》(GB 5768)标准,并参照《公路交通标志和标线设置手册》相关要求进行设置。

(4)公路用地界碑应设置在密实平整的土中,安装牢固稳定。特殊位置应加密布设界碑。

(5)公路里程牌上的数字应为等宽的阿拉伯数字;里程牌和界碑上的文字应为等宽实体汉字。字形及颜色应符合图纸和现行《道路交通标志和标线》(GB 5768)相关规定。

(6)公路用地界碑不应有露石、蜂窝、麻面、裂缝、脱皮、掉角或印痕等现象。

604.04　质量检验

1. 基本要求

删除本小节第 1 条第(1)款,以下文代之:

(1)交通标志的制作应符合现行《道路交通标志和标线》(GB 5768)、《公路交通标志板》(JT/T 279)和《道路交通标志板及支撑件》(GB/T 23827)相关规定。

第 605 节　道路交通标线

605.02　材料

删除本小节第 10 条第(2)款 a、b 项,以下文代之:

a. 附着式轮廓标的后底板、支架应按图纸要求采用铝合金板或钢板制造,连接件应采用钢材制造,并符合现行《轮廓标》(GB/T 24970)要求。

b. 铝合金板应符合现行《铝及铝合金轧制板材》(GB/T 6891)要求。用作支架及底板时,铝合金板最小实测厚度应不小于 2.0mm。

钢板应符合现行《连续热镀锌薄钢板及钢带》(GB/T 2518)要求。用作支架及底板时,钢板最小实测厚度应不小于 1.5mm,表面应进行热浸镀锌处理,镀锌层厚度不小于 50μm。连接件也应经镀锌处理。

(3)柱式轮廓标(路边线轮廓标)。

删除本小节第 10 条第(3)款 a、c 项,以下文代之:

a. 柱式轮廓标应由聚乙烯树脂、玻璃纤维增强塑料、聚碳酸酯树脂、氯乙烯树脂等成型方便的材料制成,其机械性能、耐候性能、耐盐雾腐蚀性能应符合现行《轮廓标》(GB/T 24970)要求。上述合成树脂类板材的实测厚度应不小于 3mm。

c. 柱式轮廓标柱体白色和黑色的色品坐标和亮度的因数及其对应颜色的色品图应符合《轮廓标》(GB/T 24970)要求。

删除本小节第 10 条第(5)款,以下文代之:

(5)上述成品材料须按现行《轮廓标》(GB/T 24970)、《突起路标》(GB/T 24725)规定的方法,检验合格后方可进行安装。

605.03　施工要求

1. 路面标线

删除本小节第 1 条第(5)、(6)款,以下文代之:

(5)标线宽度、虚线长及间隔、点线长及间隔、双标线间隔应按现行《道路交通标志和标线》(GB 5768)规定设置。标线喷涂厚度应符合图纸要求。

(6)特殊标线的图案、标记,如箭头及字母尺寸,应按图纸要求和现行《道路交通标志和标线》(GB 5768)规定设置。

605.04　质量检验

1. 路面标线

(1)基本要求

删除本小节第1条第(1)款b项,以下文代之:

b.路面标线颜色、形状和设置应符合现行《道路交通标志和标线》(GB 5768)的规定和图纸要求。

应按现行《新划路面标线初始逆反射亮度系数及测试方法》(GB/T 21383)控制标线施工质量,以现行《道路交通标线质量要求和检测方法》(GB/T 16311)规定的方法检测评定标线质量。

第606节　防眩设施

606.02　材料

删除本小节第2条,以下文代之:

2.除图纸另行规定外,防眩板、防眩网所用材料应符合现行《塑料防眩板》(JT/T 598)、《防眩板》(GB/T 24718)规定。

606.04　质量检验

1.基本要求

删除本小节第1条第(1)款,以下文代之:

(1)防眩设施的材质、镀锌质量应符合现行《塑料防眩板》(JT/T 598)、《防眩板》(GB/T 24718)相关规定和图纸要求。

增加本章第609节。

第609节　限高设施

609.01　范围

本节工作内容为在被交线上设置保护高速公路结构物的限高门(桁)架,及在超限检测站前设置限高悬臂梁的施工、安装及有关作业。

609.02　材料

1.立柱、横梁(桁架)材料的材质、断截面在满足设计图纸要求的同时还应符合下列要求:

(1)立柱、横梁(桁架)所用的型钢、法兰、拼肋钢板、角钢、槽钢及基础预埋钢筋应符合本规范第414节相关要求。立柱、横梁采用普通碳素结构钢焊接钢管,应符合现行《碳素结构钢》(GB/T 700)相关要求。立柱、横梁采用热轧无缝钢管,应符合现行《结构用无缝钢管》(GB/T 8162)相关规定。

(2)立柱、横梁(桁架)及钢构件均应按照现行《道路交通标志板及支撑件》(GB/T 23827)规定进行防腐处理。采用双涂层防腐处理时,其防腐性能不应低于现行《高速公路交通工程钢构件防腐技术条件》(GB/T 18226)相关规定。

(3)拼接所用高强度螺栓应符合设计规定及本章关于高强螺栓有关要求。

2.立面标记、附着式标志所需的各种材料应符合本规范相关规定。

609.03 施工要求

1.限高门(桁)架、悬臂梁应严格按照图纸设计的结构及材料进行加工制作。

2.加工制作门架前,承包人应根据各安装现场的路面情况测量各结构物的实际净空,以确定门架立柱的现场高度、柱间距及门架位置。

3.混凝土基础按照本规范第410节现场浇筑或预制,基础位置、混凝土浇筑和锚固螺栓的设置应征得监理工程师认可。

4.限高门(桁)架横梁钢构件生产时应按照设计要求在横梁中间预留预拱度。

609.04 质量检验

1.基本要求:

(1)限高门(桁)架、超限检测限高悬臂梁的地基承载力应符合设计要求,立柱横梁焊接部位应符合焊接规范的质量要求,无裂缝、未熔合、夹渣等缺陷。立柱、横梁在运输、安装过程中不应损坏金属构件的镀层。

(2)限高门(桁)架安装完成后,应对所有拼接部位的螺栓进行防腐处理,并在立柱及横梁迎车面处设置反光立面标记。

(3)限高门(桁)架两立柱间距及横梁底至路面高度应符合设计限高要求。

2.外观鉴定:钢结构焊缝应平整,无焊渣、突起。构件镀锌层表面均匀完整、颜色一致,表面具有实用性光滑,不得有流挂、滴瘤或多余结块。镀件表面应无漏镀、露铁、擦痕等缺陷。构件涂塑层应均匀光滑、连续,无肉眼可分辨的小孔、空间、孔隙、裂缝、脱皮及其他有害缺陷。

3.检查项目:按第604.04小节质量检验中关于标志立柱横梁有关的检查项目执行。

609.05 计量与支付

1.计量

限高门(桁)架和超限检测悬臂梁应按图纸规定提供、安装、埋设就位,限高门(桁)架和超限检测悬臂梁经验收按不同种类、规格分别计量:

(1)所有形式的限高门(桁)架、超限检查悬臂梁均以个为单位计量。

(2)所有立柱结构,法兰、斜撑结构、基础及为完成组装而需要的附件,均附属于工程子目内,不另行计量。

2. 支付

按上述规定计量,经监理人验收合格并列入工程量清单支付子目的工程量,每一计量单位将以合同单价支付。此项支付包括材料、劳力、设备、检验、运输及其他为完成限高设施所必需的全部费用。

3. 支付子目

子　目　号	子 目 名 称	单　　位
609-1	限高门架	个
609-2	限高桁架	个
609-3	悬臂限高梁	个

注:各式限高装置按期高度宽度尺寸立柱直径等可在该细目以下以子项列出。

第 700 章　绿化及环境保护设施

第 701 节　通　　则

删除本小节,以下文代之:

701.01　范围

本章工作内容包含公路沿线绿化,为缓解驾驶疲劳设置的特殊景观,为减少噪声影响增设的路侧结构,恢复因施工损坏的地表植被等工程所必要的施工及其管理方面的有关作业。本规范名词术语,均采用现行《公路绿化术语》(JT/T 644)。

701.02　一般规定

1. 绿化工程

增加本小节第 1 条第(8)~(11)款,内容如下:

(8)苗木运输

a. 苗木运输量应根据现场种植量确定,苗木单车运量须征得监理工程师同意,运到现场后应及时栽植,严禁晾晒时间过长。

b. 苗木在卸车时应轻提轻放,不得损伤苗木或造成散球。

c. 运输苗木车辆的长、宽应满足苗木运输需要。起吊小型带土球苗木时应用绳网兜土球吊起,不得直接用绳索绑缚根颈起吊;起吊重量超过 1t 的大型土球(土台),应在其外部套大绳吊起。

d. 苗木装运前应仔细核对苗木的品种、规格、数量、质量。

e. 裸根苗木的装车及运输应符合下列要求:

(a)装运乔木时,树根应在车厢前部,树梢向后,按顺序排列;

(b)装车后,应将树干捆牢,并应加垫层,不得损伤树干;

(c)树梢不得拖地,必要时可用绳围拢吊悬;

(e)裸根苗长途运输时,应覆盖并保持根系湿润;

(f)卸车时应从上向下,按顺序轻卸轻放,不得乱抽及整车推下;

(g)运输过程应遵守有关交通法规,办理相关手续(如检疫证),确保安全。

(9)苗木的规格及修剪

a. 乔木的胸径、高度及灌木的冠径、高度应符合设计要求;

b. 承包人对苗木的修剪应以保证绿化效果为原则,不得采用截头修剪的方式提升苗木成活率。

(10)苗木的假植

裸根苗木运到现场,当天不能栽植的应按下列要求假植。

(a)裸根苗可在栽植现场附近选择适合地点,根据根冠大小,挖假植沟假植。假植时

间较长时,根系应用湿土埋严,不得透风,根系不得失水;

(b)带土球苗木的假植,可将苗木码放整齐,土球四周培土,喷水保持土球湿润。

(11)大树移植

a.起挖

带土坨起挖应符合以下要求:

(a)起挖前大树应系好防风绳,其中一根在主风向上位,其他两根应均匀分布,挖掘前应立支柱,支稳树木。

(b)带土坨移植应保证土坨完好。

(c)土坨宽度应为干径的6~8倍,高度为土坨宽度的2/3左右。

(d)将包装材料准备好,麻袋片、草绳等用水浸泡待用。

(e)起挖前以树干为中心,按规定尺寸划出圆圈,在圈外挖宽600~800mm的操作沟至规定深度。挖时先去表土,见表根为准,再行下挖,遇粗根时应用手锯锯断削平,避免损伤土坨。

(f)应将所留土坨修成上大下小呈截头圆锥形,在根坨表面喷施生根粉溶剂。

(g)土坨底部应为土坨直径的1/3左右。收底时遇粗大根系应锯断削平。

(h)用浸水的草绳为腰绳,腰绳宽度视土坨大小、土质松软程度而定,应为土坨的1/5左右。围好腰绳后,应在土坨底部向内挖80~100mm宽的包装沟。

木箱挖掘应符合以下要求:

(a)挖掘前应立支柱,用3~4根支柱呈三角或正方形将树支稳,长度应在分枝点以上,支柱底部钉横棍,再埋严、夯实。支柱与树枝干应绑紧,相接处应垫软物,不得损伤树皮。

(b)土台宽度应按干径的6~8倍,高度应为宽度的2/3左右。

(c)用木箱移植的土台上大下小,横切面呈正方形,下部较上部少1/10左右。

(d)起挖前先清除表土,露出表面根,在土台外缘800~1 000mm划出操作沟范围。

(e)操作沟沟壁应规整平滑,不得向内凹陷。挖至规定深度,随挖土随清运。

(f)修整土台,四角均应较木箱板大出50mm,土台面平滑,不得有砖石或粗根等突出土台。

b.包装

软包装:用包装物(草帘、麻袋片等)将土坨包严,用草绳围接固定;围腰绳,草绳应收紧,随绕随敲打;用双股双轴草绳以树干为起点从上往下经土坨底顺时针方向缠绕双层,第二层与第一层交叉,草绳间隔应为50~60mm。完成打包后,将树木按预定方向缓慢推倒,遇有直根应锯断,不得硬推。

c.吊装及运输

(a)大树的装卸及运输应使用超过树木和土坨重量一倍以上的起吊机具和装运车辆。

(b)吊带与土坨接触部位应垫衬夹板,起吊绳应用宽吊带兜底通过重心,树梢用绳(小于45°)挂在吊钩上,收起防风绳。起吊时,如发现有未断的底根,应立即停止吊装,切断底根后方可继续吊装。

(c)装卸和运输过程应保护好树木,土坨向前,树冠朝后,保护好土坨完整。装卸时应用粗麻绳捆绑,同时在绳与土坨间垫上木板。装车后将土坨放稳,用木板等物卡紧。

(d)装车时,车厢上先垫较木箱长 200mm 的 10cm × 10cm 的方木两根,放箱时注意不得压钢丝绳。

(e)装卸木箱树木应确保木箱完好,找准重心,用钢丝绳在木箱下端约 1/3 处固定牢靠。再用一根钢丝绳按合适的角度套牢树冠主干,树干与钢丝绳接触处应垫软物。

(f)运输时应挂明显标志,专人押车。押运人员应熟悉树木品种、卸车地点、运输路线、沿途障碍等情况,在车厢上与驾驶员密切配合,随时排除行车障碍,保证顺利运输。

(g)路途远、气候寒冷时,根部应盖草帘等物进行保护。风大或过热时,应喷水、输液。

d. 栽植

(a)移植树木应做到当天挖、当天运、当天种。大树运到栽植地后,首先应检查树体和土坨损伤情况、拉好防风绳。

(b)吊入栽植坑时应使定位标记到位,放吊绳,待方位标记对好后,树身正直时,方可收吊绳。

(c)木箱树木应挖方坑,四周均较木箱大出 800 ~ 1 000mm,坑深较木箱加深 200 ~ 300mm。

(d)种植带土坨苗木时,应将土坨放稳,包装物应从下向上随填土逐层拆除。土坨不慎松散时,腰绳以下可不拆除,以上部分取出。

(e)种植木箱树木应先在坑内用土堆一个高 200mm 左右、宽 300 ~ 800mm 的长方形土台。将树木直立,先拆去中间底板,用钢丝绳兜住底板,起吊入坑,置于土台上。树木落稳后,撤出钢丝绳,拆除底板填土。将树木支稳,即可拆除木箱上板。坑内填土约 1/3 处则可拆除四边箱板,分层填土夯实至地平。

(f)回填土应使用充分腐熟、混合均匀的混合土(种植土: 腐殖土 =7: 3)。回填土时要分层进行,每 300mm 一层,回填后踏实,填满为止。

(g)种植的深浅应与原土痕平或高于原土痕 10 ~ 50mm。

(h)大树移植后应支撑。高大树木应采用三脚撑,低矮树应采用扁担桩十字架,风大、树大时可两种桩结合使用。扁担桩的竖桩不得小于 2 300mm,入土深度 1 200mm,桩位应在根系和土坨范围外,水平桩离地 1 000mm 以上,两水平桩十字交叉位置应在树干的上风方向,扎缚处应垫软物。三脚撑宜在树干高 2/3 处结扎,用钢丝绳固定,三脚撑的一根撑干(绳)应在主风向上位,其他两根可均匀分布。

(i)发现土面下沉时,应及时升高扎缚部位,以免吊桩。支撑应在大树稳固一年后拆除。

(j)开堰内径与坑径相同,堰高 200 ~ 300mm,外侧取土。

(k)浇水时水流应缓慢,第一遍水应浇透,使土下沉,栽后两三天内完成第二遍水,一周内完成第三遍灌水,每次浇水应足量,并注意整堰、填土、堵漏等。

e. 养护管理

保墒:

(a)大树移植后视树木生长需要和气候变化采取相应的保墒措施,及时中耕或封堰。

(b)在高温干热时,应对树干、树冠及周围环境喷雾,早晚各1次,达到湿润即可。宜在树盘部铺薄膜。

(c)久雨或暴雨时造成积水,应立即开沟排水,积水时间不超过24h。

(d)树盘内应保持土壤疏松。

抹芽:

(a)大树移植后应多留芽,抹芽分3~5次完成。抹芽应在新芽木质化以前进行。

(b)留芽应根据树木生长势及今后树冠发展要求进行,应多留高位壮芽。对部分留枝过长、枝梢萌芽力弱的,应从有壮芽的部位短截。

(c)对切口上萌生的丛生芽,应及时抹稀,树冠部位萌发芽较好的,树干部位的萌芽应全部抹除;树冠部位无萌发芽时,树干部位应留可供发展树冠的壮芽。

(d)常绿阔叶树除丛生枝、病虫枝、内膛过弱的枝外,应第二年修剪时进行抹芽。

(e)带冠落叶树大量落叶应及时疏剪抹芽。

f.其他管理

(a)移栽后的第一年不宜施肥,第二年根据生长势和土壤状况施农家肥或专用肥料。

(b)特殊季节大树移栽时要进行树冠喷雾,加遮荫网。

(c)落叶树移植后注意修剪,去蘖、定芽。

(d)大树移栽后及时进行病虫害的防治,树木截口要涂保护剂,选用环保型、低毒、高效、无公害的药剂,宜采用生物制剂防治病虫害。

(e)大树移植应采用输液、喷施生根剂、蒸腾抑制剂等技术。

(f)越冬应采取防风、防寒措施。落叶乔木应进行培土、主干密实缠绕草绳或包裹防寒布;常绿树应在大树的迎风方向距树0.5m处架设风障,风障高度超过树高0.3m以上。

(g)土壤封冻前应浇足防寒保墒越冬水。

(h)春季应浇足解冻水,制订新一年的养护管理措施。

增加本小节第4~9条,内容如下:

4.承包人应根据项目工期跨度及与路基、路面及其他工程交叉施工情况,多开辟工作面。

5.承包人应结合现场实际情况,考察绿化养护用水问题。为保证苗木成活率所必需的浇灌或打井设施的修建、维修及拆除等一切与之有关的作业费用均包含在相关报价内。

6.乔木的定点与放线。

(1)孤植树或单植树:应完全按设计图纸进行定位,其允许偏差为3cm。

(2)群植树:应符合设计所在位置,允许偏差为10cm。

(3)群植树定点配植:按园林设计原则一般为3、5、7株进行配植,所植树高度应在中心桩上标明。

(4)所有乔木定点都应标明中心位置,并注明所植树木名称及树木规格。

7.种植槽放线。

(1)规则式种植槽应严格按图纸大样进行放线,位置偏差不超过3cm,种植槽式样与图纸完全一致;种植槽的边线应流畅、顺适。

(2)自然式种植槽:其边线允许偏差 5cm,但位置和式样应和图纸相符。

(3)种植槽的边线应标识清晰。

(4)路侧按行道树方式栽植的乔灌木定点位置应准确,定位轴线偏差不超 1cm;若遇障碍物影响时,可在定位轴线上纵向偏移,但不可横向偏移。纵向偏移时应不超过 30cm,若超出此范围,应征得设计单位同意。

(5)树阵的定点放线,应正确无误,其横纵定位偏差不超 1cm。

8. 树木浇灌。

(1)浇灌树木的水质应符《农田灌溉水质标准》(GB 5084)的要求。

(2)新栽树木应在当日浇透水后及时封堰,以后根据当地情况及时补水。

(3)每次浇灌水量应满足植物成活及生长需要。

(4)应对非正常渗漏及时封堵,保证正常浇灌水;对浇水后出现的土壤沉降,应及时培土。

(5)对浇水后出现的树木倾斜,应及时扶正,并加以固定。

(6)浇水时应防止水流过急,宜采用缓流浇灌或在穴中放置缓冲垫。

9. 供水、排水及垃圾处理。

(1)承包人应对工程施工与管护期间的一切生活和灌溉用水自费配置。

(2)生活用水应符合饮用水要求。

(3)生活污水不得流入绿地内,承包人自费处理(依据环保法规定)。

(4)所有垃圾(包括生活垃圾、施工垃圾)不得在绿地中掩埋,由承包人自费清运出施工现场。

删除本小节,以下文代之:

701.03　计量与支付

本节不做计量与支付,所增加内容为承包人应做的附属工程,费用包含在相关细目报价中。

第 702 节　铺 设 表 土

702.03　施工要求

增加本小节第 2 条第(3)~(5)款,内容如下:

(3)场地整理:应清除栽植土壤 50cm 内所有的杂物、垃圾及不利于植物生长的土壤(不良土壤包括强酸或强碱性土壤、重黏土、沙土、盐土等)。

(4)设计要求进行地形处理的场地,应严格按设计要求进行处理。

(5)场地整平:应将20cm内土壤按本小节第(3)款处理,每平方米平整高差不超过5cm,并应符合设计要求坡度。

增加本小节第4、5条,内容如下:

4. 土壤的整理

(1)表层20cm土壤应过筛,最大粒径不宜超过5mm。

(2)植被层土壤不应含有重金属、机油和其他影响植物生长的成分,乔木的树穴不应有建筑垃圾。

5. 改良用土壤及基肥

本规定适用现场土壤不能满足或不能完全满足植物生长要求的情况。

(1)基肥的种类:基肥应采用有机肥,按当地情况选定,但应有良好的理化性质。

(2)基肥的厚度:一般为树穴深度的1/3~1/4,片植花灌木、草本花卉应不少于5cm,草坪为3cm。

(3)基肥的其他要求:基肥应完全腐熟、晒干、碾碎并过筛,无异味。

第703节　撒播草种和铺植草皮

703.03　施工要求

增加本小节第1条第(2)款h、i项,内容如下:

h. 选择优良种籽,播种前应做发芽试验和催芽处理,确定合理的播种量。

i. 坡面处理措施:对于一般坡面应进行常规处理—刷除多余土方、平整竖向冲沟、耙松光滑坡面表土,对于坡率大于1:1的陡坡,应对坡面进行特殊处理—沿等高线开挖凹槽、植沟或蜂窝状浅坑。

增加本小节第1条第(3)款c项,内容如下:

c. 种植的适宜季节和草种类型选择还应符合下列规定:冷季型草播种宜在秋季进行,也可在春、夏季进行;冷季型草分株栽植宜在北方地区春、夏、秋季进行;茎枝栽植暖季型草宜在南方地区夏季和多雨季节;植生带、铺砌草块或草卷,温暖地区四季均可进行,北方地区宜在春、夏、秋季进行。

增加本小节第3条第(4)款,内容如下:

(4)混播草坪应符合下列要求:

a. 混播应根据生态组合、气候条件和设计,确定草坪植物的种类和混播比例。

b. 混播草坪应符合互补原则,草种叶色相近,融合性强。

c. 播种时宜单个品种依次单独撒播,应保持各草种分布均匀。

d. 同一行混播应按确定比例混播在一行内,隔行混播应将主要草种播在一行内,另一草种播在另一行内。混合撒播应采用播种床育苗。

e. 混播品种选种时应考虑植物竞争能力、对环境和养护管理的要求以及抗病虫害的潜力和投入成本等因素,使叶片质地、生长习性、颜色、分蘖密度等方面达到可以接受的草坪质量。

第704节　种植乔木、灌木和攀缘植物

704.02　材料

增加本小节第2条第(5)款,内容如下:

(5)各类植物应在公路所经当地的最适宜季节进行种植,除非设计文件另有标明或监理工程师指示,土壤条件不适合种植时不应种植。

704.03　施工要求

增加本小节第5条第(2)款h、i项,内容如下:

h. 种植穴、槽挖出的优质土和弃土应分别堆放,底部应回填适量优质土。

i. 种植穴、槽底部遇有不透水层时应进行处理。

增加本小节第6条第(1)款a~d项,内容如下:

a. 落叶乔木在修剪时应保持原有树型,适当疏枝,保持主侧枝分布均匀,对保留的主侧枝,应在健壮叶芽上方短截,可剪去枝条1/5~2/3,有主尖的乔木应保留主尖,如银杏只能疏枝,不得短截,国槐、栾树等耐修剪树种不得抹头修剪。

b. 修剪常绿针叶树时,只剪除病虫技、枯死枝、生长衰弱枝、过密的轮生枝和下垂技。

c. 修剪用作行道树的乔木时,分枝点高应大于2.8m,分枝点以上枝条应酌情疏剪或短截。

d. 灌木及藤木修剪应符合下列规定:有明显主干型灌木,修剪时应保持原有树型,主枝分布均匀,主枝短截长度应不超过1/2。丛枝型灌木预留枝条大于30cm,多干型灌木适当疏枝。用作绿篱、色块、造型的苗木,在种植后按设计要求整形修剪。藤木类苗木应剪除枯死枝、病虫枝以及影响观瞻部分,上架藤木可剪除交错枝、横向生长枝。

增加本小节第7、8条,内容如下:

7. 植物管理

(1)种植前和种植后,应进行修剪,以保持植物的自然形态。修剪工作应由有经验的人员按照园艺惯例进行,将有病、损坏、枯萎及不平衡细枝和枝杈剪除。

(2)在对植物生长有妨害的种植区,承包人应设置标志或设临时篱笆等警告的防护措施。

(3)工程完工后,要适时除草、灌溉、病虫害防治,及时搭三角支架。乔木越冬时,应在分支点以下缠绕草绳。

8. 树木支撑

(1)应根据立地条件和树木规格进行三脚支撑、四柱支撑、联排支撑及软牵拉;

(2)支撑物、牵拉绳与地面连接点的连接应牢固;

(3)连接树木的支撑点应在树木主干上,其连接处应衬软垫,并绑缚牢固;

(4)用软牵拉固定时,应设置警示标志;

(5)常绿树支撑高度为树干高的2/3,落叶树支撑高度为树干高的1/2;

(6)同规格同树种的支撑物和牵拉绳的长度、支撑角度、绑缚形式以及支撑材料宜统一。

704.05　计量与支付

1. 计量

增加本小节第1条第(4)款,内容如下:

(4)树木支撑作为承包人种植植物的附属工作,不另行计量。

第705节　植物养护和管理

705.03　施工要求

删除本小节第2条,以下文代之:

2. 缺陷责任期间,植物死亡后承包人应及时补植。

增加本小节第5条第(7)款,内容如下:

(7)草木花卉越冬时,应将其地上部分剪除,不能伤害根茎,覆盖3~5cm的细土。

增加本小节第6条第(4)、(5)款,内容如下:

(4)根据植物生长习性,科学把握植物病虫多发季节的病虫预防,建立植物病虫害的初发档案,及时喷洒农药,防止病虫害的发生。

(5)经检查已发现病虫害的植株,严重至难以治疗的,应果断拔除并深埋或烧毁,防止其蔓延;已经发生病虫害但不严重的植株,及时选用合适药物进行治疗,药物应连续喷洒3次,彻底消灭病虫害。

增加本小节第10~15条,内容如下:

10. 旱季种植的植物,应采取喷蒸腾抑制剂、搭棚遮荫、树干保湿、树冠喷雾等防旱措施。

11. 当年栽种树木越冬时,应采取树干缠绕、涂白、搭设风障、浇冻水、秋季施肥等防寒措施。

12. 缺陷责任期内,根据植物生长季节性情况,应对所栽植的苗木进行精细化修剪。

13. 对于死亡的苗木,在适合的季节应及时补植补栽,补植补栽的苗木规格应同周围的苗木规格一致。对于未能及时补植的苗木,应只对成活苗木进行计量。

14. 缺陷责任期内,应经常灌溉,及时防治处理病虫害。

15. 承包人在养管期结束前,应向招标人提供每个苗木品种的管护手册及具体管护措施。

705.04　技术档案

增加本小节第 5 ~ 8 条,内容如下:

5. 苗木检验报告单。

6. 隐蔽工程检测记录,包括种植穴、种植本槽、改良土壤、基肥等。

7. 苗木检验记录(高度、胸径、病虫害、树型、土球、分枝等)。

8. 播种材料的发芽率试验报告单。